미술치료 이론과 실제

미술치료
이론과 실제

임은실·송 영 공저

dm 동문사

머리말

미술치료는 미술치료 이론을 기반으로 다양한 상황과 목적에 맞게 미술활동을 치료에 적용하는 것을 말합니다. 미술치료는 아동과 청소년, 성인 모두를 대상으로 일상생활 적응과 심리치료, 재활치료, 정신건강, 위기치료 등의 목적을 위해서도 다양하게 활용되고 있습니다. 또한 장애아동의 치료와 교육에 적극 활용되고 있으며, 노인들에게도 재활치료와 함께 삶을 정리하는 것을 돕는 데 미술치료가 적용되고 있습니다.

현대사회는 급변하고 있고 이에 따라 각종 스트레스와 갈등, 우울과 불안, 분노 등 다양한 정서적 경험을 동반하며 힘들게 살아가는 사람도 증가하고 있으며, 낯선 땅에 와서 문화 차이와 갈등을 이겨내고 극복하며 살아가고 있는 다문화가족과 인간의 수명 증가로 노인 인구가 급격히 증가하며 노인 문제가 사회화되고 있는 현실입니다. 이러한 현실이 심리치료와 상담에 대한 요구가 급격하게 증가하며 미술치료는 더욱 다양한 분야에 확장되고 있으며, 더불어 전문적인 미술치료사를 요구하고 있습니다.

미술치료사는 다양한 대상들에게 적용할 미술치료 이론과 실제 적용할 수 있는 미술치료 방법으로 접근해야 합니다. 따라서 이 책은 대학 강의 교재와 미술치료 입문서로 미술치료를 처음 접한 사람들에게 이해하기 쉽게 구성하였습니다. 이 책에 소개되고 있는 미술치료 이론과 미술치료 과정과 기법은 실제 저자가 교육과 임상에서 적용하고 있는 자료로 실제 적용에 이해와 도움이 되도록 제시하였습니다.

이 책은 9장으로 구성되어 있습니다. 제1장은 미술치료의 이해로 미술치료의 관점과 역사, 미술치료사의 자세를 소개하였습니다. 제2장은 미술치료의 적용으로 미술치료의 적용 분야와 미술치료 유형, 미술치료 매체, 조형심리, 미술치료의 상징을 제시하였습니다. 제3장은 색채심리로 색채의 개념과 색채심리를 기술하였습니다. 제4장은 미술치료 심리이론, 제5장은 미술치료 진행 과정을 소개하였습니다. 제6장은 미술심리진단방법으로 미술치료에서 많이 활용되고 있는 투사적 그림검사 방법과 해석방법을 제시하였습니다. 제7장과 제8장은 미술치료 단계별 적용 기법으로 개인미술치료와 집단미술치료 기법을 중심으로 소개하였습니다. 더불어 제9장은 미술치료를 실제로 내담자에게 적용하여 효과를 보고하였던 저자들의 사례연구를 소개하였습니다.

이 책이 미술치료를 처음 접하는 사람들과 전공하는 학생들, 현장에서 미술치료를 실시하는 미술치료사를 위한 교재뿐 아니라 교사와 상담사, 사회복지사, 임상심리사 등 상담과 정신건강에 관심이 있는 사람들에게도 도움이 되길 바랍니다.

이 책을 집필하고 출간하는 과정까지 함께해주신 하나님 은혜에 감사하며 도움을 주신 분들에게 진심으로 감사드립니다. 또한 책에 대한 애정 어린 관심과 충고를 부탁드리며, 저자들은 부족한 부분에 대한 지속적인 보완작업을 진행할 것을 약속드립니다. 끝으로 이 책의 출판을 허락해 주시고 물심양면으로 수고해 주신 동문사 대표님과 직원분들께 감사의 마음을 전합니다.

2024. 5.

저자

차례

머리말 • 5

CHAPTER 1 미술치료의 이해 11

1. 미술치료의 정의 • 13
2. 미술치료의 관점 • 14
3. 미술치료의 역사 • 18
4. 미술치료사의 자세 • 22

CHAPTER 2 미술치료의 적용 27

1. 미술치료의 적용 분야 • 30
2. 미술치료의 구성 • 32
3. 미술치료의 매체 • 43
4. 미술치료의 조형 • 52
5. 미술치료의 상징 • 55

CHAPTER 3 색채심리 65

1. 색채의 개념 • 68
2. 색채심리의 이해 • 69

CHAPTER 4 미술치료 심리이론 81

1. 정신분석적 미술치료 • 84
2. 분석심리적 미술치료 • 95
3. 현상학적 미술치료 • 102
4. 게슈탈트 미술치료 • 104
5. 인간중심적 미술치료 • 107
6. 인지 · 행동주의적 미술치료 • 109
7. 발달적 미술치료 • 116
8. 인지학적 미술치료 • 118
9. 해결중심적 미술치료 • 123

CHAPTER 5 미술치료 진행 과정 133

1. 미술치료의 과정 • 135
2. 미술치료의 단계 • 139

CHAPTER 6 미술치료의 진단 149

1. 객관적 검사 • 152
2. 투사적 그림검사 • 152
3. 투사적 그림검사의 해석방법 • 155
4. 집-나무-사람검사(HTP) • 164
5. 동적 집-나무-사람 그림검사(KHTP) • 194
6. 동적 가족화 검사(KFD) • 204
7. 동그라미 중심 가족화(PSCD) • 213
8. 동적 학교 그림검사(KSD) • 217
9. 빗속의 사람 그리기 검사(PITR) • 220
10. 풍경구성법(LMT) • 224
11. 동물가족화(AFD) • 229
12. 동적 물고기 가족화(KFFD) • 237
13. 자유화 • 242

CHAPTER 7 미술치료의 과정과 기법 249

1. 초기단계 : 동기 유발 및 신뢰감 형성 • 252
2. 중기단계 : 탐색과 통찰 • 256
3. 후기단계 : 치료 종결과 훈습 • 279

CHAPTER 8 집단미술치료의 과정과 기법 287

1. 초기단계 : 탐색 및 사회화 • 290
2. 전환과 작업단계 : 갈등과 응집성의 발달 • 295
3. 종결단계 : 통합과 적용 • 308

CHAPTER 9 미술치료의 사례 319

1. 정서 · 행동 관심군 아동의 인지학적 집단미술치료 프로그램 사례 • 321
2. 아동양육시설 유아의 자연물 미술치료 프로그램 사례 • 338

참고문헌 • 358

1

CHAPTER

미술치료의 이해

1. 미술치료의 정의
2. 미술치료의 관점
3. 미술치료의 역사
4. 미술치료사의 자세

Chapter 1 미술치료의 이해

1. 미술치료의 정의

미술치료는 미술(Art), 심리(Psychology), 치료(Therapy)라는 세 영역의 합성어로 심리이론을 기반으로 하여 다양한 미술과 조형 활동을 통해 감정과 내면세계를 표현하는 심리치료이다. 미술치료의 목적은 다양한 미술기법을 통해 개인 갈등 조정과 자기를 표현함으로 승화작용으로 자아 성장을 촉진하며, 내담자의 내면 상태를 표현하여 결과보다 미술 활동 과정 자체를 중요시하며 인격의 통합과 성장이라는 목적을 가지고 있다.

미술치료는 회화요법, 묘화요법, 그림요법이라고도 하며, 음악치료, 놀이치료, 무용치료, 레크리에이션치료, 사이코드라마, 문학치료와 같은 예술치료의 한 영역이라고 할 수 있다. 현재 미술치료는 시각적 예술이라는 수단을 통해 교육과 정신치료, 재활 등 여러 다양한 곳에서 이용되고 있다. 미술 활동은 인간의 심상을 시각화한 것으로 이것은 개인 경험으로 형성된 것이기 때문에 말로 표현할 수 없는 개인 갈등과 감정, 욕구와 성격 그리고 소망 등이 자발적 미술 활동에서 나타나기 때문에 심리치료를 할 수 있다.

미술 활동인 창조 과정을 통해 작품 안에서 무의식, 의식의 사고와 감정이 발견되며, 자기를 표현할 수 있는 기회 제공과 자유롭고 자발적인 표현과정에서 자유를 느끼게 된다. 또한 창작 과정을 통해 통찰하게 되며 승화와 무의식을 의식화하는 유용한 치료기법이라고 할 수 있다. 미술치료에서 주요 목표라 할 수 있는 '무의식의 의식화'는 미술치료를 통해 내담자가 자신에 대해 지속적이고 반복적인 통찰의 경험을 통해 억압된 감정을 치료적인 개입 방법으로 표현하고 표출할 때 심리적 건강 회복에 많은 도움이 될 수 있다.

2. 미술치료의 관점

미술치료의 관점은 '치료'와 '미술' 중 어느 분야에 무게를 두는가에 따라 크게 세 가지 관점으로 나누어 볼 수 있다. 미술치료를 연구해 온 초기의 연구자들인 나움버거(Naumburg), 크레머(Kramer), 울만(Ulman)은 다음과 같이 미술치료 이론을 주장하였다.

1) 미술치료의 관점

(1) 나움버그(Naumburg, 치료에 중점을 두는 입장)

나움버그는 정신분석적 미술치료를 실시하였고 환자와 치료적인 관계를 형성, 전이 그리고 역전이 해결, 자발적인 그림 표현과 그림 해석, 그림 상징 해석, 자유 연상 등을 중시했다. 따라서 그녀는 심리치료에서 매체로 그림을 사용하는 '치료에서의 미술(Art in therapy)'을 주장하였다.

정신분석적 미술치료의 장점은 다음과 같다.

첫째, 언어보다 그림으로 자신의 내적 욕망과 꿈, 환상을 직접적으로 표현하도록 한다.

둘째, 무의식 상태를 그림에 투사하면 언어 표현보다 방어기능을 약화시켜 의식화 과정을 도와 치료가 촉진된다.

셋째, 그림으로 표현된 결과물은 자료의 역속성이 있어 내용이 망각에 의해 지워지지 않기 때문에 내용 부정이 힘들다.

넷째, 환자의 자발성은 자신이 그린 그림을 해석하는 능력으로 고취되어 치료자에게 전이 문제가 더 쉽게 해결된다.

(2) 크레머(Kramer, 미술 활동을 중요시하는 입장)

크레머는 나움버그와는 다른 견해를 주장하였으며, 치료사 역할에 대해 내담자의 작품을 해석하는 것이 아니라 승화 그리고 통합하는 과정을 도와주는 것이라고 하였다. 그리고 작품 만드는 과정을 치료로 보고 '치료로서의 미술(Art as therapy)'로 주장하였다. 그림의 치료적 속성은 내담자 연상과정을 통한 자기 표현과 승화작용으로 자아가 성숙한다고 보았다. 즉, 미술작업으로 내담자의 파괴적이고 반사회적인 에너지를 분출하고 표출함으로 부정적 감정을 감소시킬 수 있으며 긍정적 에너지로 전환시킨다고 하였다. 미술 활동을 통해 자신의 본능적인 충동과 환상에 접근하며 갈등을 다시 경험하게 되면서 인내를 배우며 그 과정에서 자기를 훈련하게 되고 그 갈등을 해결하고 통합한다고 주장하였다.

(3) 울만(Ulman, 치료와 창조의 통합적 입장)

미술치료라는 용어를 처음으로 사용한 사람으로 "미술치료는 교육, 재활, 정신치료 등 다양한 분야에서 널리 사용될 수 있으며, 어떤 영역에서 활용되고 있든간에 공통된 의미는 시각예술이라는 수단을 이용하여 인격의 통합 혹은 재통합을 위한 시도이다."라고 정의하였다. 울만은 1961년에 '치료에서의 미술(미술심리치료)'과 '치료로서의 미술'이라는 두 가지 용어를 모두 포함한 정의를 내리려고 노력하였고, 미술치료의 적용에 있어 두 측면의 적용 타당성을 인정하였다. 그녀는 임상가로 치료로서의 미술을 사용하는 곳에서는 미술심리치료를 사용하였으며, 미술심리치료가 통하는 곳에서는 치료에서의 미술을 사용하므로 이 둘의 서로 융통성 있는 선택을 하였다. 즉 울만은 나움버그와 클레머의 정신역동 지향적 미술심리치료를 통합하며 치료에서의 미술인 미술심리치료와 치료로서의 미술이라는 치료와 창조의 통합적 입장을 취하였다.

2) 미술치료의 장점

와이더슨(Wadeson, 1980)이 언급한 미술치료의 장점에 대해 살펴보면 다음과 같다.

(1) 미술은 심상의 표현이다

사람은 심상(image)으로 생각을 한다. 즉, 언어로 표현하기 전에 심상으로 사고한다. 엄마라고 말로 표현하기 전 '어머니'라는 심상을 먼저 떠올릴 것이다. 삶의 초기 어머니에 대한 경험은 심상의 중요한 요소가 되며, 이러한 심상이 성격을 형성하는 데 중요한 부분을 차지하게 된다. 미술치료는 꿈과 환상 그리고 경험이 언어를 사용하는 치료법처럼 언어로 해석하기보다는 심상으로 그려진다.

(2) 미술은 방어가 감소 된다

방어는 심상과 밀접한 관련이 있다. 언어적 의사소통은 의식 차원에서 주로 이루어지기 때문에 이성의 통제를 받을 수 있다. 그러나 미술은 비언어적 수단이므로 통제를 언어로 표현할 때보다 적게 받을 수 있다. 예상하지 않던 작품이 그림과 조소로 제작되기도 하는데 가끔 창작하는 사람의 의도와 반대로 표현되기도 한다. 이것은 미술치료의 가장 중요한 의미로, 이 작품에 표현된 인식은 때때로 학습과 통찰 그리고 성장으로 유도될 수 있다.

(3) 미술은 구체물이 형성된다

미술 작품은 눈과 손으로 만져볼 수 있는 구체물이 생산되는 것이다. 미술의 이런 부분이 다양한 의미가 있는데, 내담자가 만든 어떤 유형의 구체적인 작품을 통해 치료자와 내담자 사이를 연결하는 가교의 역할을 할 수 있다. 저항적인 내담자들의 경우 내담자의 감정과 사고를 그림으로 접근하는 것이 더욱 쉬울 수 있다. 그리고 내담자의 사고와 감정이 미술 작품에 구체적으로 나타나기 때문에 내담자 자신이 모르는 사이 자신의 작품을 보며 자신의 실존을 발견하고 통찰하게 될 수도 있다. 어떤 내담자는 한 번의 작품에서 감정을 느끼기도 하지만, 강하게 저항하는 사람은 더 오랜 시간이 걸릴 수도 있다.

(4) 자료의 영속성이 있다

보관이 가능한 미술 작품은 언제든지 필요할 때 다시 보는 과정에서 새롭게 통찰이 가능하기도 하며, 자신이 이전에 만든 작품을 보면 그 당시의 감정을 회상할 수 있다. 즉, 미술 작품이 주관적 기억으로 왜곡되는 것을 방지할 수 있고 작품의 변화를 통해 미술치료 과정을 이해할 수 있고 생생한 내담자의 이야기를 들을 수 있을 것이다.

(5) 미술은 공간성을 지닌다

의사소통의 일차원적인 방식인 언어는 대체로 한 가지씩 순서대로 나간다. 미술 표현은 다양한 언어 규칙을 따라야 할 필요가 없다. 즉, 미술의 본질적인 측면은 공간적이고 시간적 요소도 없기 때문이다. 미술은 공간에서 연관성이 발생한다고 볼 수 있다. 예를 들면, 우리가 가족을 소개할 때 부모님으로부터 형제, 모든 식구들과 나와의 관계를 말하지만, 미술은 이 모든 것을 동시에 경험하고 있는 것을 복제한 공간성을 지닌다. 우리는 가족을 언어로 표현하여 소개할 수도 있고 그림으로 나타낼 수도 있다. 그림은 먼 곳과 가까운 곳, 차이점과 유사점, 분리와 결합, 특정적인 속성, 감정과 가족들의 환경과 생활 등을 표현할 수 있기 때문에 개인뿐 아니라 집단의 성격까지도 이해하기 쉬울 것이다.

(6) 미술은 창조성과 신체적 에너지를 유발시킨다

미술작업을 시작할 때, 내담자의 신체적 에너지는 조금 떨어져 있을 수 있지만 미술 활동을 하며 토론과 작품을 감상하고 정리하는 시간에는 대부분 활기가 있는 모습을 종종 볼 수 있다. 그리고 신체의 에너지가 변하고 있다는 것을 느끼는 사람들이 많다. 이것은 미술 활동이 단순하게 신체적 운동이기보다 '창조적인 에너지' 발산의 결과라고 해석할 수 있을 것이다. 영화와 연극에서 역할을 맡아 연기하는 배우들과 같이 미술치료는 작업을 한다는 것보다 즐거움을 유발하는 놀이와 레크리에이션, 음악, 열정이 함께 있는 창조적 에너지를 발산하는 것이다.

3. 미술치료의 역사

1) 미술치료의 기원

미술의 치료적 힘은 오랜 인류 문화를 통해 알려져 왔다. 미술치료의 기원은 원시인의 고대 구석기 시대의 동굴벽화에서 시작되었다는 의견이 많다. 하지만 미술의 치료적 역사는 인류가 시작된 이후라는 의견에 대부분 동의하고 있다. 미술치료의 기원은 인류가 문자가 없던 시대부터 그림, 기호, 조형물 등을 이용한 전통적인 치료 방법들에 미술적 행위가 상징적으로 치료적 효능을 돕는 데 나타낸 것을 시작으로 보고 있다.

동굴벽화를 보면 원시인들의 삶이 발견되는데 미술의 주술적 행위와 연관된 결과이고 그들의 생존과 관계된 의식이었다는 것을 알 수 있다. 원시인들은 사냥을 나가기 전 두려움과 성공을 기원하기도 했고 사냥에서 돌아와 사냥 행적을 동굴벽화에 기록하기도 하였다. 또한 자신들의 염원을 미술이라는 도구에 표현하였는데, 이는 다산, 풍요, 치유, 성공, 건강, 질병으로부터 보호, 사후불멸 등

주술적 의미를 포함하고 있으며, 이런 표현을 통해 심신의 안정감을 경험하고 많은 방법을 적용하며 시행착오를 통해 성장해 왔다.

유럽 후기는 구석기 초기 문화의 시기로, 유럽 각지의 다양한 예술 작품을 선보이며 시작된 시기이다. 가장 오래된 후기 구석기 시대 예술 작품 중 첫 번째는 '홀레 펠스의 비너스'로, 우리가 상상하고 있는 비너스의 아름답고 균형 있는 마른 몸매와는 다른 모습이다. 구석기 시대 풍성한 여성의 조각상을 통해 알 수 있는 것은 상징적 의미로 다산과 풍요를 기원한 것으로 보인다.

두 번째 동굴벽화는 인도네시아 고고학 연구 센터, 반둥공대 공동 연구팀, 호주 그리피스대가 보르네오섬 동부 칼리만탄의 석회암 동굴에서 발견하였다. 이 동굴벽화는 국제 학술지 네이처지에 발견한 벽화 중 하나로 연대를 측정한 결과 가장 오래된 것으로 분석되었다. 이 그림은 손바닥을 벽에 대고 입으로 염료를 뿜는 방식으로 그린 '손바닥 스텐실'은 선사시대 동굴벽화가 유럽에 처음 등장하였다는 오랜 믿음과는 다르게 동남아시아에서도 독자적으로 발생했다는 것을 의미해 주목되고 있다. 선사시대에 그려진 손바닥 스텐실에서 우리는 무엇을 느낄 수 있는가? 같은 종족이라는 의미일까 아니면 손으로 할 수 있는 다양한 욕망과 염원을 표현한 것일까?

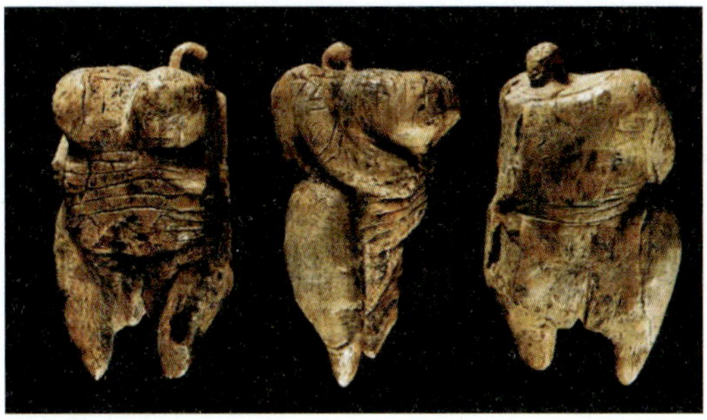

홀레 펠스의 비너스
구석기 시대 4만 년 전

보르네오섬 동부 칼리만탄의 석회암 동굴벽화
5만 2천~2만 년 전 추정

출처: 연합뉴스

2) 현대미술치료의 발전

오늘날 미술치료가 독립적인 심리치료의 한 영역으로 접근하고 인식된 것은 19세기 정신질환자와 아동의 그림을 보고 관심을 갖게 되면서 시작된 것으로 보고 있다. 이후 프로이트(Freud)와 융(Jung)의 정신분석학과 분석심리학의 무의식의 의식화 시대를 거치며 미술 작품에 다양하게 표현된 상징화의 중요성을 부각시키게 되면서 미술치료 발전의 계기가 되었다. 프로이트는 꿈속에 상징적 심상으로 표현되는 무의식 개념을 발전시켰다. 프로이트는 억압되었거나 잊혀져 있던 기억의 표상이 개인적인 기억을 표상하는 것이라고 하였다. 이러한 표상적 이미지의 상징들은 승화라는 방어기제를 통해 내면의 갈등과 성적인 충동 그리고 소망과 욕구가 꿈이나 예술적 표현으로 표출된다고 하였다. 융은 분석심리학을 통해 다양한 시대를 거치면서 각기 상이한 문화들 속에 나타나는 공통된 상징이 지니는 보편적 무의식을 가정했으며, 상징적인 의미들이 이미지에 있다는 것을 이해하는 미술치료의 토대를 마련했다고 볼 수 있다.

유럽에서의 미술치료의 발전은 프랑스, 이탈리아 등의 정신과 의사와 법의학자들이 정신병원 환자들의 그림에 대해 그 특징을 기고하면서 시작되었고, 독일에서는 정신과 의사였던 프린츠호온(Prinzhorn)이 1919년부터 1921년까지 정신병원의 환자들이 그린 5천여 점을 모아 객관적으로 관찰하며 심리적 토대를 연구하였다. 정신병원 환자들 작품의 형태적인 특징을 원시인과 아동들의 그림과 비교 연구하여 1922년 '정신병자들이 그린 그림'이라는 책을 출판하여 미술 활동이 환자들의 정신건강과 밀접한 연관이 있다는 것을 제시한 계기가 되었다. 미국에서의 미술치료의 출발은 1907년 이후 정신과 병동에서 환자들이 미술가들의 지도를 받아 미술 활동을 시도했던 때로 보고 있다.

예술을 심리치료적 매개체로 인식하게 된 것은 1940년대 초반으로, 미국의 대표적인 학자는 나움버그와 크레머, 울만이 있다. 특히 미술치료의 개척자적 역할을 한 사람은 나움버그이며 치료양식으로 미술 표현을 도입하였고 정신분석학 이론과 경험을 근거로 자발적 자유연상으로 그림을 그리도록 하였다. 무의식에서 드러난 내용을 상징적으로 해석하였으며, 정신분열병 환자를 회화적 매체로 진단하고 치료한 경험을 발표하여 미술치료라는 치료영역을 발전시키는 계기를 마련하였다. 크레머는 1950년대에 접어들며 나움버그의 뒤를 이어 연구를 하였는데, 그녀는 교육자와 화가로 경험한 것을 적용하여 나움버그와는 다르게 접근하였다. 크레머는 프로이트의 방어기제 중 '승화'에 의미를 두고 미술매체를 이용하여 창작하는 과정 자체가 치료적이라고 보고 미술교육적 입장을 중요시하였다. 크레머는 많은 아동미술치료 연구를 하였고 그림의 치료적 속성에 대해 환자가 그림의 연상에서 자기를 표현하고 승화작용에서 자아가 성숙하는 데 있다고 보고 있다. 그녀는 미술활동을 통해 환자의 반사회적, 부정적이고 파괴적인 에너지를 표출하고 분출하므로 그것을 감소시키거나 전환시킨다고 주장하고 있으며, 미술작업 과정에서 원시적 충동과 환상에 접근하며 갈등을 재경험하고 인내와 자기 훈련을 배우는 과정에서 해결하고 통합한다고 주장하였다. 울만은 미술치료를 적용하는 데 두 측면인 나움버그와 크레머의 정신역동지향적 미술치료를 통합하면서 융통성 있게 받아들였다.

울만의 견해와 같이 나움버그의 '치료에서의 미술'과 크레머의 '치료로서의 미술'은 오늘날 보편적인 미술치료 상담에 행해지는 치료의 형태라 할 수 있다.

3) 한국의 미술치료

우리나라에서 미술치료는 1982년 임상예술치료학회가 창설되었으며, 1990년대 초 심리학과 특수분야에서 미술치료에 대한 연구가 시작되었다. 1993년에 한국미술치료학회의 발족을 기점으로 한국미술치료에 대한 연구가 본격적으로 시작되었으며 우리나라에 여러 학회와 협회가 창립이 되었다. 2000년대에 들어와 대학에 학부와 석사와 박사과정이 개설되며 다양한 분야에 적용된 미술치료 연구들이 진행되고 있으며, 미술치료에 대한 효과가 입증되어 나날이 발전되어 가고 있다. 미술치료가 대체요법으로 정신병원의 환자뿐 아니라 유·아동에서부터 노인에 이르기까지 다양한 연령에 적용되고 있다. 그리고 상담과 재활, 노인시설과 특수교육, 사회교육, 자기 성장 프로그램 등 다양한 분야에서 적용되고 있다. 이를 위해 전문미술치료사가 배출되고 있는데 이에 따른 많은 문제점도 야기되고 있다. 관계기관의 미술치료에 대한 정보와 인식 부족, 학문적 접근의 미비점과 비체계적인 미술치료사 양성으로 인해 체계적인 교육과 정착이 필요하다고 할 수 있다. 또한 지금까지 연구된 많은 논문과 사례들에서 미술치료의 필요성과 중요성, 효과성이 입증되고 있지만 미술치료사가 아직 국가 공인 직업과 자격으로 인정받지 못하고 있는 실정으로 앞으로, 미술치료의 발전과 전문성을 위해 치료사들의 당면된 과제라 할 수 있겠다.

그러나 우리나라에서 처음 시작된 미술치료사 국가 공인 분야는 특수분야이다. 보건복지부에서 발달재활서비스 관련 전문성 강화를 위해 장애아동 제공인력의 서비스 수준을 높이고자 발달재활서비스 영역별 교과목 이수와 해당 자격을 구체적으로 규정하고 자격을 인정받는 절차와 기준을 2018년 9월 12일부터 고시하고 법적으로 시행하였다.

따라서 발달재활서비스 분야에서 제공인력으로 활동할 경우 이 고시에 규정된 교과목 이수 후 발달재활서비스 자격관리위원회(www.broso.or.kr)의 심의를 거쳐 자격 인정을 받아야 활동이 가능하도록 하였다.

4. 미술치료사의 자세

미술치료사의 역할은 미술치료에 있어 가장 민감하고 중요한 요인으로 작용한다. 최근 우리나라에서는 미술치료를 공부하기 위한 다양한 교육과정이 있지만 미술치료사들은 미술치료를 경험하며 자기 탐색과 전문적 지식이 필요하다.

내담자에게 적용된 미술치료의 효과는 미술치료사의 역량이 중요한 영향을 미친다고 해도 과언이 아니다. 미술치료사는 내담자를 돕는 안내자이며, 자기 탐색과 성찰을 돕는 촉진자이고 내담자가 성장하는 과정을 함께하고 있는 동반자로서의 역할을 하기 때문이다. 동일한 미술치료 프로그램이라도 미술치료사에 따라 그 효과가 다르게 나타나기 때문이다. 따라서 미술치료사는 기본 자질과 함께 전문적 자질을 갖추기 위해 끊임없는 자기성찰과 전문교육을 통해 인간의 심층적인 이해와 지식을 탐구하고 전문 감독으로부터 지도가 반드시 필요하다. 미술치료사의 자세 중 기본 자질은 성품을 의미하며, 전문적 자질은 미술치료 학문에 관련된 지식을 습득하는 것으로 미술치료학, 심리학, 인문학, 철학, 정신의학 등이 필수적이다. 또한 자기 개인에 대한 작업으로 자기 인식과 자기 이해가 지속적으로 필요하며, 미술치료사례 연구와 전문감독에게 수련을 받는 등 기본 자질과 전문적 자질은 일생 동안 가꾸어 가야 하는 것이라고 할 수 있다. 미술치료사의 기본 자질과 전문적 자질을 요약하면 다음과 같다(정여주, 2023).

1) 기본 자질

- 겸손함, 고요함, 인내심, 온화함, 성실성, 안정감, 진심에서 우러나온 행동과 열정이 있어야 한다. 이러한 성품은 환자가 자신을 열 수 있는 신뢰성을 기초로 마련해 준다.
- 자기 자신을 존중할 수 있어야 한다. 치료사의 자기 수용과 자기 존중은 바로 타인을 존중하고 올바르게 바라보며 받아들일 수 있는 치료의 기초를 이룬다.
- 자율성이 있어야 한다. 이러한 능력은 치료의 과정을 성공적으로 이끌어갈 수 있는 힘이 된다. 진정한 자율성은 주도적이지 않으면서도 위기의 상황에 흔들림이 없는 능력이다.
- 공감 능력이 있어야 한다. 이러한 능력은 자기 자신의 감정, 분노, 무력감, 두려움 등을 경험하고 작업함으로써 이루어질 수 있는 것이다.
- 선입견과 편견을 가지지 않아야 한다. 치료에 있어서 선입견과 편견은 치료의 전개와 결과를 모호하고 혼란스럽게 만드는 걸림돌이다. 선입견과 편견을 가지지 않기 위해서는 타인에 대해 개방적이고 자신의 가치관을 초월하여 타인의 생각과 행동을 수용할 수 있는 능력을 키워야 한다.
- 많은 말을 삼가고 유머 감각이 있어야 한다.
- 직관력과 통찰력이 풍부해야 한다.
- 창의성이 있어야 한다.

- 내담자와 교류를 할 수 있어야 한다. 대화와 감정의 소통 능력을 키워야 한다.
- 정확한 관찰력이 있어야 한다.
- 비밀보장의 책임을 져야 한다. 치료 상황에서 이루어진 대화나 내담자의 개인적인 문제를 유출하지 않는 책임감을 가져야 한다.
- 비밀보장 예외사항(한국상담학회)

  상담자는 상담 시작 전이나 상담과정 중 내담자에게 비밀보장의 한계를 수시로 알리고 비밀보장이 불이행되는 상황에 대해 주지시킨다.

  - 자신과 타인의 생명 혹은 사회의 안전을 위협하는 경우
  - 치명적인 감염성의 질병이 있다는 확실한 정보를 갖게 된 경우
  - 미성년인 내담자가 학대를 당하고 있는 경우
  - 학대나 성폭력 등 중대한 범죄의 경우
  - 법적으로 정보 공개가 요구되는 경우

2) 전문적 자질

- 병의 개념에 대한 다방면의 고찰이 있어야 한다.
- 병의 배경을 알기 위해 정신의학에 대한 지식, 인간의 이해를 위한 인간학, 철학, 심리학, 교육학과 사회학의 지식이 필수적이다.
- 장애아동 및 청소년을 위한 특수교육의 기반이 필요하다.
- 미술치료의 다양한 이론적 관점, 진단 및 평가에 대한 안목이 필요하다.
- 미술 실기의 기초적 훈련이 이루어져야 한다(매체의 사용법, 기법, 적용목적).
- 미학 및 미술사의 지식과 미술 활동에 대한 이해와 해석 능력이 있어야 한다. 예를 들어 색과 형태에 대한 상징적 의미, 미술 매체의 이해와 활용 능력이 있어야 한다.
- 내담자의 욕구를 정확하게 인식할 수 있어야 한다.
- 상호관계의 훈련과 대화에 대한 훈련이 필요하다.
- 칭찬은 적절할 때 정확하게 할 수 있어야 한다.

- 미술치료를 위한 실습으로 자기 경험과 실습에 대한 슈퍼비전을 받아야 한다.
- 미술치료사 자신도 개인치료와 집단치료를 지속적으로 받아야 한다.
- 미술치료에 대한 계획과 평가에 대한 작업을 문서로 기록할 수 있어야 한다.
- 미술치료에 대한 윤리적, 법적 책임을 알고 지켜야 한다.

2

CHAPTER

미술치료의 적용

1. 미술치료의 적용 분야
2. 미술치료의 구성
3. 미술치료의 매체
4. 미술치료의 조형
5. 미술치료의 상징

Chapter 2

미술치료의 적용

미술치료는 미술 활동으로 인간의 심리적 갈등과 사고, 문제행동을 제거 또는 예방함으로써 인간의 적응과 성숙, 발달을 돕는 심리치료의 한 분야이다. 미술치료는 학교나 기관 등 미술치료가 이루어지는 곳에서는 생활지도와 상담 그리고 재활교육과 재활치료로 활용이 되고 있다. 그리고 심리치료와 재활치료 및 교육은 특성상 영역이 명확히 구분되기도 하고 상호호환적으로 사용하는 경우도 있어 미술치료를 이해하고 적용하기 위해 적용 분야와 미술치료 유형, 미술치료의 매체에 대해 간단히 살펴보고자 한다.

1. 미술치료의 적용 분야

1) 생활지도

생활지도 대상은 상담을 받는 내담자로, 학교의 경우에는 전체의 학생이며, 생활지도의 담당은 상담교사, 담임교사, 교감 및 교장 등 전교직원이 할 수 있다(Janet Bush, 2007). 현실에 적응하고 자기 방향을 정립해 나가는 것이 궁극적인 목표이며 바람직한 생활 과정과 성장, 발달의 지도에 목표를 둔다. 생활지도에서 다루는 문제는 현실적 능력의 평가 및 장래 계획 등을 다루며 정보제공, 훈련, 가르치기, 교정 등과 같은 방법을 사용한다. 생활지도는 보편화할수록 성과를 더 거두며 생활 전반과 객관적 현실에 초점을 둔다. 생활지도는 교사의 활동으로 여겨왔으나, 실제 교육현장에서는 심리치료나 상담의 전문영역으로 인정하고 있다. 특히 학교의 사회복지실천, 장애아 통합교육 등에서 심리치료사, 특수교사, 사회복지사 등이 영아, 유아, 아동, 청소년 등의 문제나 특정 집단을 상담 및 교육하는 역할을 담당하고 있다.

2) 상담

상담은 전문적 훈련을 받은 상담자와 내담자와의 관계에서 행동과 감정의 인간적 성장과 생활과제 해결 및 사고를 위해 노력하는 학습 과정이다. 상담은 일상생활 안에서 일어나는 일반적인 사람의 마음 상태에 대해서 폭넓은 관심을 가지고 있다. 상담자로서 자격을 갖추고 내담자 개인의 문제와 특정한 집단을 상담할 뿐 아니라, 전문적인 자문을 해주는 것이 상담이라고 할 수 있다. 상담은 개인의 내면세계에 초점을 맞추며 개인의 능력을 함양함으로써 환경에 적응하며 나아가 잠재적 능력을 최대한 발휘하도록 힘을 북돋우는 것이 목적이다. 관계 맺기, 마음이 소통되는 의사 전달하기, 힘을 북돋아 주기와 같은 방법을 주로 사용한다. 상담은 마음 깊은 곳에 있는 내용까지도 다룬다.

3) 심리치료

심리치료는 심리적 증상을 제거하고 수정, 완화하여 장애 행동을 조정하고 긍정적인 성격의 발달을 증진할 목적으로 훈련된 사람이 환자와 전문적 관계를 의도적으로 형성하고 정서적인 문제를 심리학적 방법으로 치료하게 되는 것이다. 질적인 병리 문제, 무의식적 동기, 성격 문제의 고질적 원인 등을 파헤치며 심층적 원인을 주로 다루고 성격의 재구성을 주로 다룬다고 할 수 있다. 심리치료의 목표는 정서적 문제의 해소와 성격 구조의 심층적 변화에 있다. 심리치료와 상담은 이론적 원리에서 공유하는 부분이 많으며 상담과 심리치료의 목적은 모두 자신의 잠재되어 있는 능력을 개발하고 일상생활에 적응을 잘 할 수 있도록 도와주는 것이다. 상담과 심리치료 모두 갈등과 사고, 문제행동, 대인관계와 성격장애 등을 현장에서 다루고 있다. 상담사와 심리치료사는 이론을 공유할 뿐만 아니라 경청, 질문, 해석, 조언, 정보제공, 평가, 지지 등 근본적으로 동일한 활동을 한다(Corsini, 1979). 이런 관점에서 상담기법과 심리치료기법도 거의 구분이 없고 중복된 부분이 더 많다.

4) 특수교육 및 재활적 미술치료

특수교육 및 재활적 관점의 미술치료는 장애아동 · 청소년 및 장애인들에게 미술활동이 그들의 인지, 감각, 신경, 심리운동, 행동에 끼치는 영향과 효과뿐만 아니라 정서적, 사회적 기능이 개선되는 것에 목표를 두고 있다(정여주, 2023). 다양한 미술재료와 기법은 장애를 가진 학생들에게 무엇보다 촉각 · 청각 · 시각과 같은 감각교육과 운동감각과 관련된 자극을 경험할 수 있게 하며, 미적 재료를 체계적으로 사용하는 방법을 경험할 수 있다는 점에서 교육 · 치료적 효과가 높다. 재활적 관점의 미술치료는 내담자의 재활과 자기 치유의 힘을 얻도록 내담자의 잠재력, 자원을 활성화하거나 회복하는 시도를 한다. 특수교육 및 재활적 미술치료는 단기간 보다 몇 년 동안 이루어지기도 하며 장애아동의 욕구를 표출하고 자기 경험과 형상화를 통해 그들의 자아 성장과 자신감, 자율성을 높일 수 있으며 실제 생활 및 사회적 관계에서도 적용할 수 있도록 도와야 한다.

2. 미술치료의 구성

1) 미술치료 대상

미술치료는 받는 내담자, 즉 대상이 누구냐에 따라 다섯 가지로 나뉜다. 미술치료를 받는 대상이 아동이면 아동미술치료, 청소년이면 청소년미술치료, 노인이 대상이면 노인미술치료, 가족이 대상이면 가족미술치료로 구분한다. 성인이 대상이면 성인미술치료라 할 수 있지만 일반적으로 잘 사용하지는 않기에 유형을 분류하기 위해 사용된다. 신체의 병이 있거나 심각한 후유증을 앓는다든지 수술이나 방사선 치료와 같은 힘든 치료를 받는 사람들에게 미술 표현과 이미지를 사용해서 고통을 경감시키고 건강을 증진시키는 것을 목적으로 병원에 입원한 환자들을 대상으로 시행하는 것은 의료 미술치료(medical art therapy)이다(Malchiodi, 1993). 이와 비슷한 의미로는 임상미술치료(clinical art therapy)가 있다. 이 의미는 미술심리치료(art psychotherapy)와 동일한 의미로 병원에서 환자들을 대상으로 실시하는 미술치료라는 인상을 주는데, 미술을 사용하는 심리치료라는 뜻이며, 우리나라 병원에서 '~클리닉'이라는 표현을 많이 쓰기 때문이다(주리애, 2023).

2) 미술치료 유형

미술치료 유형은 접근 방법에 따라 개인미술치료, 집단미술치료, 가족미술치료로 나누어지며 내담자의 증상과 환경, 가족관계의 영향, 요구 등을 고려하여 접근 방법을 달리해야 한다. 접근 방법에 따라 개인미술치료와 집단미술치료를 실시할 때 어떤 상담이론을 관점으로 적용하느냐에 따라 차이가 있을 것이다.

(1) 개인미술치료

개인미술치료는 내담자와 일대일의 상담 관계를 가지면서 실시하는 미술치료이다. 상담과 심리치료의 의미를 가지며 미술매체를 적용하여 작품을 창조하고 언어화하는 과정에서 통찰로 인해 자기성장과 변화 그리고 정서문제를 해결하는 데 목표가 있다. 개인미술치료는 내담자의 증상을 수정하고 제거, 완화하며 장애행동을 조정하고 대인관계에서 어려움을 겪고 복합적인 문제와 위기 개입이 필요할 때 개인미술치료 적용이 필요하다. 또한 문제행동이 심한 정서 · 행동 장애아동이나 정신지체 및 자폐성을 포함한 발달장애아동 등 다루기 힘든 아동뿐만 아니라 청각장애, 뇌손상, 치매, 우울 등의 증상이 있는 내담자도 개인미술치료로 진행하는 것이 효과적이다(이근매, 2013).

미술치료기법에 상담이론을 적용하는 것은 매우 중요하다고 할 수 있다. 개인미술치료에 정신분석적 미술치료를 적용하는 경우, 내담자가 억압되어 있는 갈등과 부정적 감정을 나타내는 것을 시작으로 미술치료사가 자유연상, 꿈 분석 등을 통해 내담자의 갈등을 탐색할 수 있을 것이다. 미술치료사는 내담자의 그림과 대화에서 갈등과 불안의 핵심과 주제에 따른 행동에 가설을 세우게 되고 내담자의 전이에서 갈등이 표면화되도록 미술치료사는 돕게 된다. 내담자가 작품에서 저항과 언어 반응을 해석하며 그 해석에 대한 반응을 수용하고 격려하며 통찰을 돕고 종결단계에 접어들게 되는 것이다. 이러한 과정을 통해 내담자의 갈등과 부정적 감정이 감소되고 제거되며 편안함을 느끼고 정화와 카타르시스, 승화를 경험하며 자아통찰력이 생기게 된다. 이와 같이 내담자의 증상과 상태, 발단단계에 따라 어떤 상담이론을 적용하는가는 미술치료의 효과와 매우 밀접한 연관이 있기 때문에 미술치료사들은 상담이론의 특징과 거기에 적합한 미술치료

기법을 어떻게 적용하고 활용할 수 있는지 끊임없는 노력과 연구가 필요하다.

(2) 집단미술치료

집단미술치료는 내담자가 2명 이상으로 치료목표에 따라 집단구성원의 수를 조절할 수도 있다. 집단미술치료는 집단구성원을 대상으로 자기 이해, 대인관계 능력을 높이고 생활환경에 더욱 건전하게 적응할 수 있도록 하는 것이 목표이며, 이것을 달성하기 위해 정서적인 차원에서는 개인 문제가 먼저 다루어져야 한다.

집단미술치료는 공동으로 작품을 만들며 내면의 감정을 자유롭게 표현하므로 카타르시스 효과를 가져온다. 그러므로 집단미술치료의 목표는 미술치료사와 집단구성원의 개인적 체험과 상호작용을 하며 자기 탐색과 자기 통찰을 하고 자기 관리 능력과 표현능력, 대인관계, 사회성을 향상시키는 것을 목적으로 한다.

집단미술치료를 실시할 때 나타날 수 있는 효과는 다음과 같다(Liebmann, 1986).

- 모든 사람은 각자의 수준에서 집단에 동시에 참여할 수 있다. 활동의 과정이 중요하며 저항 없이 쉽게 실시하고, 특히 난화 기법은 쉽고 편하게 실시할 수 있으면서 하나의 완성된 작품으로 풍부한 이야깃거리를 제공할 수 있다.
- 미술은 의사소통 및 표현의 또 다른 통로다.
- 말로 표현을 다 하지 못했을 때, 미술은 언어적 표현 이상을 할 수 있게 한다. 또한 그림에서 나타난 공간표현은 다양한 경험을 표현해 준다.
- 미술은 창조성을 수월하게 한다.
- 집단활동 중에 자신의 감정을 미술로 표현하다 보면 창조적이며 다양한 가치를 느끼게 된다.
- 미술 표현은 환상 및 무의식을 다루는 것에 유용하다.
- 미술은 의식적, 무의식적인 것을 표현하므로 스스로 인식하지 못하는 환상과 무의식을 표현하고 쉽게 이해하게 한다.
- 미술작품은 구체적인 유형물이 남고 후에 탐색할 수 있다. 작품은 장기간 보관할 수 있으므로 계속적으로 탐색이 가능하다.

• 미술은 재미있고 집단 내에서 즐거움을 공유한다. 자신의 내면세계를 그림과 조형물로 표현하다 보면 흥미가 야기되며, 이는 집단구성원 간에 함께 공유할 것을 제공하게 된다.

집단미술치료는 자발적으로 많은 경험을 표현하게 하며, 개인에게 친숙한 미술 재료에 내담자의 내적 감정을 표현하도록 한다. 또한 미술작품이 상징적인 의미를 줄 수 있어 언어적 표현이 약한 사람에게도 자기표현의 기회를 줄 수 있다. 집단구성원 모두가 미술 활동을 동시에 참여할 수 있어 개인적인 경험을 가지고 집단구성원과 함께 경험을 공유할 수 있다. 또한 미술은 그 자체가 카타르시스 효과를 가지면서 동시에 창작을 고양하며 상호작용을 적극적으로 유발하고 의식의 검열을 적게 받도록 하므로 유용한 기법이다.

① 집단미술치료의 장점과 단점

집단미술치료의 장점은 유사한 욕구를 가진 사람들이 모여 상호지지와 문제해결에 도움을 줄 수 있고 집단구성원 서로에게 피드백을 줄 수 있으며 그 효과로 학습할 수 있다. 집단은 책임과 권한을 함께 나누므로 민주성을 배우게 되고 잠재된 가치와 능력들을 발휘하기 위한 촉매 역할을 한다. 집단은 동시에 다수의 사람들에게 시간이나 에너지 등 영향을 줄 수 있으므로 경제적이다.

집단미술치료의 단점은 집단구성원 중 개인적인 문제가 충분히 다루어지지 않을 가능성이 있으며 비밀보장이 어렵다. 또한 조직화가 어려우며 집단구성원 각자에게 제공되는 관심과 상담이 낮다. 집단구성원 중의 일부는 '어떤 사람'이라고 낙인될 수 있는 위험이 있다.

따라서 미술치료사는 집단미술치료를 진행할 때 집단구성원 자신의 감정과 생각을 드러내고 표출하는 데 편안한 감정을 느낄 수 있도록 따뜻하고 신뢰할 수 있는 분위기를 제공해야 한다. 다른 사람에 대한 존경과 염려, 그리고 그들의 견해와 감정에 대한 존중은 가장 우선되어야 한다.

집단미술치료로 향상될 수 있는 다음과 같은 미술의 속성들이 있다.

- 집단에 미술을 적용했을 때 집단구성원은 동시에 각자 수준에 따라 즐기게 된다.
- 미술은 의사소통 및 표현의 중요한 수단이다.
- 미술은 창작 능력을 개인과 집단에 함께 고양시킬 수 있다.
- 공상과 무의식을 다룰 때 개인과 집단에 유용하다.
- 개인과 집단이 함께 미술을 즐길 수 있고, 기쁨을 함께 공유할 수 있다.

② 집단미술치료의 실제

집단의 크기는 집단구성원의 특징과 치료목표에 따라 달라질 수 있으나 상호작용을 일으키기에 충분한 인원이 되어야 한다. 따라서 집단미술치료의 적당한 인원에 대해서는 학자들마다 다르게 주장하고 있다. 리브만(Liebmann)은 대부분 6~12명 정도로 구성하는 것이 가장 적절하다고 하였으며, 얄롬(Yalom)은 상호작용적 집단은 7~8명이 이상적이라고 하였다. 따라서 집단구성원들의 연령과 욕구, 특징과 문제의 심각성에 따라 10명 내외로 집단을 구성하는 것이 적절하다.

이근매와 조용태(2018)는 아동과 장애아동의 경우는 4명 정도가 적절하다고 하였다. 그러나 장애 정도와 심리적 · 신체적 문제행동이 심하거나 위기개입에는 소수로 집단구성원을 구성하는 것이 바람직하다.

집단미술치료의 구성은 비지시적 방법과 지시적 방법이 있다. 이 방법들은 대체로 치료 기간이 장기이고, 내담자의 자아가 비교적 건강할 때 비지시적 방법이 적합하며, 반면 지시적 방법은 치료 기간이 단기이거나 내담자의 자아가 미성숙하며 치료를 시작하는 초기에 어려움이 있고 미술에 대해 고정관념이 강할 때 적합하다. 일반적으로 미술치료에서는 지시적 방법 및 비지시적 방법을 병행해서 구성하는 경우가 많으며 불안정한 집단일수록 구조화가 필요하다.

회기 내 진행과정

집단미술치료 한 회기 내에서의 진행 과정은 대략 도입, 활동, 토론순서로 진행된다.

가. 도입

초기 단계인 도입단계에서는 편안하고 아늑한 분위기를 조성하는 것이 중요하다. 이를 위해 긴장 이완 호흡법과 음악을 활용하기도 하고 간단한 게임도 좋을 것이다. 만약 집단이 처음 시작될 때는 치료의 목표를 설정하고 미술치료에 대한 전반적인 설명과 규칙을 설정할 수 있다. 집단원 간 비밀 누설금지와 비난, 공격 금지, 집단구성원의 작품을 훼손하지 않는 것과 같은 동맹이 필요하다. 이미 진행 중인 집단은 회기 활동에 대해 간단히 설명하는 정도가 좋다. 이 단계에서는 치료사의 관찰과 그림 진단 등을 통해 내담자에 대해 정보를 상세히 파악할 수 있어야 하고 치료사와 집단구성원, 집단구성원 서로 간에 신뢰 형성이 중요하다. 이러한 약속을 통해 '치료적 동맹'이 이루어지나 회기가 지나면서 치료사와 집단구성원들 간의 무언의 힘겨루기, 의심, 회의, 저항 등이 있을 수 있다. 이런 과정을 거치면서 신뢰 형성이 이루어지면, 미술치료 활동의 구체적 방향 설정이 이루어지고 다음 단계로 나아갈 수 있을 것이다.

나. 활동(미술작업)

미술작업 시 활동에 몰입된 경험을 할 수 있도록 가능한 대화를 자제시키는 경우도 있고, 집단구성원과의 상호 교류 증진을 위해 자연스러운 대화를 허용하는 경우도 있다. 또한 개인마다 활동 시간이 서로 다르므로 활동 전에 먼저 시간제한을 언급할 필요가 있으며, 스스로 시간을 조절하도록 배려야 한다.

다. 토론

먼저 작품을 다시 살펴봐야 한다. 이 과정에서 치료사와 집단구성원, 집단구성원과 집단구성원, 집단구성원과 작품 사이에서 상호작용이 일어나는데 집단이 안정되고 신뢰감을 느낄수록 작품 안에서 많은 정보와 느낌을 얻을 수 있다.

토론을 하는 가장 일반적인 방식은 모든 학생이 차례로 돌아가며 각자의 그림을 설명하는 것이다. 그러나 자기 노출이 어려운 내담자에게는 이 경우 압력으로 느낄 수 있다. 이 점을 보완하기 위해 한두 내담자에게 초점을 맞추어 다른 내담자가 질문을 하거나 느낌을 제시해 주면서 좀 더 깊이 있게 들어가야 한다.

토론 시 작품의 진단이나 분석을 삼가야 한다는 점을 주의해야 한다. 중요한 것은 작품에 대한 진단과 분석보다 느낌을 나누는 것이며, 집단구성원 간의 상호작용을 격려하면서 감정을 공유할 수 있게 한다. 일반적으로 집단의 작품을 보는 방식은 먼저 타인의 언급이나 질문 없이 본인이 각자 이야기하도록 한다. 이어서 타인이 질문이나 작품에 대한 언급을 하게 되면 새롭게 그 작품을 다시 관찰하고 숙고해 볼 수 있다.

라. 회기 마무리

종결이 다가오는 것에 대한 느낌을 나누고 집단과정에서 학습한 것을 앞으로의 생활에 적용하도록 준비시킨다. "이번 집단에서 내가 얻은 것은 무엇인가?", "가장 좋았던 것은?" 등의 대화를 나누기도 한다.

마. 기록 및 평가

집단미술치료를 기록할 때는 기본적인 정보(날짜, 장소, 회기 횟수 등), 회기의 목표와 성취 수준, 사용된 주제와 활동, 집단의 실제 진행 과정, 집단의 정서와 변화, 상호작용과 표현의 수준, 토론에 대한 반응, 요약과 미래 계획 등의 내용이 포함된다. 한편 실시 결과에 대한 평가는 다양한 방식으로 진행될 수 있다. 집단구성원과 함께 혹은 다른 치료사의 피드백을 통해 할 수도 있고, 자문가를 통하거나 혹은 평가기록 양식을 통해 평가할 수도 있다.

(3) 가족미술치료

가족미술치료는 심리적으로 어려움을 겪는 개인의 문제가 아니라 전 가족의 문제라는 전제하에 가족 문제의 해결을 돕는 전 가족을 대상으로 실시하는 것이다. 가족미술치료는 개인이나 집단의 형태보다 가족이 치료 장면에 오기 때문에 더 빠른 변화를 가져오며 변화의 지속시간이 길다.

와이더슨(Wadeson, 1980)은 가족미술치료에서 미술활동은 이미지 표출 과정에 있어서 비언어적인 의사소통기법으로 언어적 이미지와 시각적 이미지에서 억제되어 있는 상황이나 상실, 왜곡, 방어 등을 보다 명확하게 표출할 수 있으며 자기 자신의 세계관을 재발견하여 자기 동일화, 자기실현을 달성하게 한다고 하였다. 가족미술치료는 가족구성원 전원이 참가하여 공통된 주제를 표현 방식으로 미술과제를 시행하여 가족상호 작용을 평가한다. 이와 같은 가족을 대상으로 하는 가족미술치료는 여러 학자들의 연구를 통해 다양한 기법들이 개발되었다.

로웬펠드(Lowenfeld, 1954)는 "만약 부모들이 자신과 자녀를 위해 매주 미술활동을 한다면 세상은 꽤 달라질 것이다. 무엇보다도 부모는 자신과 자녀들 그리고 그들의 관계에 대해 더 알게 될 것이다."라고 말하며 부모 자녀 간 미술치료의 필요성에 대해 강조한 바 있다.

미술치료는 부모 자녀 간에 결속력과 친밀감을 이끌어 적절한 상호작용은 물론 가족 간의 이해를 돕고 의사소통을 향상시키는 데 영향을 주며 가족 공동작업 혹은 공동매체를 사용함으로 인해 가족 간의 대화를 촉진시킬 수 있는 매개체 역할을 한다(Landgarten, 2004).

가족미술치료의 기법으로는 번스와 카우프만(Burns & Kaufman, 1970)이 개발한 동적가족화(Kinetic Family Drawing : KFD), 빙(Bing, 1970)의 합동가족화(Combination Family Drawing : CFD), 와이더슨(Wadeson, 1971)의 부부미술치료의 미술적용 기법 등이 대표적인 경우이다. 동적가족화(KFD)는 가족이 무엇인가를 하고 있는 것을 그리게 하여 가족구성원 간의 역동적인 관계를 파악하는 데 응용되었고 합동가족화(CFD)는 상담과 함께 가족 전원이 둥근 테이블에 앉아서 누가 어떤 것을 그렸는지 분석하기 위해서 각자 다른 색을 사용하여 한 장의 가족화를 그리도록 하는 기법이다. 그리고 부부미술치료는 부부가 서로의 그림을 수정하며 서로 어울리게 하는 방법이다. 번스(Burns)가 개발한 자기상, 부친상, 모친상을 각각 따로 그리게 하여 각각을 분석하는 방법인 동그라미 중심 가족화(Family Centered Circle Drawing : FCCD)와 자기상과 부모상을 하나의 원 안에 한꺼번에 그려 분석하는 방법(Parent self Circle Drawing : PSCD)이 가족미술치료 분야에서 사용되고 있다.

가족미술치료에 있어 미술 활동의 장점은 다음과 같다.

- 전 가족 모두가 치료의 대상이 되므로 개인적 치료보다 단기간에 걸쳐 실시된다.
- 가족구성원 모두가 변화되는 결과를 가져오며 그 변화가 오래 지속된다.
- 가족치료는 체계이론에 입각하여 관계와 관계 문제에 관심을 둔다.
- 가족치료 과정에서 미술 과제를 실시할 때, 언어적인 것보다 저항이 적다.
- 다른 언어적 치료보다 결과물에 대한 가족의 이해와 수용이 빠르다. 그리고 각 가족구성원에 대한 이해와 자신에 대한 탐색이 깊게 이루어진다.
- 가족미술치료 과정에 있었던 완성된 미술작품을 통한 탐색과 이해가 오래 간다.

① 가족치료의 목표

가족치료 학자들의 가족치료의 목적은 두 가지 관점이라고 볼 수 있는데, 가족의 현재 문제와 가족생활 주기에 있어 발달단계에 일치하는 가족과업의 촉진 등이라고 할 수 있다. 다음은 가족 문제의 특수성에 따른 목표이다.

- 핵가족 밖 확대가족의 인물과의 문제에 적절하게 대처하기
- 명료한 의사소통
- 자아의 개별화
- 갈등 해소를 위해 상호 협력하기
- 자녀들의 양육과 가족체계 유지를 위해 적절한 지도력을 제공하는 강한 부모 동맹과 부부 하위체계 강화
- 두 사람 사이에서 갈등과 긴장이 생겨나면 제삼자를 끌어들이지 않고 직접 대면해서 문제 해결하기
- 가족 구성원들의 독립성, 주도성, 자발성 획득하기
- 가족 구성원 간의 전이 및 투사적인 왜곡 해소, 현실을 그대로 인지하는 능력 획득하기
- 구성원 간에 정서적인 것을 자발적이고 자연스럽게 나누기
- 가족의 삶이 희망적이고 만족스러워지는 것

② 가족미술의 평가

가족체계이론은 개인의 역동이나 행동보다 가족 간 관계에 초점을 두고 있어 가족 구성원의 개인적 특성을 단독으로 연구하기보다 가족 구성원의 상호작용을 연구한다. 가족미술 평가로 파악할 수 있는 것은 가족 구성원의 원가족 탐색, 초기 경험의 해결, 방어 감소, 통찰력, 정서적 경험, 원인과 결과 이해, 심리적 거리 관찰, 역기능적 행동 주목, 갈등 해결, 가족 구성원 개별화, 부모교육과 문제해결 능력의 향상, 고통스럽거나 슬픈 일을 해결 등이다. 따라서 가족미술 평가는 가족의 문제를 평가하는 데 효과적이다.

가족미술 평가는 가족 구성원 간 상호작용을 경험하게 해준다. 그리고 개방적

인 태도를 가지게 하여 통찰력을 키워주므로 가족관계의 역동성과 의사소통 유형이 드러나게 해준다. 비구조적인 가족미술 활동을 통해 치료사는 활동 과정과 작품을 근거로 기록하고 문제행동의 인과관계를 관찰하며, 가족의 강점과 약점을 평가할 수 있다. 체계론적 가족미술치료 기법은 다음과 같다(영남대학교 미술치료연구회, 2018).

가족체계진단

- **목표** : 접수 면접과 상담 초기에 가족, 부부, 부모-자녀 관계의 역동이나 권위, 동맹 등을 파악한다.
- **준비물** : 종이(전지, 4절 캔트지, 8절 캔트지 등), 크레파스, 매직펜
- **방법**
  - 가족 구성원 모두가 하나의 미술 작업에 참여할 것이라는 것을 말해 준다.
  - 내담자들이 미술활동을 부담스러워한다면 치료사는 가족의 저항을 감소시키기 위해 설득을 한다. 그럴 때는 정답이 없고 자기표현의 자유가 있기 때문에 각 독특한 특성을 지니게 된다고 말해 주어 내담자들을 촉진시킨다.
  - 전지와 다양한 매체를 제공한다.
  - 세 가지의 지시사항에 따라 단계별로 실시한다.

과제 1. 팀별 비언어적 공동화

"가족을 두 팀으로 나누어 보세요. 그리고 종이에 다양한 색깔의 크레파스 중 한 가지 색을 선택하여 말하지 않고 그리고 싶은 대로 그려 보세요. 무엇이든 자유롭게 그리면 됩니다. 그림이 완성되면 서로 의논하여 제목을 붙여 보세요."

과제 2. 비언어적 가족 공동화

"가족 모두가 한 장의 종이에 함께 작업을 할 것입니다. 먼저 언어적 혹은 비언어적으로 의사소통하는 것을 금하고 자신이 원하는 색 한 가지를 선택하여 말하지 말고 그림을 그려 주세요. 단지 완성된 작품에 제목을 붙일 때만 이야기할 수 있어요."

과제 3. 언어적 가족 공동화

"가족 모두가 한 장의 종이에 함께 작업을 할 수 있습니다. 이번에는 서로 자유롭게 이야기하면서 그림을 그릴 수 있습니다. 색깔을 한 가지만 선택하여 그림을 그리고 완성된 후 의논하여 제목을 붙여 주세요."

■ 관찰사항

- 그림을 처음 시작한 사람과, 시작하도록 이끈 과정은 무엇인가?
- 구성원 중 나머지 사람은 어떤 순서로 참가하였는가?
- 구성원 중 누구의 제안이 채택되었고 누구의 제안은 무시되었는가?
- 각자의 개입 정도는 어떠했는가?
- 미술 과업에 참여하지 않은 사람은 누구인가?
- 그림 위에 다시 첨가하여 처음 사람이 한 것을 지운 사람은 누구였는가?
- 구성원은 교대로 참가했는가? 집단으로 참가했는가? 두 가지를 동시에 했는가?
- 각각은 어디에 위치하였나? (중앙, 끝, 구석)
- 만약 방법에 있어 변화가 있다면 무엇이 변화를 촉진하였는가?
- 각각은 얼마나 많은 공간을 차지하였는가?
- 구성원의 분담이 상징적으로 나타내는 것은 무엇인가?
- 독자적으로 행동한 구성원은 누구인가?
- 시초자로 행동한 사람은 누구인가?
- 추종자 혹은 반응자는 누구인가?
- 정서적인 반응이 있었는가?
- 가족 작업의 형태는 개별적, 협동적 혹은 비협조적이었는가?

이 항목들은 치료사에게 언어적 · 비언어적 상호작용과 함께 자아의 강약, 행동 형태, 의사소통 유형, 할당한 역할, 가족의 상호작용 형태 등을 포함하여 가족 체계에 관한 정보를 제공한다. 가족미술치료사는 그림이 완성됨에 따라 관찰한 것을 말하는 것이 중요하다. 그리고 가족치료 과정의 관찰과 작품을 토대로 참가자의 역할에 대해 토론하도록 하여 가족의 의사소통을 통해 반성과 통찰로 신뢰성을 얻게 된다.

3. 미술치료의 매체

미술치료에 있어서 중요한 두 가지는 물리적 환경과 미술 매체이다. 미술치료실의 물리적 환경은 적당히 넓은 공간과 충분한 채광, 물, 미술도구와 조용하고 비밀을 유지할 수 있는 장소면 바람직하지만 많은 미술치료사들은 어떠한 환경이라도 내담자에 따라 유용하다고 말한다. 미술치료에서 중요한 또 한 가지는 미술 매체이다. 미술 매체의 역할은 내담자에게 심리적으로 영향을 미치기 때문에 더욱 중요하다.

1) 미술 매체

미술 매체는 예술 표현의 수단에 활용되는 재료를 말한다. 각각의 매체(media)는 고유성 및 공통성을 동시에 지니고 있고 대상을 표현하는 재료뿐 아니라 그 자체적 특성을 나타내고 있다. 내담자가 어떤 재료를 선호하고 선택하는가에 대한 것은 미술치료를 하는 것에 중요한 심리적인 단서가 된다. 미술치료사는 매체의 특성과 사용법, 매체의 장점과 단점 등 풍부한 지식과 경험이 필요하다. 미술치료사는 내담자가 작품을 완성 못 했을 때 미해결된 느낌을 받지 않도록 주어진 시간 안에 완성할 수 있는 재료를 선택해 제공하여야 한다.

일반적으로 미술치료사들은 미술 매체를 선택할 때, 덜 구조화된 매체 및 복잡한 매체보다 단순한 매체를 선호한다. 이는 단순하고 덜 구조화된 매체가 내담자의 심리적인 투사에 수월하며 내담자의 감각을 자극하고 스스로 작품을 완성할 수 있는 자신감을 느끼게 하기 때문이다.

미술 매체는 내담자의 심리 촉진과 통제에 중요한 역할을 한다. 미술치료사는 내담자 특성에 따라 적절한 매체를 선택해서 제공해야 한다. 일반적으로 물기가 많은 매체는 심리를 촉진하는 경향이 있고 물기가 없는 매체는 심리를 통제하는 경향이 있다. 내담자의 성격이 경직되고 충동적이며 자아 경계가 불분명하다면 색연필, 사인펜 같은 높은 통제력을 가진 매체가 충동적인 성향을 통제하기에 용이하며, 위축되었거나 자신의 감정과 생각을 표현하는 것에 어려움을 가진 내담자는 자발성을 촉진하기 위해 비정형 매체인 물감과 젖은 점토 등의 매체를 활용하는 것이 유용하다. 내담자의 성격 및 성향과 반대된 재료를 제공하는 것은 내담자 내면에 억압된 부분을 재통합하는 기회를 제공하기 때문이다. 그러나 너무 많은 양의 미술 재료와 도구는 내담자를 질리게 하며 특히 쉽게 찢어지는 종이나 잘 부서지는 분필과 같은 매체는 심리적 좌절을 유발시킬 수 있는 재료이므로 치료사는 내담자 개인의 욕구에 민감하게 반응해야 한다.

일반적으로는 내담자의 성격과 반대 성향의 재료를 제공하기도 하지만 미술 매체를 자유롭게 선택하는 것이 가장 좋다. 그러나 미술 매체 선택을 어려워하는 내담자에게는 미술 매체를 제시해 주는 것이 도움이 될 수 있다. 미술 매체는 내담자에게 심리적 반응이 일어나게 하므로 미술치료사는 내담자에 라포를 형성하여 흥미를 부여하고 욕구 표출에 용이한 재료와 정서적인 안정을 주며 자발성을 향상시키는 재료가 무엇인지 탐색하고 연구해야 한다.

미술치료 과정에서 실제 경험하는 것은 내담자의 반대 성향의 매체를 제공할지라도 내담자가 그림 그리는 것, 크레파스 사용, 물감이 손에 묻는 것과 번지는 것, 점토 자체를 싫어하는 반응을 보이는 사례도 많으므로 미술치료사는 내담자의 욕구에 민감하게 반응하고 대처하기 위해 끊임없는 매체에 대한 연구가 필요하다.

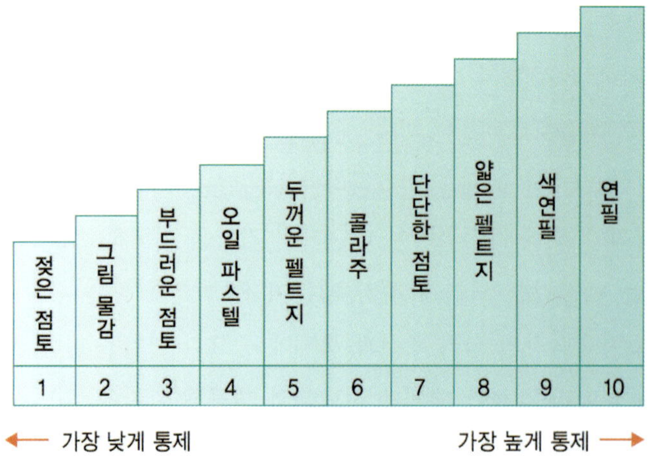

그림 2-1 미술치료 매체의 특성(Landgarten, 1987)

2) 미술 매체 선택의 일반적 사항

다양한 미술 매체를 활용하는 것은 자발적으로 내담자의 내재된 심리적 상태를 거리낌 없이 말하도록 촉진하는 것과 같다. 매체를 어떻게 제공하는가에 있어 미술치료사의 창조성과 감수성이 요구된다. 미술치료에서 요구되는 미술 매체의 일반적 사항은 다음과 같다.

(1) 폭넓은 정서 표현을 위한 매체

단순하고 비구조적인 미술 매체일수록 심리적 투사를 더 많이 하는 경향이 있다. 틀에 짜인 정형화된 매체와 이미 마련된 형식적 매체들은 내담자의 자유로운 활동을 제한한다. 이러한 활동은 규칙이 요구되며 단순한 지시사항을 따라야 하므로 어느 정도의 개인적인 선택이 있더라도 심상은 억제된다. 단순하고 비구조적인 매체는 내담자의 심리적 투사를 수월하게 하는 것에 도움이 된다.

(2) 창조적인 표현을 촉진하는 매체

미술치료는 내담자에게 삶의 의미를 불어 넣는 것이다. 자신의 힘으로 무엇인가를 형성해냄은 자신의 가치와 삶의 의미를 느끼게 한다. 따라서 내담자가 할 수 있다는 느낌과 무엇을 이루었다는 성취감을 느끼게 하는 미술 매체가 유용하다. 약간의 설명만으로 부담 없이 사용할 수 있는 미술 매체가 성공적이고 효과적인 작업을 하게 한다. 매체를 다루고 사용하는 방법을 배우는 것에 효과적이며 성공적 작업을 할 수 있게 한다. 매체를 다루거나 사용하는 방법을 배우는 것에 오랜 시간이 걸리고 많은 에너지를 소모해야 한다면 치료의 본질에 어긋난 것일 수 있다. 그러나 장애아동은 여러 가지 매체와 도구들의 사용법을 익히는 과정에서 인지적 · 발달적 치료에 도움이 될 수 있다. 이 경우 제한된 시간 내에 내담자가 수용할 수 있는 범위에서 이루어져야 한다.

(3) 내담자의 특성에 맞는 매체

내담자의 연령, 기질, 성격, 특성, 문제에 맞는 매체를 통해 쉽게 미술 활동을 할 수 있다. 미술 매체들을 내담자가 잘 다룰 수 있어야 하고 다루는 과정에서 즐거움을 느껴야 한다. 선택한 매체에 대해 기대감을 갖고 도전하여 자신을 마음껏 표현할 때 치료의 효과는 더 증대될 수 있다.

(4) 다양하게 표현하는 매체

같은 매체라도 내담자에 따라 지적, 정서적, 감각적 반응이 다를 수 있다. 내담자의 지각능력, 심리 상태, 운동능력에 따라 표현이 가능한 매체는 내담자에게 작업에 대한 관심과 기대를 갖게 한다.

(5) 정돈과 보관이 용이한 매체

매체는 깨끗하게 정돈해야 하며 손상이 없이 보관되어야 한다. 이러한 매체들은 내담자와 치료사에게 존중하는 의미를 전달해 줄 수 있다.

(6) 치료사가 잘 다룰 수 있는 매체

치료사는 내담자들에게 제공되는 매체와 도구의 사용법을 충분히 알고 있어야 한다. 그래야만 내담자의 발달 수준과 매체 난이도에 따라 필요한 순간에 적합한 도움을 줄 수 있다.

(7) 실용적인 매체

내담자를 위한 대부분의 치료적 상황은 치료 공간, 시간, 예산 등에서 제한적일 경우가 많다. 이러한 비용을 고려한 매체가 편리하게 사용될 수 있다.

(8) 미술치료매체 활용시 유의사항(정유진, 2019)

크레머의 '치료로서의 미술(Art as therapy)' 개념과 같이 창작과정을 치료과정으로 전환하는 의미에서 시행되는 경우에는 적절한 재료와 방법의 선택이 중요한 역할을 한다. 이러한 재료와 기법을 선택하는 기준은 직접적인 창작 경험에 매우 중요하게 작용된다. 예를 들어, 색종이와 콜라주 같은 성취감과 자부심을 느끼게 하는 재료의 경우 우울과 좌절감이 있는 내담자에게 자신감을 높여줄 수 있으며 가면과 인형 등의 투사성이 강한 재료는 내면의 문제를 투사하는 좋은 매체라고 볼 수 있다. 유아는 감각을 자극하고 촉진하며 통제적 효과를 줄 수 있는 곡물, 생활용품, 폐품까지도 재료로 활용하되 내담자의 심리와 발달단계, 기능수준, 선호하는 매체를 고려해 제공해야 한다. 또한 유아와 장애아동, 노인 등은 쉽고 제작이 용이한 매체나 도구를 사용하는 것이 좋을 것이다.

반면 너무 생소한 재료를 제공한다면 자아가 미성숙한 경우 좌절감을 경험할 수 있으므로 창의력을 발휘할 수 있고 성취감과 만족감이 높은 미술 매체를 사용하는 것이 바람직하다. 따라서 내담자의 다양한 요구 및 특성에 맞춰 융통성 있게 재료를 제공해야 하며, 재료가 주는 치료적인 특성을 고려하여 접근 방법을 선택하면 보다 과학적으로 미술치료에 접근할 수 있다.

다양한 미술 매체를 활용하는 것은 자발적으로 내담자의 내재된 심리적 상태를 거리낌 없이 말하도록 촉진하는 것과 같다. 매체를 어떻게 제공하는가에 있어 미술치료사의 창조성과 감수성이 요구된다.

매체를 선택할 때 간편성이 있어야 하며 촉진과 통제를 고려해야 한다(Landgarten, 1987). 따라서 내담자에게 장기적인 작업을 실시할 때 주제, 스타일, 재료에 관한 결정권을 맡기는 것과 쓰기에 빠르고 단순한 매체를 적용하는 것이 좋다. 미술치료에서 요구되는 미술 매체의 일반적 사항은 폭넓은 정서 표현이 가능하고 내담자의 접근성이 용이하여야 하며, 주변에서 구하기 편하고 너무 많은 비용이 들지 않으며 작업 과정이 복잡하지 않은 실용적인 매체를 사용해야 한다. 또한 안전하고 위생적이며 정돈과 보관이 용이한 매체이어야 하며, 내담자의 연령, 성격, 문제에 적절한 매체를 통해서 쉽고 다양하게 표현이 가능한 매체이어야 한다. 더불어 내담자의 감각에 맞게 자극하고 통합하며, 운동감각과 심리적 상태를 고려한 미술 매체를 사용해야 한다.

- 내담자가 선택하기 쉬워야 한다.
- 내담자의 욕구와 치료목표에 타당하고 적합한 재료이어야 한다.
- 주변에서 구하기 쉽고 언제든지 사용할 수 있으며, 적은 경비로 구입할 수 있는 재료가 좋다.
- 폐품을 잘 활용한다.

- 재료의 질이 좋아야 한다.
- 변화를 주어야 한다.
- 안전성과 청결함을 갖추어야 한다.
- 내담자의 기술로 완성할 수 없는 것은 피한다.

3) 발달단계와 미술 매체

미술 매체를 선정하는 데 있어서 적당한 표현을 위해서 발달단계에 맞는 재료를 선택하여야 한다. 로웬펠드(Lowenfeld, 1903~1960)는 아동의 순차적인 발달을 매우 중요시하여 아동이 태어나서 성장하기까지 일정한 단계를 거쳐 발달하며 어떤 단계로 나아가기 위해서는 반드시 그 전 단계를 거쳐야 한다고 하였다(Lowenfeld, 1947). 로웬펠드는 직접 아동을 지도하면서 발달단계를 분류하였으며 현재에도 일반적으로 널리 활용되고 있다. 또한 아동의 미술표현은 아는 것을 표현하는 것이며 인지적 과정의 결과이며 따라서 발달단계에 따라 성장한다고 하였다. 이런 발달단계의 접근은 일반적 발달에 대한 이해를 돕고 개인 간의 차이를 인식하여 적절한 지도를 하기 위한 출발점으로 삼아야 한다. 다음은 로웬펠드의 아동 그림의 발달단계에 대해 살펴보았다(Lowenfeld, 1947).

(1) 난화기(2~4세, scribbling stage)

난화기는 아동이 그린다는 목적보다 감각이 주변 환경과 접촉하면서 일어나는 반응을 그림으로 그린다. 유아는 자기표현의 첫 단계로 긁적거리기 시작한다. 색연필과 크레파스 등의 도구를 활용해 그리는 것이 아니라 유아가 갖고 놀다가 우연히 얻어진 낙서의 흔적을 발견한다. 유아는 몇 번의 낙서를 반복하다가 팔 운동의 결과로 얻어진 것을 알게 된다. 이때 유아는 대근육 운동과 시각이라는 감각 운동을 연결해 자신의 팔 운동을 통해 환경을 변화시킨다는 것을 인식한다. 이 시기부터 유아는 낙서를 매우 즐겨 그리게 된다. 유아의 그리기는 단지 그림이 아니라 쓰기로 연결되는 기초 활동이 되므로 매우 중요하다. 난화기는 세 단계로 구분된다.

① 무분별 긁적거리기(disordered scribbling)

무분별한 긁적거리기 단계는 보통 1세부터 2.5세까지를 말한다. 이때 유아가 하는 낙서는 손목 운동뿐 아니라 어깨를 사용한 팔 운동이 된다. 운동신경 조절과 시각적인 통제를 할 수 없기에 불규칙하고 거친 선들이 나타나게 된다.

② 조절된 긁적거리기(controlled scribbling)

약 1.5세경이 되면 자기 손과 팔의 움직임 결과를 확인하여 종이 위 흔적의 관계를 이해하게 된다. 관계를 발견한 유아는 다양한 움직임을 시도하여 반복적인 패턴을 그린다. 이런 선들은 유아의 부단한 노력으로 의미 없는 선 → 수평 → 수직 → 파형 → 혼합형 → 회전 원형으로 발달한다.

유아는 연속적으로 겹친 선들을 하나의 선으로 그리며 의식적으로 원을 그리게 된다. 점차 유아는 상상력을 동원하여 자신의 그림에 이름을 붙이게 된다. 3~4세 경에 "이건 아빠야", "토끼야"라고 하며 기존 감각 운동적인 사고에서 상징적이며 추상적인 사고를 하게 된다. 처음부터 아빠 토끼를 의도하고 그리지 않고, 그림을 그린 이후에 명명하는 단계이다. 유아는 그림을 그리면서 이름을 붙이기도 하고 다 그린 후에 새로운 이름으로 변경하기도 한다.

(2) 전도식기(4~7세, Preschematic stage)

표상을 시도하는 초기 단계로 유치원 시기를 의미한다. 자신의 주변 세계와 관련된 의식적인 그림을 그려 의사 표현을 한다. 이때 그림은 유아가 중요하게 생각하는 것을 확인할 수 있다. 4세는 불확실한 형태의 그림이 그려지며, 5세에는 사람, 집, 나무와 같은 확실한 형태가 그려지고, 6세에는 주제에 따라서 확실한 윤곽의 그림을 그리게 된다. 유아는 보통 사람을 그리는데 원을 중심으로 팔, 다리를 마치 태양과 같은 '두족인' 인물형을 그리게 된다. 또한 자신과 환경의 관계를 적절하게 표현하지 못해 카탈로그식으로 나열하여 그림을 그리기도 한다. 형태는 도형의 기본인 세모, 네모, 동그라미를 기본형으로 하여 다양한 선들을 연합하여 그리며, 기저선, 집, 나무, 사람, 태양, 꽃 등의 기호를 사용한다.

(3) 도식기(7~9세, schematic stage)

초등학교 저학년 시기로 형태적 개념의 성취 단계이다. 이 시기의 도식은 경험에 따라 많은 차이가 있고 독자적 표현 방법이 나타난다. 한가지 형태를 오랫동안 시도한 결과로 형태적 개념을 얻고, 아동의 성격과 주변 사람들의 지식이나 태도에 따라 그림의 표현이 풍부해지거나 축소되기도 한다. 기저선이 화면 구성 과정에 표현되고 투시와 중첩 방식으로 사물을 그리기 시작한다.

(4) 또래집단기(9~11세, gang age)

자신에 대한 자각의 시기로 많은 친구 관계를 형성하게 되고 외계를 인식하면서 점차 도식적 표현이 사라지고 일방적이고 주관적인 판단이 보류된다. 이 기간은 도식적인 표현과 사실적인 표현이 동시에 엇갈려 나타나게 되며 율동적이며 장식적인 표현에 집착하려 한다. 중첩과 기저선 사이에 있는 공간을 인식하게 되면서 위에서 본 모습을 표현한다.

(5) 의사실기(11~13세, pseudo-naturalistic stage)

합리적 사고를 시작하는 시기로 표현기능이 외계를 인식하는 지능에 따라가지 못한다. 이 시기는 사실적으로 표현하려는 시각형과 주관적 경험에 대한 해석에 관심을 기울이는 비시각형 경향이 드러난다. 관찰묘사에 의존하려 하고 삼차원적인 공간표현이 나타나기 시작한다. 즉, 배경, 비례, 입체, 원근의 표현이 나타나며 실제의 색과 같은 색을 칠하고자 한다.

(6) 결정기(13~17세)

결정기는 예술적 표현의 시기로, 자신의 개성을 발견하고 의사에 따라 대상을 탐구하고 변화시키며 표현한다. 이 시기에는 창조적인 표현이 점차 없어지고 그림에 대한 흥미가 잃어가게 되는 청년기의 위기인 결정의 단계로 본다. 이 시기는 시각형, 촉각형, 중간형의 3가지 표현 유형이 결정되는 시기로, 시각형은 환경을 창의적으로 받아들이고 표현의 유형이 객관적이며 인식적 표현이 지배적이다. 촉각형은 주관적이며 감정적 표현을 주도하고, 중간형은 두 가지의 표현적 특성이 모두 나타나는 것이다.

위와 같이 각 단계에 맞게 적절한 매체를 선정하여 사용하는 것은 중요하며, 발달단계에 따른 매체활용에 있어서는 제시된 매체 외에 융통성 있게 사용하여야 한다. 발달단계에 따른 매체 활용의 예를 제시하면 〈표 2-1〉과 같다(이근매, 2008).

표 2-1 발단단계에 따른 매체활용의 예

단계	연령	동기부여/제재	재료
1단계-난화기	2~4세	• 격려를 통해서 할 것 • 난화로부터 아이를 떼어 놓거나 중단시키거나 실망시키지 말 것 • 계속되는 아이의 이야기에 따라 아이가 사고하는 방향으로 자극함	• 커다란 검은색 크레용/여러 색 크레용 • 매끄러운 도화지 • 포스터물감 • 마커, 찰흙, 아크릴컬러 • 적응 못 하는 아이는 아이만을 위한 손가락 그림물감
2단계-전도식기	4~7세	• 주로 자신의 몸에 관련된 소극적 지식을 촉진시킬 것	• 크레용, 찰흙, 물감, 컬러 클레이 • 털이 달린 긴 붓 • 흡수성이 있는 큰 도화지 • 색연필, 색종이, 콜라주
3단계-도식기	7~9세	• 우리, 행동, 어디서, 등으로 특정화된 행동에 집중하는 것이 가장 좋은 동기부여	• 색이 있는 크레용 • 포스터 물감 • 색분필, 물감, 찰흙 • 큰 도화지 • 컬러 클레이 • 탄력이 좋은 붓 ① 통합적 접근 ② 분석적 접근
4단계-또래 집단기	9~11세	• 자기 인식은 다양한 옷(직업)의 특성에 의해 자극됨 • 협동 작업을 통한 협력과 중첩 • 협동 작업을 통한 객관적 협력	• 도화지, 크레용 • 포스터 물감, 찰흙 • 두꺼운 종이, 다양한 목재 • 콜라주 재료, 금속 • 판화, 인쇄물 등
5단계-의사실기	11~13세	• 배경 있는 연극 활동 • 상상력과 모델에 의한 행동 • 내용의 강조에 따른 비례 • 색의 감정	• 수채화 물감, 구아슈 • 포스터물감, 탄력 있는 붓 • 찰흙, 리놀륨 판화 • 두꺼운 종이, 각종 천 • 나무, 오일파스텔 등
6단계-사춘기	13~16세	• 정서적 불안함을 안정시키는 활동 • 인정과 이해	• 다양한 매체 사용 • 콩테, 파스텔

4) 미술매체에 대한 미술치료사의 태도

재료는 일반적인 미술 재료와 자유로운 미술 외적 재료로 나눌 수 있는데, 발달단계에 따라 적절히 적용시켜야 한다. 즉 미술 매체는 내담자의 인지적 능력과 상징화 능력에 따라 일반적인 미술 재료나 미술 외적 재료를 선택해야 한다(최외선 등, 2012). 미술매체는 치료의 목표와 방향에 따라 융통성 있게 사용해야 하며 재료의 특성과 표현활동에 따라 채색재료, 소묘재료, 입체재료, 기타 미술 외적인 재료, 작업도구, 바탕재료 등으로 나누어 볼 수 있다. 다양한 미술 매체의 활용은 먼저 내담자의 활동을 적절하게 지원할 수 있도록 미술치료사가 자신있게 다룰 수 있는 것이 중요하다. 따라서 미술치료사는 다양한 매체에 대한 여러 가지 탐색과 기법 개발을 위한 노력이 선행되어야 한다. 또한 미술치료사가 고려해야 할 것은 내담자가 미술 매체를 적절하게 사용하는지에 대해 주의를 기울여야 한다. 미술작업 과정에 나타난 얼굴 표정, 재료를 다루는 신체적 움직임, 신중함 대 적극성, 개방 대 제한 등과 같은 행동적 특징을 매체와 연관 지어 생각해 볼 수가 있고 이는 미술 매체가 행동과 연합되어 나타난 것으로 볼 수 있는 것이다.

4. 미술치료의 조형

인간의 생각과 느낌을 조형적 요소를 활용하여 조형 원리에 따라 표현하는 조형 활동은 내담자의 감정을 구체적 형태로 나타낸다. 미술치료에서는 조형심리가 크게 작용하므로 조형 요소와 심리적 특성을 정리하면 다음과 같다(정여주, 2023).

1) 조형의 요소

- **개념요소** : 점 · 선 · 면 · 공간(양)으로 실제 눈에 보이는 것이 아니며 있는 것 처럼 느껴지는 것이다
- **시각요소** : 형태 · 질감 · 색채 · 크기로 디자인의 외형을 꾸미는 것이다.
- **상관요소** : 위치 · 공간 · 방향 · 중량감으로 시각 요소와 구성 전반의 내적 상호관계를 좌우하는 것이다.

2) 조형요소의 심리적 특성

(1) 점

점은 공간적 위치를 나타내며 길이와 폭, 깊이도 없다. 점은 크기는 갖지 않고 위치만 표시한다. 즉, 점의 형태는 삼각형, 사각형 등 다 좋으나 대체적으로 원으로 표현하는 사람이 많다. 둥근 점은 위치 및 크기만을 갖고 다른 형의 점은 위치와 크기 외에 방향성도 갖는다. 점은 작을수록 점으로서의 느낌이 강해지고, 점의 형태가 크면 클수록 면의 형태로 인식이 강해져 그만큼 점으로의 감각이 약해진다. 점은 집합과 배열 방법에 따라 여러 느낌을 표현할 수 있다. 예를 들면 물방울처럼 평면 위에서 입체감을 표현할 수도 있다.

(2) 선

기하학상 선은 길이가 있으나 넓이와 깊이는 없다. 선은 위치와 방향과 형태를 갖는다. 점은 이동하면 선이 되고, 선이 이동하면 면이 되고, 면이 이동하면 입체가 된다. 선으로 입체를 표현하며, 선은 길이, 굵기, 색깔에 따라 느낌을 자유롭게 표현할 수 있다. 선은 속도와 방향 등을 느끼게 하고 공간을 나눌 수 있다. 선은 직선과 곡선으로 크게 구분되며, 선의 집합, 연결점의 방향과 움직임 등 형의 조화와 통일을 생각해서 선을 구성해야 한다. 선의 간격이 조밀할 때는 먼 거리감을 느끼며 넓은 선 간격은 가깝게 느껴지고 선의 굵기와 간격이 서서

히 변하면 공간의 움직임이 강하게 느끼게 된다.

(3) 면

면은 길이와 폭이 있으나 깊이가 없다. 윤곽선 내부가 꽉 채워지면 덩어리(mass)의 매력을 느낀다. 면은 여러 방법으로 입체감을 표현하며 또 리듬과 움직임을 느끼게 할 수 있다. 면의 구성은 평면구성에서 가장 중요한 부분으로 면의 구성은 면의 분할과 여러 형태로 나눌 수 있다. 면 구성의 기본 요소는 주어진 면 활용, 크기 조정, 주제 및 부제의 구분을 할 수 있다. 면은 주어진 형의 크기, 위치, 방향에 따라 균형, 조화, 율동 등의 미적 요소를 찾을 수 있다

(4) 미술치료에서 나타나는 조형심리학적 표현

표현이나 인지에 무의식적인 마음이 투사되는 것은 잘 알려져 있다. 미술치료는 초기 정신의학, 특히 정신분석학의 이론에 많은 영향을 받았고 프로이트(Freud)는 불안에 대해 친숙한 것에 대한 억압의 결과라고 말하고 있다. 즉 인간의 마음이 불안에 작용하고 있다는 이론은 인간 행동의 모든 영역에서 거의 예외 없이 적용된다. 이것은 꿈을 밝히는 데 사용될 뿐만 아니라 종교, 신화, 동화, 문학과 더불어 시각예술이 지닌 의미구조를 밝히는 데조차 적용된다. 정신분석학의 가장 대표적인 기법 중의 하나는 자유연상이다. 이 방법은 마음속에 떠오르는 것을 말하는 것으로 본질적으로 무의식적 표현의 형태라고 할 수 있다. 자유연상과 적극적 상상의 결과인 무의식적 미술 활동은 미술치료 과정에서 중요한 부분이라고 할 수 있으며 이것은 의식의 검열을 받지 않는 상징적인 의사소통과 진실된 표현을 모두 촉진하기 때문이다. 나움버그는 미술표현에 대해 무의식적인 갈등을 시각적인 방법으로 표출하는 즉각적이고 비억압적인 방법이라고 믿었다. 시각적으로 표출된 미술표현은 미술치료사의 도움으로 자기 이해의 도구로 활용될 수 있다. 이미지를 탐색하기 위해서 자유연상을 사용하였을 때 특히 그렇다.

5. 미술치료의 상징

미술작품과 그림 속에는 의식성 및 무의식성이 동시에 내포되어 있으며 여기에 관련되는 것이 상징성이다. 이와 같은 상징성은 인간 마음 깊은 곳에서 숨겨져 있는 사실을 투사해준다. 이것은 그림을 활용한 심리검사의 원천이 되며, 심상이나 상징은 내담자가 언어로 표현하기 어려운 것, 표현하지 못한 것, 잘 표현되지 않는 성격 단면을 포착하는 것이 가능하다고 말하고 있다. 반면 정신분석학에서 상징은 무의식 내 존재하는 심리적 욕구가 자아에 받아들여지기 힘들거나 그대로 표현하는 것이 자아 존재를 위협하는 경우 위장된 표상으로 의식되는데, 이러한 위장된 표상을 상징이라고 한다.

그림을 그리는 과정에는 항상 상징화 과정이 내포된다. 미술치료에서 그림을 그리는 사람은 자신의 감정과 신체적 고통이나 의식된 문제점들을 주제로 그린다. 이처럼 자신의 문제와 기대나 욕구를 그리는 상징은 색과 형태의 구성을 통해 구체화되며 자신의 감정을 그림을 통하여 봄으로 무의식에 있던 어떤 것이 의식으로 이끌어 올려지며 이러한 과정이 상징이 주는 기능이다.

미술치료의 상징에 대한 의미로는 프로이트의 정신분석학과 융의 분석심리학에 근거한 경우가 많다. 그러나 미술치료에서 보여지는 그림의 다양한 요소는 일반적인 상징에 맞추어 일률적이고 경직되게 해석하는 것은 상담에 아주 위험한 요인일 수 있다. 무엇보다 중요한 것은 각 상징성이 주는 의미는 무엇보다 각 개인의 의도와 상황에 따라 파악하거나 재인식하는 것을 간과해서는 안 된다. 치료사의 전문성은 내담자가 의식하지 못했던 상징을 치료사가 발견해내는 것이며 치료사의 전문가적 이해와 직관력에 근거한다. 이런 점에서 치료사들은 그림이 주는 일반적인 상징성에 대해 알고 있어야 하고 상징이 주는 의미를 상담 과정에 적절히 연결해야 한다.

그림을 통한 상징 언어는 선의 율동, 공간, 색채, 형태와 같은 기본 요소로 표현된다. 이와 관련해서 미술치료에 적용되는 공간 상징, 선 상징, 형태 상징, 색 상징을 들 수 있다.

1) 공간 상징

공간은 모든 문화와 시대에서 중요한 역할을 한다. 공간은 인간이 존재하고 있는 세계를 인식하는 근거가 되고 우주에 관한 신비를 탐구하는 기본적인 틀이다. 동양에서는 공간의 의미에 대해 대표적으로 음양오행의 이론에 입각하여 이해하며, 서양은 공간의 기본을 십자형에서 찾는다.

공간 상징에 관한 연구는 다양하며, 치료사의 관점에 따라 적용은 다르나 공간이 지니는 공통적인 것을 파악하면, 그림이 주는 공간적 의미를 좀 더 이해할 수 있다.

공간의 상징에 대해 십자형의 관점을 풀버(Pulver), 아르투스(Arthus), 그린발트(Grunwald), 바흐(Bach) 등이 이론들을 제시했는데, 그중에서 풀버와 바흐의 공간 상징에 대한 내용은 다음과 같다.

(1) 풀버의 공간도식과 상징

- 왼쪽(중심에서 왼쪽) : 자신 및 과거에 관계된 민감한 영역으로 내향성과 과거의 것, 종료된 것, 잊혀진 것에 대한 관심을 상징한다.
- 오른쪽(중심에서 오른쪽) : 타인과 미래나 목표와 관계된 민감한 영역으로 외향성, 미래와 추구하는 것, 계명이나 법칙에 대한 관심을 상징한다.
- 상 : 초개인적 의식화, 지적 형태, 형상과 관계되며 지적, 종교적, 정신적, 윤리적 내용과 그에 해당하는 느낌을 상징한다.
- 하 : 전의식, 무의식 영역과 관계되며 물질적, 육체적, 성적, 육감적 내용과 무의식에서 나온 집단적 상징들을 상징한다.
- 중 : 개인적 일상 의식상태, 자아경험 영역을 나타낸다.

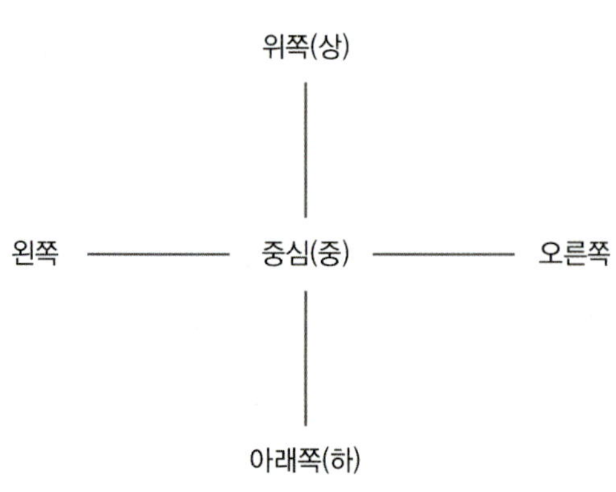

그림 2-2 풀버의 공간도식과 상징

(2) 바흐의 공간도식과 상징

① ++

여기와 지금(here and now)의 상태를 암시한다.

② −−

++ 방향과 반대되는 −− 쪽에 있는 길이나 대상, 혹은 이쪽으로 향하는 그림은 알려지지 않고 어두운 영역으로 나아가며 악화되는 경향과 관련이 있다.

③ −+

오른쪽에서 중앙을 지나쳐 왼쪽 위로 향하는 것으로, 서쪽으로 향하거나 이쪽에 그림이 그려지면 점차적으로 환자의 병이 삶과 결별하는 것을 암시한다. 삶에서 물러나고 신비하며 영원한 것에 대한 내적인 추구를 의미한다.

④ +−

오른쪽 아래에 있는 +−는 미래의 가능성을 나타내거나 아직 또는 이미 치료한 영역에 있는 과거의 신체적 상태일 것을 암시한다. 또한 심리적으로 의식화에 다가가고 있는 것을 나타낸다.

⑤ 중심이나 중심 부근 사물

자주 중심적인 의미를 지닌다. 중심이 비었거나 채워지지 않은 그림은 시사하는 바가 클 가능성이 있다. 다시 말해 왜 그렇게 되었는지, 그려진 대상과 색, 모티브가 서로 어떠한 관계를 갖는지 질문을 제기할 수 있다.

−+	++
−−	+−

그림 2-3 바흐의 공간도식과 상징

2) 선 상징

선이 나타내는 목적, 운동성, 방향성, 자극성과 역동성, 활기로움과 허약함 등은 선을 그리는 사람의 심리적인 상태와 신체적 상태까지 표현할 수 있다. 선 형태의 상징적 의미는 다음과 같다.

- 대각선 : 에너지 넘치는 표현, 상승 또는 추락, 패배 또는 승리, 역동적인 표현
- 수직선 : 바로 서 있는 것, 현세와 신성의 결합, 조용한 침착성
- 수평선 : 고요함, 편안함, 현세적, 땅과 하늘의 분리, 모성적 에너지
- 원, 반원 : 고요, 이해, 영원성, 보호, 자기체험, 수용, 완벽성, 초월, 운동성

다른 다양한 선들이 가지는 심리적 특성에 대해서도 살펴보아야 한다. 예를 들면, 민첩하고 균열이 없는 선은 건강한 자신감과 안정감을 나타내고, 필압이 강한 선은 모든 제동을 가진 창의적인 힘, 강력하고 독창적이며 내면에 영향을 미치는 것을 의미한다. 약한 선은 허약하며 격렬한 선은 난폭하고 부드러운 선은 감각적이고 본능적이며, 엉켜있는, 헝클어진 선은 절제되지 않은 강한 본능과 격앙하고 흥분을 나타낸다. 느슨한 선은 긴장감 결여, 신경쇠약, 근육 긴장 결여, 허약, 예민하고 신경이 약한, 기분의 저하를 나타내며 민첩하지 않은 선(불규칙적, 떨리는, 틈이 있는)은 신경 장애와 때때로 혈액순환장애, 끊어지거나 여러 번 그은 선은 불안한 심리적 상태를 나타낼 수 있다.

3) 형태 상징

형태는 미술의 기본적인 요소이며 다른 구성요소와 긴밀한 관계를 맺고 있다. 칸딘스키(Kandinsky, 1952)는 모든 형태에 대해 내적인 내용을 가지며 내적인 내용의 표현이라고 하였다.

(1) 삼각형

삼각형은 각이 있는 형태의 기본이 되며 2개의 대각선을 갖고 있다. 삼각형의 상징은 숫자 3의 상징과 같은 의미를 가진다. 인간의 인생에 있어서 출생과 삶, 죽음 또는 청년기와 중년기, 노년기 등을 의미하며 과거와 현재와 미래를 연결한다. 이러한 점에서 삼각형은 역동성을 지니며, 그러한 역동성은 균형을 이루는 능력이 있다. 한편 삼각형은 종교적 의미에서 신성한 것을 상징하고, 신과의 조화를 나타낸다. 기독교에서 3은 삼위일체의 신성한 것을 상징하며 삼각형 또한 신성함을 나타낸다. 삼각형은 심리적 맥락에서 관계를 의미하고, 자율성, 독립성, 새로운 관계의 가능성을 가지는 기회, 변화의 시도를 나타낼 수 있다. 이는 부모 · 자식 간 긴장 관계뿐 아니라 균형과 보완의 상태를 나타내거나 자녀가 부모와의 공생관계에서 독립하는 것을 의미할 수도 있다. 그러나 삼각형은 다른 형태들보다 다양한 의미가 있을 수 있기 때문에 일률적으로 해석해서는 안 된다.

그림 2-4 이집트의 피라미드

(2) 사각형

사각형은 인간의 생활과 깊은 연관을 지니는 형태이다. 이러한 사각형은 편안함과 안정감을 갖게 하는 형태로 모든 인류에게 대지를 상징하고 그와 연관하여 단단함과 무거움, 고요를 의미한다. 사각형은 긍정적 의미에서 고요를 얻고, 휴식할 수 있으며, 놀이와 집회를 위한 공간으로 공동체 의식과 소속감을 준다. 부정적으로는 폐쇄적이고 답답한 공간으로 심지어는 감옥 같은 의미를 지니기도 한다. 또한 보호와 안전함의 기능을 지니는 사각형은 정돈 욕구를 가진 사람 그림에서 자주 보이는 형태이다.

리델(Riedel, 1985)은 사각형으로 테두리를 한 그림이나 사각형이 특히 많이 있는 그림은 보호공간에서 불안을 풀어내는 정서와 관계가 있으며, 불안이 강한 사람과 강박적인 사람은 그들의 그러한 정서를 정리하고 자신의 불안한 상태를 무의식적으로 방어하기 위하여 사각형이 필요하다고 말하고 있다. 따라서 그림에 사각형이 많이 나타나거나 사각형으로 테두리를 많이 그리는 사람은 일의 해결이나 인간관계에서 융통성이 결여되는 경향이 있어 사고와 상상력이 부족할 수도 있다. 치료과정을 통해 그림에서 형태가 곡선이나 부드러운 형태가 나오도록 유도해야 한다.

(3) 나선형

자연의 현상에 많이 볼 수 있는 나선형은 인류 초기 문명에서부터 중요한 상징적 의미를 지니는 미로가 있다. 태아가 출생까지 어머니의 자궁 안에서 경험하는 움직임이 나선의 운동이다. 또한 나선형은 형태에서 끊임없이 펼쳐진 형상 및 감기는 형상이 공존한다. 그러므로 나선형은 개방성과 역동성을 지니면서도 동시 및 깊이와 내적인 집중을 유지한다. 한 형태 속에 외향성과 내향성을 동시에 공전하는 것이다. 안에서 밖으로 나가는 나선형 중 시계방향과 반시계방향을 가진 나선형의 운동, 즉 왼쪽으로 감아가는 나선형은 근원인 어머니의 자궁, 죽음의 길로 돌아가는 것이다. 그와는 달리 안에서 밖으로 나가며 시계방향, 즉 오른쪽으로 감아가는 나선형은 삶의 발전과 미래, 전진을 의미한다. 이러한 회전은 발산과 확장, 발전 등의 모든 과정을 상징하고, 지속적이며 순환적인 발전과 창의적인 문제해결력을 가진다는 것을 의미한다.

외향성이 강한 내담자는 밖에서 안으로, 그것도 오른쪽 시계방향으로 나아가는 나선형의 운동으로 회전 때마다 집중력을 얻으며 내면으로 나아가는 과정과 자신 안으로 되돌아오는 과정을 경험하면서 중심과 안식처를 찾게 되고 보호 의식과 피상적이던 경향에서 심사숙고하는 성향으로 변할 수 있다.

인지학적 미술치료 형태 연습에서 안에서 밖으로 시계방향 나선형을 그리게 하는 대표적 대상으로 정신지체, 자폐 증세, 경련성 환자, 간질환자 등을 들고 있다. 반대로 밖에서 안으로 시계 반대 방향 나선형을 연습하게 하는 대상은 무절제한 사람, 집중력이 약한 사람, 히스테리 환자, 몽상가 등을 들고 있다. 내담자나 일반인들에게 나선형 그리기가 중요한 역할을 하는 이유는 나선형의 각 회전 때마다 새로운 에너지, 팽창력, 집중력을 얻기 때문이며 이러한 운동은 시작과 끝이 분리되지 않으며 역동적으로 연결되어 있으므로 자신도 모르게 안정감을 얻게 된다.

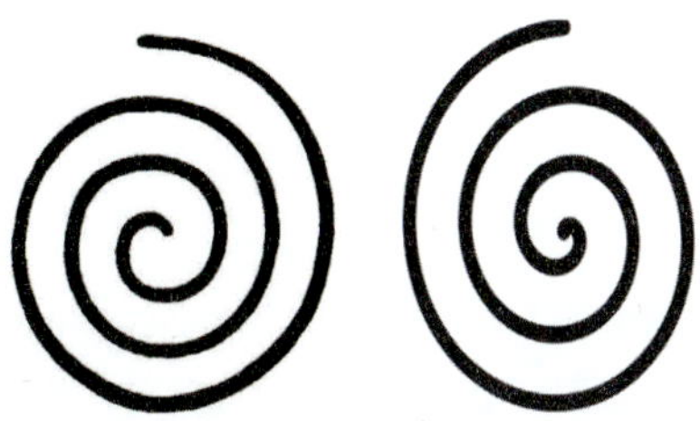

그림 2-5 나선형의 모양

그림 2-6 나선형을 이용한 자유화 그림

그림 2-7 클림트 그림의 나선형

(4) 원

원은 시작과 끝이 없고 모서리가 없는 곡선이다. 이러한 형태는 일상의 생활 주변과 자연의 현상에서 가장 많이 볼 수 있다. 원은 처음과 끝의 구분이 없어 심리적으로 무의식 및 의식의 미분리와 전체성을 나타내기도 한다. 또한 원은 인류의 문화에서 신과 초월자를 나타내는 상징적 의미로 받아들여졌으며, 원은 많은 나라에서 완성과 영원성의 상징이기도 하며 모든 것을 감싸는 것과 연관하여서는 어머니의 상징이기도 하다. 원은 이완을 주는 심리적 특성이 있어 전통적 만다라 문양에서 인간의 삶과 소원 그리고 자연을 형상화한 것들에서 쉽게 찾아볼 수 있다.

그림 2-8 원을 이용한 만다라와 태극도

MEMO

3
CHAPTER

색채심리

1. 색채의 개념
2. 색채심리의 이해

Chapter 3

색채심리

색채는 인간의 감정이나 정서에 큰 영향을 미치므로 미술 영역과 미술치료, 심리학 분야에서도 심리적 진단 및 치료법으로서의 가능성에 대해 많이 논의되고 있다. 색에 대한 상징은 수 세기를 걸쳐 다양한 문화와 종교, 민족들 사이에서 이루어졌는데, 색은 의식과 무의식적으로 인간의 생활에 영향을 주며 시대와 장소를 넘어서 정치와 문화 종교, 예술 등에 중요한 상징적인 의미를 내포한다.

색채심리를 이해하기 위해 색채의 개념과 색의 속성인 색상, 명도, 채도에 대해 다음과 같이 살펴보고자 한다.

1. 색채의 개념

베커(Becker, 1998)와 머스(Muths, 1998)는 색에 대해 심리적, 생리적으로 인간에게 영향을 미치는 에너지가 있으며, 우리 눈에 들어와서 많은 영향을 미치는 다양한 색들은 우리 신체의 근육과 정신 그리고 신경 작용의 원인으로 작용한다고 하였다.

색채는 지각과 관계한 감성으로 감정적인 부분과 연관되어 한정되는 것이 아닌 어린 시절부터 일생을 통해 쌓아가는 일반적인 경험이다. 그러므로 색채와 감정과의 관계는 심리와 역사적인 전통에 근거하고 있다. 색은 우리들의 경험에 의해 감정적 호소력을 지니고 있다. 모든 색들은 경험에 의해 감정과 행동 그리고 과거에 일어난 개인적인 사건들과 연관되어 있다고 볼 수 있으며 그것은 바로 역사를 통해 인간과 존재해온 방식이라고 말할 수 있다. 색채에는 특성이 있어 색채를 보고 감정적으로 느끼게 된다. 색의 명도나 채도에 의해 따뜻함, 차가움, 부드러움과 딱딱함을 느끼게 되며 두 가지 이상의 색이 함께 있을 때 색이 또 따르게 느껴지게 된다. 색의 속성에는 명도, 채도, 색상이라는 세 가지 속성이 있다.

명도는 색의 밝고 어두운 것을 말하는 것으로 흰색에 가까운 밝은색을 고명도라 하고 어두운색을 저명도라고 한다. 물감에 흰색을 섞으면 색상이 엷어져 명도가 높고, 검은색을 섞으면 어두워져 저명도로 변한다.

채도는 색의 순수한 정도를 말하는 것으로, 채도가 높은 것은 다른 색과 섞이지 않고 순수한 상태이고 채도가 낮은 것은 다른 색과 섞여 어두울 때라고 한다.

색상은 색의 명칭을 말한다. 빛의 삼원색은 빨강, 노랑, 초록색으로 빛의 3원색을 모두 섞을수록 명도가 높아지며 흰색이 된다. 색의 3원색은 빨강, 파랑, 노란색으로 섞을수록 명도가 낮아지며 모두 섞으면 검은색이 된다.

2. 색채심리의 이해

색은 감각을 불러일으키고 사람의 기분과 정서, 편안함과 불안함에 영향을 끼치므로 내담자의 육체적 상태를 진단하고 치유하는 것이 가능하다.

리델(Riedel, 1999)은 긍정적 방식이나 부정적 방식이든 우리에게 영향을 미치는 에너지로써 색은 항상 우리를 둘러싸고 있다고 하였다. 그 형상은 자연에서 가장 강하게 나타나고 가을 하늘과 같은 투명한 파랑이나 파헤쳐진 흙덩이의 강렬한 갈색 등 자연 속 색의 경험은 우리에게 오랫동안 영향을 미친다고 하였다. 이와 같이 색 환경에 대한 심리적 측면을 다루는 것이 색채심리이다.

내담자의 미술 활동에서 나타난 색채는 그들의 심리를 알고 이해하는 데 중요한 단서를 제공한다. 무의식 또는 의식적으로 표현한 미술 활동과 색채에서 결정적 암시를 줄 수 있다. 내담자가 묘사한 작품에서 나타난 색은 내적 상상력과 심상을 통해 이루어졌기 때문이다.

1) 색에 대한 심리 반응

색에 대한 심리적 반응은 개인의 경험이나 기억, 자연, 문화, 시대, 연령이나 성별에 따라 다르다. 거의 모든 문화에서 색채가 가지는 심리적 반응과 색에 대한 연상은 일반적으로 가지는 연상과 상징하는 바가 있다. 미술치료에서 일반적인 색 상징과 심리적 진단과 치료로서의 적용 가능성은 다양한 연구에서 증명되고 있다. 따라서 내담자의 미술치료 활동에서 색의 일반적 상징을 읽어내는 것은 매우 중요하다고 할 수 있다. 예를 들어, 내담자의 색 사용에 있어 하나의 색만을 너무 오랫동안 사용한다면 심리적 균형을 이루지 못한 상태일 수 있다. 내담자가 표현한 미술 활동에서 색의 의미는 우선 그림을 그린 사람이 그 색상에 대해 어떤 연상이 떠오르는지 질문해 보는 것이 좋으며, 이러한 연상으로 어떻게 그 색에 대한 언어에 이르게 되었고 그 색으로 무엇을 표현하려고 했는지 추론할 수 있으며 공감할 수 있을 것이다.

빨간색의 연상이 어떤 내담자에게는 열정과 힘을 나타낼 수 있으나 다른 내담자에게는 분노와 피, 잔인함을 나타낼 수 있기 때문에 내담자의 심리적 반응과 연상에 대해 반드시 물어보는 것이 그림해석에 있어 중요하며, 그들의 심리적 상태를 이해할 수 있는 주요한 단서가 될 수 있다.

색의 연상과 상징에 대해 여러 학자들의 연구가 있으나 이제까지 연구해온 자료들을 종합한 색에 대한 연상과 상징은 다음과 같다.

표 3-1 색 연상과 상징

색명	색 연상		색의 상징
	긍정적	부정적	
빨간색	행복, 강인함, 역동성, 자립심, 낙관주의, 생동력	투쟁, 악마, 피, 고통, 공격성, 폭발성, 죽음, 전쟁	사랑, 정열, 피, 범죄, 분노, 불, 헌신, 용기, 정지신호
파란색	성실, 평안, 온건, 신뢰감, 고요함, 안정성	놀라움, 침체, 황폐화, 냉담함, 우울, 차가움	영원성, 용기, 영광, 공평, 평온, 절망, 내향성, 믿음, 잔혹, 차가움, 진실성, 수동성, 깊은 지혜
노란색	희망, 사교성, 행복, 봄, 맑음, 밝음, 기대, 개나리, 병아리, 기쁨, 귀여움, 활발	외로움, 시기, 질투, 연약함, 비겁, 과대평가	태양, 우울, 적의, 변덕, 무기력, 풍요, 위엄, 영웅, 지성, 사랑, 관대, 가을, 불변, 부와 권력, 소망, 배신
녹색	위로, 시원함, 평화, 청순, 안전, 균형, 치료, 희망	질투심, 게으름, 우울, 이기심, 공포	불멸성, 봄, 기쁨, 새로운 생명, 신세대, 희망, 즐거움, 자유정신, 평화, 행운
주황색	원기, 노을, 희열, 유쾌, 명랑, 가을, 감, 태양, 활력, 오렌지, 사랑	천박, 화려함, 사치, 경박함, 요란함	약진, 혼돈, 힘, 생명력, 인내, 거부당함, 버림받음, 따뜻함, 환기, 낙천주의
분홍색	소녀, 귀여운, 우아한, 청춘, 기품, 사랑스러움, 부드러움, 달콤한 맛, 벚꽃	유아적인, 나약한, 유치한	꽃, 사랑 천상의, 열반의 꽃, 색, 여성, 부활, 행복, 달콤함, 성스러운
보라색	고귀, 환상, 부드러움, 신성함, 포도, 제비꽃, 신비	질투, 불만, 우울증, 광기, 공포	치유력, 분노, 균형에 대한 욕구, 고귀함, 신비, 신성함, 영감, 상상력
갈색	대지, 흙, 풍요로움, 가을, 대변, 안정감	쓸쓸함, 건조함, 쇠퇴, 외로움, 불경기	항문기, 안정감, 풍요로움, 불굴의 정신, 검소

색명	색 연상		색의 상징
	긍정적	부정적	
흰색	웨딩드레스, 국화, 신부, 토끼, 구름, 흰옷, 눈, 병원	차가움, 항복, 실패, 뼈, 재, 단순함, 냉기, 허무함	빛, 허무, 숭고함, 자유, 성스러움, 순수, 공평성, 청결, 평화, 결백, 신선함, 지혜, 희망
검은색	밤, 피아노, 석유, 눈동자, 석탄, 머리카락	죽음, 비구름, 연기, 밤, 어두움, 억압, 그림자, 상복	죄, 침묵, 중압감, 후회, 의지, 불안, 두려움, 고통, 슬픔, 불안, 우울, 냉담, 허무, 정숙, 공포, 악, 범죄, 부정, 절망, 고생

2) 색채의 치료적 활용

색채치료에 관한 정의는 매우 다양하고 광범위하나 일반적으로 색채의 치료적 활용은 색채를 통해 오감을 자극하여 인간의 신진대사와 심리적으로 치료받거나 심리적 균형을 잡는 것이라고 할 수 있다.

김현숙(2012)은 색채치료와 인간의 신체에 대해 설명하였다. 신체는 살아있는 유기체로서 신체 내부에 끊임없는 변화 및 운동과 같은 지속적 움직임으로 각각의 기관, 뼈, 근육, 피부 등은 각기 다른 진동수를 만들어 낸다고 하였다. 이 진동수는 개인에 따라 각각 다른데 이는 색채의 파장과 유사하기 때문에 색채치료의 원리는 색채의 파장과 그에 다른 특성이 우리 신체 곳곳에 도달하여 색채가 신체에 미치는 영향이 있다고 하였다. 일본은 중국에서 받아들인 색채 치료적 활용 사상에 근거하여 신사 오색의 막을 비롯해 다도에서 차를 대접하기 전에 내는 간단한 음식인 가이세키 요리(會席料理, 회석요리), 흰색은 죄를 씻는 상징으로 백목 나무로 만들어진 신전, 무도에 있어서 도복이 흰색인 것은 정신 집중이나 명상 등 색채가 심리적 정화작용으로 사용되었다고 하였다(김혜령, 2012).

괴테(Goethe, 1997)와 머스(Muths, 1998)는 색채에 대해 눈과 피부를 통해 몸에 영향을 미치는 에너지이고 각각의 색은 나름의 파장과 광자 흐름을 가지며 여기서부터 방사되는 에너지는 신체의 여러 조직, 근육, 신경, 내분비선, 체액에 도달한다고 하였다. 또한 색채의 치료적 활용에 대해 인간을 침착하게 만들거나 흥분과 고무시키며 통제와 조화의 상태로 유지하게 하고 각종 질병을 치료하는 힘을 가지고 있다고 하였다.

이와 같이 색채는 인간에게 신진대사와 심리적으로 영향을 미치는 에너지를 보유하고 있으며 그 효과도 다양하다고 볼 수 있다.

위의 학자들이 제시한 색채치료의 근거가 되는 각각의 이론이나 입장들을 정리하면 다음과 같다.

첫째, 기원전 수천 년 전에서 현재까지 내려오는 신비주의적 입장이 있다. 색채에 초자연적인 상징을 부여하고 이용했던 고대인들의 색채치료나 주술적으로 색을 사용했던 아메리카 인디언들, 부적이나 주문에 쓰이는 색들은 신비주의적 색채치료라 할 수 있다.

둘째, 인간에게 색채가 정서를 불러일으키고 신체와 심리가 서로 밀접한 관계에 있으므로 결국 색은 신체 치료에 효과가 있다고 보는 것이다. 이 입장은 최근에 와서 더욱 관심을 받고 있으며, 색으로 공부방이나 침실, 작업장 등의 환경을 조절하는 것은 이것과 관련이 있다.

셋째, 색이 각기 다른 파장을 가진 빛을 의미하므로 전자기적인 파장이 인체에 직접 영향을 미친다는 것이다. 색이 정서를 불러일으켜서 신체에 영향을 미친다는 입장과는 달리 색이 눈을 통하지 않고도, 즉 피부를 통해서도 효과를 가져올 수 있다고 본다. 여기에는 여러 가지 색채 광선을 통한 치료, 옷이나 보석 등을 치료적으로 활용하는 것 등이 해당된다.

미술치료에서 다양한 색의 물감을 내담자에게 제시하고 마음대로 색을 칠하고 뿌리는 것만으로도 억압된 감정이 이완되고 자유로워질 수 있으며 우울하고 괴로울 때는 색채를 통해 자신의 감정을 표출시켜 정화와 카타르시스를 느낄 수 있다. 기쁠 때는 그 감정을 색채에 투사시켜 여러 색으로 감정을 표현할 수 있다. 이렇게 내담자가 색채를 자유롭게 선택하고 미술활동을 통해 표현하는 과정 모두가 치유에 포함된다고 말할 수 있다.

따라서 색채별 특성과 치료 효과는 색채치료를 연구함에 있어 중요한 자료가 된다. 각각의 색채가 지니는 심리적 그리고 신체적 치료 효과에 대해 여러 연구 자료들을 정리하면 다음과 같다.

표 3-2 색채별 심리적, 신체적 효과

<table>
<tr><th colspan="2">색명</th><th colspan="2">심리적 효과</th><th colspan="2">신체적 효과</th></tr>
<tr><td rowspan="14">색채</td><td rowspan="2">빨강</td><td>강점</td><td>에너지 얻음, 용기, 활동, 동기 유발, 안정감,</td><td>강점</td><td>호흡수 증가, 일의 능률 상승, 맥박, 혈압, 빈혈, 감기, 폐렴 경감</td></tr>
<tr><td>약점</td><td>잔인함, 거침, 위험, 무자비함, 원망, 혐오감</td><td>약점</td><td>고혈압, 상처, 화상, 염증</td></tr>
<tr><td rowspan="2">주황</td><td>강점</td><td>열정, 즐거움, 경쾌, 창의력, 활력, 기쁨, 긍정적 마음</td><td>강점</td><td>혈액순환촉진, 신경체계, 호흡계 영향을 미침, 비장과 신장질환, 임산부, 생리통, 변비, 경련성 결장 경감</td></tr>
<tr><td>약점</td><td>기쁨의 상실, 우울증, 슬픔, 좌절, 파괴성</td><td>약점</td><td>쉽게 동요, 스트레스</td></tr>
<tr><td rowspan="2">노랑</td><td>강점</td><td>희망, 영감 자극, 지적인 식별력, 이성과 논리의 흐름,</td><td>강점</td><td>근육강화, 순환작용, 담낭, 담즙, 위액분비, 배설작용, 관절염, 류머티즘, 통풍경감</td></tr>
<tr><td>약점</td><td>속임수, 기만, 지배욕, 복수심, 아첨, 악의, 감언이설</td><td>약점</td><td>심각한 정신병, 노이로제 시달리는 사람</td></tr>
<tr><td rowspan="2">초록</td><td>강점</td><td>올바른 판단력, 양심 고양, 인생의 새로운 부활</td><td>강점</td><td>근육, 피부조직, 세포조직 형성, 천식, 만성 기관지염, 협심증 효과, 혈압 낮춤</td></tr>
<tr><td>약점</td><td>판단력 부족, 조숙함, 질투, 시샘, 이기주의</td><td>약점</td><td>졸음과 피로, 짜증</td></tr>
<tr><td rowspan="2">파랑</td><td>강점</td><td>평화, 긴장 이완, 치료의 느낌 전달, 믿음, 감탄.</td><td>강점</td><td>인후통, 기침, 후두염, 목소리문제 도움, 편두통, 뇌막염, 불면증, 생리통, 홍역, 안(眼)치료 효과</td></tr>
<tr><td>약점</td><td>피곤, 게으름, 나태함, 우울함, 심각한 무기력증</td><td>약점</td><td>저혈압, 마비 증세, 감기, 우울증, 좌절감</td></tr>
<tr><td rowspan="2">보라</td><td>강점</td><td>끈기, 신중한 생각</td><td rowspan="2">강점</td><td rowspan="2">뇌막염, 뇌진탕, 간질, 백혈구 생산, 수분의 균형조절, 좌골신경통, 신경질환, 우울증, 감정기복이 심한 사람</td></tr>
<tr><td>약점</td><td>비현실적 이상주의, 고립, 붕괴, 자만심, 오만함</td></tr>
<tr><td rowspan="2">자주</td><td>강점</td><td>명랑한 기분, 휴식, 마음이 따뜻함, 자유로움</td><td rowspan="2">강점</td><td rowspan="2">들숨과 날숨을 가능하게 함</td></tr>
<tr><td>단점</td><td>속물근성, 엘리트 의식, 혼란, 우울</td></tr>
</table>

3) 아동작품에서의 색채

아동은 학습이 이루어진 성인보다 방어기제가 적게 나타나기 때문에 심리적 색채가 더욱 잘 나타난다. 아동화의 특정한 색채는 미술 활동을 하며 그 순간 아동의 강한 정서와 거의 일치한다.

아동화는 아동의 심리상태가 색으로 표현되고 있으며 이 시기에는 인지적 형상화의 시기로 가정에서 학교로 생활영역이 확대되고 정서적 상태에 따라 색채가 자유롭게 표현된다. 특히 충동적인 아동들은 색채에 강한 흥미를 보여 충동적인 색채가 표현되며, 정서적으로 통제와 안정된 생활에 따라 색채에 대한 흥미가 줄어든다. 특히 여아가 남아에 비해 색채에 대한 흥미가 강하고 오래 지속된다.

아동은 색채와 물체의 관계를 이해하고 색채 사용에 있어서 주관적인 표현과 경험에서 나타나는 색채가 점차적으로 줄어들고 환경과 대상의 변화에서 구체화한다. 아동은 색채와 물체에 대해 일정한 개념을 가지기 때문에 그 표현이 독자적으로 나타나며 감성의 색채가 자유롭게 나타나고 자기의 심리적 상황을 꾸밈없이 표현하게 되는 것이다.

(1) 색채를 통한 아동의 이해

아동의 색채 사용에 대한 심리를 파악하는 연구들은 그동안 많이 이루어졌고 현재도 진행되고 있다. 아동의 색채심리에 대한 대표적인 연구자는 알슐러(Alschuler)와 헤트윅(Hattwick)이다. 1947년 「회화와 퍼스낼리티」라는 논문을 발표하였는데 내용은 아동화에 나타난 색채와 아동의 심리상태를 연계하여 아동의 색채 사용방법과 색채배치를 중점으로 연구하였다.

알슐러와 헤트윅(Alschuler & Hattwick, 1969)의 색채와 심리를 연구한 내용을 요약하면 다음과 같다.

- 난색 : 자유롭고 정감이 가며 남을 위하는 마음이 많고 어른에 대한 의존적인 마음이 강하다. 자기중심적이며 놀이를 할 때 협동적인 형태가 보이고 적응력도 좋다.

- **한색** : 자신의 행동을 억제하려 하고 자기를 자제하는 경향이 크게 나타나며 지나칠 정도로 순응적인 모습을 보이고 내성적인 성격을 지니고 있다. 비판적인 심리와 의지적이고 독립심이 강하며 공격적이고 혼자 놀기를 좋아하며 대인관계에서 협소한 관계를 유지하고 있다.
- **빨간색** : 신체의 기능이 왕성하고 행동반경이 자유로운 경향을 내보이며 건전한 적응을 의미한다. 또한 느낀 것을 행동하려는 경향과 자유로운 경향으로 사회적 규범을 중요하게 여기지 않으며 교우관계가 원만하였으나 격한 격리 상태의 상반적인 경향이 나타나기도 한다.
- **주황색** : 주위 환경에 잘 적응하며 명랑한 기분을 가지고 있다. 강한 강점 표현이 어려운 성격이며 상상에 많은 관심을 두므로 현실의 세계와 이질적인 차이가 나타난다.
- **노란색** : 의존적이고 애정욕구도 강하며 소극적인 행동을 보인다. 정서에 의해 행동이 이루어진다. 교우관계가 긍정적이고 사교적이며 행복감이 가득할 때 사용한다.
- **초록색** : 주의 깊고 지나친 자제력을 가지며 충동을 자제하는 능력이 뛰어나다. 엄격한 가정에서 자랐거나 엄격한 훈육을 받는 아동에게 나타난다.
- **파란색** : 어른들의 규칙을 따르려는 경향이 보이며, 예민하고 긴장된 필치로 그림을 그리는 경우는 억압된 불안을 표현하고 불안 및 공포심을 가질 때 잘 나타난다.
- **갈색** : 유아적 상태에 머무르고 싶어 하는 심리와 더러운 것을 싫어한다. 배변 훈련의 시기가 일렀거나 청결에 대해 엄격하게 강요된 환경에서 자란 아동이 사용한다.
- **보라** : 소수에 불과하며 고집이 강하며 억제되고 불행한 심리상태를 가지며 가정적으로 불안하여 교우관계에 어려움이 보이고 아동의 질병과 관련이 있다. 심한 정서적인 갈등을 대변하는 색일 수 있다.
- **검정** : 정서적 행동이 결여되어 있으며, 감정의 흐름이 약한 아동에게 많이 나타나며 공포 및 불안에 대해 공격적인 경향을 보인다. 겉으로는 평온한 상태로 보이나 내면적으로 과도하게 통제하고 있다.
- **흰색** : 주관이 뚜렷하고 활기찬 성격이다. 후회와 다시 돌아가고 싶은 마음

그리고 색을 다시 돌리고 싶은 마음이 강할 때 자주 사용한다. 항복의 의미와 청결함과 순수함을 나타내기도 한다.

- 회색 : 경쟁심, 열등감을 가지고 있으며 경계심이 강하다. 행동이 모호하며 억압된 가정에서 훈육된 아동에게 자주 나타나며 용기가 부족하고 소극적인 양상을 보인다.

(2) 색칠 유형에 따른 아동의 심리

아동들이 형태만 선으로 그리거나 처음 색칠한 색 위에 다른 색으로 처음 그린 색과 형태를 덮어 표현하는 아동은 자신의 감정을 드러내고 싶지 않은 방어적인 심리상태로 볼 수 있다. 처음에 그려진 형태와 색이 아동의 심리상태를 반영하였다고 볼 수 있다. 색칠 방법에 따른 아동의 심리적 상태는 다음과 같다.

- 많은 색을 사용하는 아동 : 성격이 밝고 쾌활하며 신체를 활동력 있게 표현한다. 육체적으로 건강하며 자신감과 에너지 발산을 적절하게 색채로 표현한다. 그러나 싫증을 잘 내고 인내심이 부족하며 정서의 변화가 크게 나타나고 집중력이 부족하고 산만한 할 수 있다.
- 색을 적게 사용하는 아동 : 자신의 감정표현이 제한되며 생활 경험과 창조적 경험이 부족할 수 있다. 내성적이며 말수가 적고 한 가지에 집중하여 문제를 해결하려고 하며 자기주장이 강하고 열정이 부족한 편이다.
- 색을 마구 섞는 아동 : 색을 필요 이상으로 마구 섞거나 크레파스를 함부로 긋는 경우는 적개심과 반항심, 공격성이 있고 발달이 미숙한 아동에게서도 잘 나타난다.
- 형태 없이 색만 칠하는 아동 : 정서적 변화가 많고 실패와 좌절 경험이 많아 모양을 그릴 수 없는 상태일 수도 있다.
- 색칠 없이 형태만 선으로 그린 아동 : 엄격한 부모의 훈육과 간섭으로 항상 갈등과 불안한 심리적 상태를 나타낸다.

이상에서 살펴본 것과 같이 아동의 미술 활동에서 표현된 색채는 자신의 감정과 심리적 상태가 잘 반영된다고 할 수 있다. 치료사는 미술 활동에서 표현된 색채의 심리적 반응을 내담자에게 질문하여 충분한 연상의 표현과 보편적인 색채의 심리적 해석과 함께 무의식적으로 방어하고 있는 심리상태도 파악할 수 있어야 한다.

융(Jung)은 분석상의 특수기법 중 그림분석에 대해 말하였다. 색채는 인간의 감정의 여러 측면과 특징을 나타내는 것이므로 보편적이고 객관적인 객관단계에서 종합하여 해석하는 확충(Amplification)의 방법으로 상징적인 의미를 생각해야 한다(이부영, 2009).

다음에 제시된 감정에 집중하여 선과 색으로 나타내보면 감정의 보편성을 느낄 수 있다.

1. 어린시절 본인의 색이라고 생각되는 것은 어떤 색입니까?
   그 색은 언제 보았던 색입니까?

   ____

2. 지금까지 살아오면서 '나만의 색' 또는 '가장 나다운 색'이라고 생각하는 메인컬러가 있습니까?
   이 색의 이미지는?

   ____

3. 어린 시절 부모님과 함께했던 색은 어떤 색입니까?
   이 색의 이미지는?

   ____

4. 학교생활 또는 사회생활을 할 때 나의 색은 어떤 색입니까? 이 색의 이미지는?

   ____

• 자신이 경험했던 일을 떠올려 보며 감정의 색을 선택하고 자유롭게 선으로 표현해보세요.

화남	슬픔	무서움 또는 두려움
기쁨 또는 즐거움	**행복함**	**사랑스러움**

MEMO

4
CHAPTER

미술치료 심리이론

1. 정신분석적 미술치료 2. 분석심리적 미술치료
3. 현상학적 미술치료 4. 게슈탈트 미술치료
5. 인간중심적 미술치료 6. 인지 · 행동주의적 미술치료
7. 발달적 미술치료 8. 인지학적 미술치료
9. 해결중심적 미술치료

Chapter 4

미술치료 심리이론

미술치료사 및 초심 미술치료사들은 상담이론에 대해 이론보다 실제가 더 중요한 것으로 인식하여 이론에 대해 탐구하고 공부하기보다 임상 실습을 더욱 중요하게 생각하는 경향이 있다. 인간의 심리와 행동을 이해하고 이에 대한 상담과정과 기법을 담고 있는 이론적 기초가 없이 상담을 하는 것은 뿌리가 약한 나무와 같아서 나뭇가지가 자라고 열매를 맺기도 어렵고 외부에서 바람이 불거나 어려운 상황이 발생하면 쉽게 쓰러지고 부러지는 나무와 다를 바 없을 것이다.

상담이론은 탁월한 임상가, 상담자 및 여러 학자들이 심리적 어려움을 호소하는 사람들을 돕기 위해 장기간의 경험과 임상적 관찰을 토대로 개념을 조직하고 체계화하였고 과학적 연구를 통해 그 효과가 검증되었기 때문에 상담자는 내담자와 상담할 때 인간 행동에 관한 여러 가지 과학적 이론에 익숙해야 한다(박경애, 2011). 미술치료사는 내담자가 미술 활동의 과정 속에 무의식과 의식 안에 있는 심리적 상태를 진단하고 치료하기 위해 상담이론을 잘 알고 경험되어야 하는 것은 상담자로서 필요충분조건이다.

이 장에서는 미술치료의 심리학적 이론 중 정신분석적 미술치료, 분석심리적 미술치료, 현상학적 미술치료, 게슈탈트 미술치료, 인간중심적 미술치료, 인지행동주의적 미술치료, 발달적 미술치료, 루돌프 슈타이너의 인지학 이론에 근거한 인지학 미술치료를 소개하고 각 이론의 기본개념과 치료과정, 미술치료의 적용과 기법에 대해 소개하고자 한다.

1. 정신분석적 미술치료

정신분석은 오스트리아의 정신과 의사인 프로이트(Sigismund Freud, 1856~1939)의 임상경험과 이론에서부터 출발했고 이 용어를 처음으로 쓰기 시작했다. 정신분석은 프로이트에 의해 만들어진 성격이론이자 심리치료 기법이다. 이론적 모형은 지정학적 이론, 구조적 이론, 역동적 이론으로 구성되어 있다. 프로이트는 경험주의자였고, 자기분석을 통해 경험한 것과 환자에게서 관찰한 것을 바탕으로 이론을 만들었다.

1) 인간관

프로이트는 인간을 생물학적 존재로 보고 있고 인간 본성에 관한 관점은 결정론이다. 인간의 기본적 성격 구조는 초기 아동기 5세 이전에 경험한 사건들에 의해 결정된다고 보았으며, 이러한 성격 구조는 성인기가 되어도 변하지 않고 지속된다고 보았다. 인간은 무의식에 잠재하고 있던 어린 시절 경험의 심리·성적 사건들이 인간의 성격을 형성하게 된다고 보았다. 정신분석 이론적 관점은 인간의 행동은 어떤 원인에 의해서 결정되며 정신분석치료는 개인의 초기 아동기 경험의 재구성을 필수적으로 보고 개인의 성격 구조를 변화시킬 수 있다고 보았다.

2) 주요개념

(1) 지정학설(Topographical theory)

프로이트의 가장 큰 공헌은 무의식(unconscious)이나 의식(conscious)의 수준에 대한 개념이며, 이 개념은 행동이나 성격의 문제를 이해하는 핵심이라고 할 수 있다. '지정학'이란 인간의 마음을 세계의 지리적 개념으로 설명한 것으로 인간의 정신세계를 의식 · 전의식 · 무의식의 3층으로 나누었다.

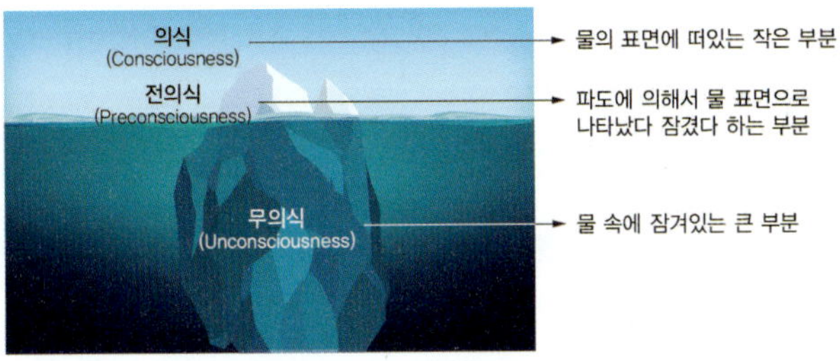

• 의식 : 현재 인식 범위
• 전의식 : 현재 인식 못 하나 가능한 범위
• 무의식 : 의식 못 함 – 심층, 접근 어려움

그림 4-1 성격의 구조

의식(conscious)은 우리가 어느 시점에서 완전히 알아차릴 수 있는 정신 활동의 일부이다. 빙산의 일각에서 알 수 있듯이 전체 마음 중에 얇은 표면에 불과하다.

전의식(preconscious)은 현재 인식하지 못하나 언제나 의식 속으로 나오게 할 수 있는 장소이다. 예를 들면, 어제 점심에 무엇을 먹었는지 질문을 받으면 어제 무엇을 먹었는지 의식에 없었지만 곧 생각나는 것은 전의식에 있다가 곧 의식화되었기 때문이다.

무의식(unconscious)은 우리가 인식하지 못하는 마음의 일부로 모든 경험, 기억, 억압된 자료들이 저장되어 있어서 접근이 어려운 정신영역이다. 이곳은 '충족되지 못한 소망'이 있으며, 이 무의식의 내용들은 수치심, 열등감, 상처받은 경험, 죄악감, 성적 욕구와 공격 욕구 등이다. 무의식에 있는 내용들은 의식에 올라오면 심한 불안을 일으켜 자아가 억압해 버린다. 그래서 무의식의 경험은 방어기제를 동원하거나 상징화되는 방법으로 표출되어 증상으로 이루어진다. 우리가 모르는 마음속의 세계가 무의식이며 이 무의식의 탐구가 정신분석의 1차 목적이다(이무석, 2006).

(2) 성격의 구조

정신분석적 관점에서 성격구조는 '원초아(id)', '자아(ego)', '초자아(superego)'로 이루어져 있다. 원초아(id)는 생물학적인 구성요소로 본능적인 욕망과 욕구들을 말하며 쾌락의 추구가 목적이다. 자아(ego)는 현실원칙에 따라 현실적이고 논리적인 사고를 하며 원초아의 본능과 외부 현실 세계를 중재하고 통제하는 역할을 한다. 의식과 무의식적 과정에 걸쳐서 이루어지며, 모든 사고와 추리 활동을 관장하는 성격의 집행자이다. 초자아(superego)는 4~5세경부터 발달하기 시작하며 도덕과 원리에 의해 작동한다. 부모나 사회 환경으로부터 영향을 받은 사회의 가치와 도덕이 내면화된 표상이다. 원초아와 자아를 비판하고 사회규범에 맞게 억제하며 자아가 도덕적인 목표를 설정하도록 권한다. 초자아는 쾌락보다 완벽을 추구하고 현실이 아닌 이상을 나타낸다.

정신분석은 인간을 비합리적이고 과거의 경험에 지배되는 결정론적인 존재로 보았다. 인간의 무의식 속에 있는 어린 시절의 심리·성적 사건들이 성격을 형성하게 된다고 본다. 프로이트는 삶을 향한 본능(Libido: 성 욕구)과 죽음을 향한 욕구(Thanatos: 공격성)를 제시한 바 있다. 프로이트는 그 연구 결과물에서 초기에는 리비도(Libido)만을 언급하였으나 후반부에 접어들면서 타나토스(Thanatos)와 함께 리비도를 다루고 있다.

(3) 성격의 발달과정

프로이트는 리비도 이동으로 신체 부위에 쾌감을 추구하는 방법과 신체 부분이 달라진다고 하였으며, 이를 발달단계로 구분하였다. 구강기, 항문기, 남근기, 잠재기, 성기기로 나누는데 이를 심리성적 발달 단계(psychosexual developmental stage)라고 한다.

① 구강기(oral stage, 18개월까지)

이 시기는 리비도가 구강에 집중되는 시기로 먹고 마시는 흡입 행동과 깨물고

뱉어내는 행동으로 쾌감을 얻는다. 이 시기는 영아가 빨기 행동을 통해 성적 만족을 충족시키고 반대로 충족되지 못하면 고착되어 먹는 것과 흡연, 키스와 음주 같은 것에 관심이 많고 성장하면 의존적이고 낙천적인 성격이 될 수 있다. 이가 나올 때 입의 공격적인 깨물고 뱉어내는 등의 행동이 나타나게 되는데 이에 고착되면 질투와 적대감 그리고 냉소적이며 비판적이고 공격적이 되며, 남을 통제하려는 성격 등이 나타날 수 있다.

② 항문기(anal stage, 2~4세)

항문기는 배변 훈련을 통해 독립성과 개인의 힘, 자율감을 획득하고 부정적 감정을 수용하고 처리하는 방법을 배우는 시기이다. 생후 첫해는 부모를 통해 아동의 욕구가 최대한 충족될 수 있지만 배변 훈련을 하는 시기부터 아동은 점차 욕구를 충족하는 시간과 장소를 구애받게 되고 거부되게 되며 유예해야 함을 배운다. 이 시기는 항문에 리비도가 집중되어 있어 배변 활동으로 욕구 충족과 쾌락을 느끼게 되는데 대소변 훈련 시 부모의 태도는 성격 형성에 큰 영향을 미치게 된다. 배변 훈련이 지나치게 엄격하거나 너무 조급하게 하여 학습이 잘되지 못하면 부모 요구에 대항하여 가학적이고 파괴적이며 적대적인 성향이 나타날 수 있다. 또한, 항문을 이완해 배변시키는 것보다 조이는 것에서 쾌감을 느끼게 되는 경우에는 지나친 깔끔으로 결벽증적, 강박적 성격, 완벽적인 성격이 나타난다. 이외에도 융통성이 없는 기계적인 성격, 고집스러움, 완고함, 인색함이 나타난다. 이 시기에는 유아가 요구하는 것이나 발달 정도에 따라 칭찬과 격려로 배변 훈련을 적절하게 하면 창의적이고, 생산적인 성격이 된다.

③ 남근기(phallic stage, 3~6세)

남근기는 초자아를 형성하는 시기이다. 성기에 리비도가 집중되어 이것의 감수성이 민감해지며, 만짐을 통하여 쾌감을 느끼는 시기이다. 이 시기에 성 차이와 출생에 관심을 보이며, 남아는 어머니를 성적 애착의 대상으로 생각하여 아버지를 미워하며 두려움이 나타나는 오이디푸스 콤플렉스에 빠지게 된다. 여아는 남아와 비교하여 남근 선망을 가지게 되고 3~4세 경에 남근이 없다는 사실에 실망한다. 이때 좌절감과 열등감을 겪게 되면서 아버지를 성적 애착의 대상으로 생각하게 되고 어머니를 적대시하게 되는 엘렉트라 콤플렉스에 빠지게 된다. 그러나 여아는 거세불안이 없기 때문에 어머니를 두려워할 이유가 없고 이를 해소하기 위한 동일시 기제가 약하기 때문에 남아에 비해 초자아가 약하게 형성된다. 이 시기에 콤플렉스 현상으로 나타나는 것은 동성 부모의 성역할을 학습함으로 해소되게 된다. 특히 남아는 거세불안을 느끼며 이를 감소시키기 위해 아버지와 동일시한다. 동일시 과정은 아버지의 생각, 태도, 행동 등을 모방하며 자신의 이상으로 여길 뿐 아니라 닮아가게 되며 성 정체감을 형성한다. 그리고 해소하는 정도에 따라서 성인기 때 이성에 대한 태도와 성역할 정체감이 결정된다.

④ 잠재기(latency stage, 6세~청소년기)

잠재기는 학령기에 접어들며 다른 사람과 관계를 중요시 여기는 대인관계 형성에 집중하는 에너지를 사용하게 된다. 초등학교 시기부터 성적 욕구의 만족이 신체 특정 부위를 자극하는 것이 아닌 친구와 관계, 스포츠와 취미활동 등의 사회적 활동을 통해 이루어진다. 이 시기에는 쾌락의 원칙이 아닌 현실의 원칙을 따르게 되고 아버지 권위와 금지 그리고 양심으로 사회적 도덕적 자아를 형성하는 시기이다. 아이들은 이전보다 더욱 동성의 부모를 동일시하고 남성다움과 여성다움이 분명해지며, 사회적 관습과 태도를 배워 나가는데 교육을 받으며 자아가 성장하고 이상이 형성되는 시기이다.

⑤ 성기기(genital stage, 청소년기 이후)

생식기관의 성숙과 이차 성징이 나타나며 이성에 대한 관심과 성적 충동이 다시 증가하는 시기이다. 사춘기의 시기로 성적 충동에서 정상적 성욕으로 통합하는 시기이고 독립과 정서적 해방을 추구하는 시기이기도 하다. 앞의 단계들보다 약하지만 이 단계에도 갈등은 있다. 그러나 앞의 단계에서 고착되지 않았으면 정상적으로 이성과 관계가 형성되어 결국 결혼에 이르게 된다. 또래 관계와 이성 관계 맺기, 예술과 학문 등에 몰두하게 되면서 사회적인 바람직한 활동을 통해 만족을 찾게 되고 원시자아의 충동을 승화시킬 수 있다. 그러나 고착될 경우에는 해결되지 못한 갈등이 성인기 전반에 걸쳐 드러나게 된다.

(4) 방어기제

인간의 마음속에는 욕구와 좌절 사이에 갈등이 일어나고 이러한 갈등으로 인해 불안을 느낀다. 인간은 원초아, 자아, 초자아 사이에 갈등으로 통제를 할 수 없을 때 불안을 느끼게 되는 것이다. 이 불안은 본능적 욕구에 대항하는 초자아의 위협으로 인한 불안이라고 할 수 있는데 이때 자아는 불안을 처리하여 마음의 평정을 회복시키는 노력을 동원한다. 이것이 바로 방어기제(Defense mechanism)이다.

방어기제는 비현실적이며 무의식 수준에서 일어난다. 자아가 원초아나 초자아의 무의식적인 위협적 생각이나 외부적 환경에서 오는 위험으로부터 자신을 보호하기 위해 인간이 무의식적으로 사용하는 사고 및 행동수단이다. 정신분석적 방어기제는 다음과 같다.

■ 억압(Repression)

불안에 대한 일차방어이다. 많은 다른 자아방어기제나 신경증적 장애의 기초가 된다. 억압은 위협적이거나 고통스러운 생각, 감정들을 의식하지 못하도록 막아준다. 특히 죄의식이나 창피, 또는 자존심의 손상을 일으키는 고통스러운 경험은 불안을 일으켜 억압의 대상이 된다.

■ 억제(Suppression)

의식 혹은 반 의식적으로 잊으려고 노력하는 것이 억제이다. 개인의 의식적 의도를 가진 의식적인 과정이라고 할 수 있다.

예) 실연당하고 창피당한 기억들을 머리에서 지우려고 노력한다.

■ 부정

부정이란 의식화되면 도저히 감당하지 못할 어떤 생각이나 욕구, 현실적 존재를 무의식적으로 인정하지 않으려고 하는 것이다.

예) 불치병 선고를 받은 환자가 명랑하게 장래 계획을 세우는 경우

■ 반동형성(Reaction formation)

무의식에서 용납되기 어려운 생각이나 태도, 언행이 마음속의 욕구와 생각과 정반대인 경우의 방어기제로 주로 억압과 동시에 일어난다.

예) 미운 아이 떡 하나 준다.

■ 투사(Projection)

자아가 받아들일 수 없는 공격적인 충동, 성적인 욕구를 어떤 행동이나 생각의 책임을 자신으로부터 외부 대상이나 다른 사람에게 돌리는 방어기제이다.

예) 시험을 못 본 학생이 자신의 잘못이 아니라 선생님이 잘못 가르친 것이 원인이라고 생각한다.

■ 퇴행(Regression)

좌절을 심하게 당했을 경우 어렸을 때의 행동양식으로 되돌아가는 것을 말한다. 생의 초기에 성공적으로 작용했던 생각이나 감정, 행동에 의지함으로써 현 상황에서의 어려움을 이겨내지 못할 것이라는 불안이나 위협을 해소시키는 과정이다.

예) 대소변을 잘 가렸던 아이가 동생이 태어난 후 오줌을 싸게 되는 경우이다.

■ 치환(Displacement)

어떤 대상에게 무의식적으로 주었던 감정이 덜 위험한 대상에게로 옮기는 과정이다.

예) 도덕적 불결에 대한 죄책감이 손을 씻어야 도덕적으로 청결을 회복한다고 하는 노력이다.

■ 승화(Sublimation)

본능적인 욕구와 참기 어려운 충동 에너지를 사회적으로 용납된 형태로 돌리는 방어기제이다.

예) 공격적 충동이 체육활동으로 전환될 수 있다. 성적 충동이 체육활동, 시, 음악 등으로 승화

■ 동일시(Identification)

다른 대상의 가진 성질을 자신의 성격에 흡수하는 것이다. 타인과 동일시는 자아와 초자아를 형성하는 데 가장 큰 역할을 하고 있으며 성격이 발달하는 데 가장 중요한 방어기제이다.

예) 어린아이가 아버지 흉내를 내보이는 것

■ 전이(Transference)

어떤 사람에 대한 심상이 현재 사람을 동일시하여 이전에 알고 있던 사람에게 가지고 있던 미움과 사랑의 감정을 현재의 사람에게 옮기는 현상을 말한다.

예) 동쪽에서 뺨 맞고 서쪽에서 화풀이하기

■ 신체화(Somatization)

심리적인 갈등으로 인해 신체 부위 증상으로 전환되어 신체의 반응이 나타나는 것이다.

예) 사촌이 땅을 사면 배가 아프다.

■ 합리화(Rationalization)

자신을 위로하고자 설명하는 과정에서 바르지 못하게 설명해 자신의 생각과 행동, 감정의 진실한 동기를 숨겨 감정적인 갈등과 내외적인 스트레스를 처리하는 방어기제를 말한다. 이 방어기제는 학력이 높은 사람들이 자주 사용하기도 한다.

예) 실력이 없어 시험 점수를 잘 받지 못한 학생이 시험 당일 상태가 좋지 않아 시험을 잘 볼 수 없었다고 변명한다. 이솝우화에서 '여우의 신포도'

■ 고착

새로운 발달단계로 이행할 때 경험하는 불안이나 좌절이 극심할 때 정상적인 발달이 일시적 혹은 영구적으로 중단되는 현상이다.

예) 아동이 지나치게 의존적일 때, 독립적 행동을 학습하는 것에 대해 불안한 경우 고착 방어기제를 사용한다.

■ 주지화(지성화)

위협적인 대상과 불편한 감정을 조절 또는 최소화하기 위해 일반화하거나 과도한 추상적 사고로 인해 감정적으로 갈등과 내외적인 스트레스를 처리하는 방어기제이다.

예) 불편한 감정을 경험하는 검시관, 전문가, 외과의사, 간호사 등이 많이 사용한다.

■ 이타주의

타인을 돕거나 희생적인 봉사를 통해 대리적 충족과 만족감을 얻는 것이다. 이는 타인의 반응이나 스스로의 감정적 충족을 통해 내적 욕구를 해소하는 경우이다.

■ 유머

자신과 타인에게 불쾌함을 주지 않고 낙천적이고 여유로운 방식으로 문제를 해결하는 것이다. 성숙한 인격을 가지고 자아 강도가 강한 경우 유머 방어기제를 사용할 가능성이 높다.

■ 회피

갈등과 문제 상황을 무조건 도피하려는 소극적 행동으로 외적 상황에 순응하거나 문제해결을 체념하는 행동 방식이다.

3) 정신분석학적 미술치료 적용과 기법

정신분석학적 미술치료는 꿈의 해석, 저항과 전이를 분석하고 해석하는 기법과 자유연상 기법 등을 사용한다. 이를 정신분석적 미술치료로 나움버그가 확립하였다. 그녀는 자발적인 미술표현이 무의식에 억압된 이미지와 상징을 표출하여 그림과의 대화를 통해 정화와 치료, 의사소통의 효과가 있는 통찰을 강조하였다.

정신분석적 미술치료 기법으로는 자유화, 난화, 핑거페인팅, 9분할통합회화법 등이 있다. 이 기법을 자발적으로 표출하여 무의식적 동기를 밝힐 수 있고 무의식을 의식화할 수 있는 것이다. 자발적인 미술활동을 통해 표출된 이미지는 상징적 언어로 보고 있으며, 그림의 상징 등의 자료들이 모여 내담자의 통찰에 도움을 주고 내담자는 매 회기 작업 과정에서 표출된 작품을 자발적으로 해석하게 되는 과정에서 통찰, 훈습, 재학습의 과정을 겪으며 치료가 진행되어 간다.

프로이트는 모든 인간의 행동 원인을 무의식으로 보았다. 심한 수치심, 열등감, 상처받은 경험 등 무의식에 있는 내용들이 의식에 올라오면 심한 불안을 일으켜 자아가 억압해 버린다. 억압된 감정과 경험을 미술 활동으로 의식화하면 불안이나 공포가 해소될 수 있다. 따라서 정신분석적 미술치료의 목표는 미술활동을 통해 무의식에 억압된 것을 점차적으로 의식으로 가져올 수 있도록 안정되고 편안한 분위기를 제공해야 한다.

내담자들은 상담과정에서 방어적이고 저항적인 태도를 취할 수 있다. 방어적이고 저항적인 태도는 미술활동을 하지 않거나 계속 지우고 다시 그리는 것을 반복하는 경우이다. 초심 미술치료사들은 저항적인 학생들의 반응에 매우 힘들어하고 미술치료사로서 자질에 대해 의심하기도 한다. 그러나 학생들이 상담과정에서의 저항은 상처받은 경험에 대해 반복적인 것으로 자연스러운 것이다. 내담자의 저항을 극복하기 위해서는 치료사의 전문적 자질이 요구되며, 수용적이고 진실하며 친밀한 관계로 내담자의 경험을 자유롭게 표현할 수 있도록 해야 한다.

4) 치료과정

정신분석적 미술치료 과정은 다음과 같다(정유진, 2019).

첫째, 미술매체를 자유롭게 선택하여 그리고 싶은 것을 그리도록 한다.

미술치료사는 내담자가 미술매체를 자유롭게 선택하여 그리고 싶은 것을 아무것이나 자유롭게 그리도록 한다. 루빈(Rubin, 1973)은 자유연상과 같이 비구조적이고 개방적 접근으로 내담자를 심리적으로 괴롭히는 사항을 표현하도록 도와주는 기법이라고 하였다. 내담자가 작품활동의 전과 후를 자발적으로 말을 하는 동안 치료사는 경청하며 말을 최소한 적게 하여 내담자가 사고를 언어화하는 것과 자료를 찾아내는 과정을 사용한다.

둘째, 내담자가 자발적으로 지적하는 말들을 경청하고 행동을 관찰한다.

미술치료사는 질문을 할 때 미술작품에 관련된 특정한 연상에 관한 사항을 중점적으로 하고, 질문을 통해 미술작품에서 의미를 발견하여 정신분석적 진단의 윤곽을 생각한다. 미술치료 의뢰 이유, 생활 이야기, 환경적 스트레스 요인 등이 이에 해당한다.

셋째, 내담자의 미해결된 갈등과 반복하는 기제를 찾는다.

정신분석적 이해는 불안, 우울과 같은 외적 사실뿐만 아니라 내담자의 발달적 수준과 내담자의 내적 상황의 사정(Assessment) 그리고 뚜렷한 고착과 퇴행의 사정도 포함해야 한다. 미해결된 갈등이 대부분 신경증의 원인이기 때문에 갈등의 잠재적 원천도 조사한다. 갈등은 대인관계와 같은 외적인 것과 양가감정과 같은 내적인 것 그리고 구조적인 원초아, 자아, 초자아 등의 반복하는 기제를 찾는다.

넷째, 내담자의 좌절감, 내성 정도, 승화 능력, 불안에 대한 전반적인 태도 및 일반적인 발전적 힘과 퇴행 경향성 등을 면밀히 사정한다.

정신분석치료의 가능성을 결정하기 위해 내담자의 위의 것들을 면밀히 사정해야 한다. 치료자는 내담자가 발달 과정상으로 어느 시점과 어떤 상황에 갇혀 있어 고착화된 현상이 나타나고 있는지와 두려워하는 충동의 방어대상에 관한 단서와 방어기제를 알고 다루는 것이다.

2. 분석심리적 미술치료

융(Carl Jung, 1875~1961)은 자신의 개인적 경험을 통해 그림이 주는 치유력을 스스로 경험하였으며 인간 정신에 대한 분석을 주관적인 체험과 현상학을 바탕으로 체계화하였다. 그는 인간 자신 내면의 심상인 상징과 꿈을 통해 일상적 의식의 세계가 아닌 다른 깊은 곳에 성장의 의지가 존재한다는 것을 증명하려 하였다.

1) 인간관

융은 미술이 내담자 진단을 위한 임상적 자료의 가치가 아니라 내담자의 경험과 개인적인 요소, 원형적 요소인 집단 무의식 통합, 내담자와 치료자 간 상호관계 형성, 통찰의 의미로 사용하였다.

원형들로 구성된 집단 무의식의 개념을 인간의 생물학적 본능과 선조의 경험까지도 유전된다는 것을 바탕으로 분석심리학을 개발하였다. 융은 무의식을 개인 무의식과 집단 무의식으로 구분하였다. 의식의 주인은 자아이며 집단 무의식의 주인은 자기란 원형이다. 융은 자아를 자기 원형으로부터 분화되어 발달되다가 다시 자기로 통합되는 것으로 설명하였다. 융은 인간의 정신적 요인이 유전된 것으로 생각하였다. 집단 무의식은 개인적 경험이 아닌 사람들의 역사 그리고 문화로 공유한 모든 정신적인 자료의 저장 공간이다. 집단무의식을 구성하고 있는 원형의 형태는 이미지나 심상이지 내용은 아니다. 예를 들면, 부모나 지도자 악마, 신 등 사람들이 삶을 살아오면서 형성해온 이미지가 원형이다.

인간은 태어날 때부터 본인의 성질을 가지고 있고 기질과 함께 환경의 영향을 받으며 살아가다가 중년에 자신을 찾고자 하는 열망 때문에 본연의 모습을 추구하게 되는 과정을 거치게 되는데, 이런 과정을 개성화 과정이라고 정의하였다. 분석심리의 인간관은 인간 본성인 자신을 찾아가는 과정에 조화롭고 완전한 수준을 위해 무의식을 의식화하려고 노력한다.

2) 주요개념

(1) 정신구조

융은 정신의 구조를 의식과 무의식으로 나누었으며, 무의식은 개인무의식과 집단무의식으로 구성되어 있다고 하였다.

의식은 우리가 의식하고 있는 모든 것으로 나의 생각과 마음 그리고 느낌, 이념 등 무엇이든 자아를 통해 연상되는 정신적 내용을 의식이라고 한다. 의식은 자아(ego)에 의해 지배되는 부분이며, 인간이 자신을 외부에 표현하고 외부 현실을 인식하는 기능을 담당한다. 개인이 자신의 의식을 능동적으로 외적 세계에 초점을 맞추는 경향을 외향성이라고 하며, 내적 주관적 세계로 향하는 성향을 내향성이라고 한다. 융은 인간이 두 가지 상반되는 태도를 가지고 있고 하나의 지배적인 경향에 따라 성격과 태도가 달라진다고 하였다. 융은 심리적 태도와 의식 기능을 조합해 여덟 가지 심리적 유형을 정리하였는데, 성격유형 측정에 필요한 MBTI가 있다.

자아(Ego)는 작은 정신의 의식인 중심에 자아가 있으며, 외부세계와 관계를 맺을 뿐 아니라 내부세계인 무의식과도 관계를 맺고 교류하며 조정하는 역할을 한다(이부영, 2009). 자아는 현실생활을 선택하는 집행자의 역할을 하며 현재 우리가 의식하는 감정, 생각, 기억, 지각 등으로 구성되어 있다. 인간은 자아로 자신을 외부에 표현하며 외부 현실을 인식하게 된다.

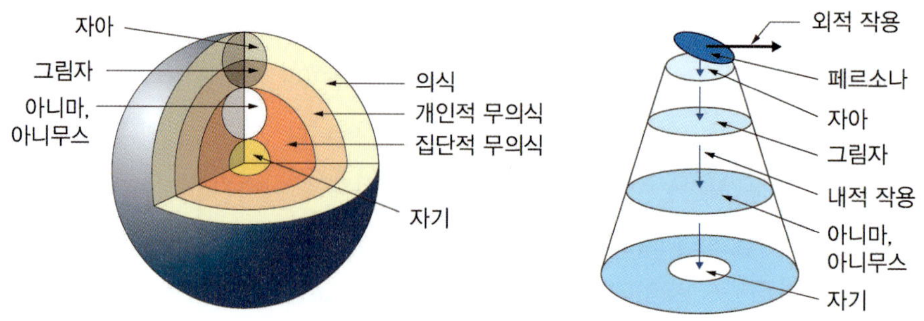

그림 4-2 마음의 구조, 자기실현의 과정

출처: 이부영(2009).

무의식은 프로이트가 초기에 생각했던 것처럼 의식으로부터 억압되어 생긴 것만으로 구성되는 것이 아니라 무의식에서는 일단 의식되었던 것이 억압되어 이루어지거나 특히 억압이라는 기전이 작용함이 없이 단순히 잊어버렸거나 워낙 의식에 주는 영향이 미미해서 의식되지 못한 모든 심리적 내용으로 이루어지는 층이라고 하였다. 또한 태어날 때부터 가지고 있으면서 의식에 의해 그것이라고 인식되지 못한 채 정신작용에 여러 가지 큰 영향을 주고 있는 부분이기도 하다(이부영, 2009).

무의식은 아직 모르는 정신의 모든 것이고 무의식의 세계는 바다와 같이 넓고 깊다. 무의식에는 많은 심리적 요소가 존재하며 무의식을 인식하고 의식에 동화될 때 인간의 의식은 성숙하게 된다(이부영, 2014). 융은 무의식을 무한한 가능성의 에너지가 저장되어 있는 창조의 샘이며 자율성이 있고 의식에서 결여된 것을 보충하는 보상작용을 하는 중요한 기능이 있다고 보았다. 무의식은 개인무의식과 집단무의식의 두 개의 층으로 구분하고 있다.

개인무의식은 사람이 세상에 태어나서 자라는 동안 겪는 특수한 개인의 경험으로 이루어지며 개인에 따라 서로 다르다. 개인의 과거 경험에서 비롯된 내용으로 정신분석의 전의식과 유사 개념이나 무의식을 포함한 개념으로, 망각되거나 억제된 자료의 저장소이다. 이것은 너무 약하여 의식에 도달하지 못하거나 의식에 머물지 못하는 경험이 모두 저장된다.

집단무의식은 선천적으로 존재하며 시간, 공간을 초월해 모든 인간에게 보편적 성격을 가지고 있다. 따라서 집단무의식을 보편적 무의식이라고 부른다. 이 집단무의식은 인류 역사에서 선조에게 물려받아 우리 행동에 영향을 주는 정신적 소인인 수없이 많은 원형으로 구성되어 있다. 이것은 종교, 인종, 국가 지역 간 공감대를 형성하는 것으로 조상 대대로 내려오는 경험의 저장고라고 할 수 있다. 집단무의식은 직접 의식화되지 않고 인류 역사의 산물인 민속과 신화 그리고 예술 등이 지닌 영원한 주제의 현시이기 때문에 간접적 관찰이 가능하다.

(2) 원형

원형은 인간이 갖는 보편적인 집단 무의식의 내용으로 인간의 가장 원초적인 행동유형이며, 이것은 신화를 산출하는 그릇이기도 하고 우리 마음속의 종교적 원천이다. 원형은 페르소나, 그림자, 아니마와 아니무스, 그리고 자기로 구성되어 있다.

① 페르소나(Persona, 개성) : 외적 인격

페르소나는 '가면'을 뜻하는 희랍어로 '체면', '얼굴'과 같은 외부세계와 관계를 맺는 데 반드시 필요한 것이며 사회생활에 대한 요구들에 대한 반응으로 집단이 개인에게 준 역할이나 의무, 여러 행동양식을 말한다. 개인이 지켜야 할 행동규범과 약속, 역할, 의무 등을 사회적 집단에서는 요구하고 사회가 만든 가치관과 도리와 본분, 도덕 등을 지키며 사회적 집단에서 살아가게 된다. 그래서 자아는 외부세계인 집단생활에 적응하기 위해 필요한 여러 가지 행동양식을 익히고 집단정신에 동화하며 페르소나를 형성하게 된다. 즉 집단정신의 한 부분으로 개인이 사회적 역할에 적응을 하기 위한 가면이며 정신의 외면인 외적 인격을 말한다. 이는 시대와 상황, 문화적, 환경적 상황에 따라 변하기도 한다. 융은 인생의 전반기에는 페르소나의 확장과 확립이 중요하다고 말하였다.

② 그림자(Shadow)

그림자는 의식에 가까운 개인적인 무의식 내용이다. 그림자는 자아의 어두운 면, 즉 의식에 억압되어 어두운 무의식에 있는 자료, 즉 나의 분신이다. 그림자는 의식될 기회를 잃고 미분화된 채로 남아 있는 원시적인 심리적 경향이며 열등한 인격과 같다. 그림자는 흔히 외계에 투사되고 대부분 투사됨으로써 그림자의 존재를 알 수 있는 기회를 갖게 된다. 그림자의 투사는 가까운 동류의 사람에게 향하고 집단적 그림자도 가까운 집단, 비슷한 성격의 집단 간에 일어난다. 그림자 문제를 극복하기 위해서는 그림자를 의식화하는 것이며 인간 안에 있는 그림자를 직시하는 것이 성숙의 첫 단계라고 할 수 있다. 자신의 그림자를 인식하는 것이 인격 성숙을 위해 매우 중요한 작업이며, 이것을 자신 인격의 일부로 받아들일 때 생명력과 자발성 그리고 창조성을 발휘할 수 있는 원동력을 얻게 된다.

예를 들면, 흑인과 백인, 지킬박사와 하이드, 흥부와 놀부, 성서에 '남의 눈의 티를 보면서 자기 눈의 들보를 모른다.' 등을 들 수 있다.

③ 아니마(Anima)와 아니무스(Animus) : 내적 인격

아니마와 아니무스는 인간이 태어날 때 양성을 본질적으로 갖고 태어났다는 양성론적 입장으로, 남성 내부에 있는 여성성은 '아니마', 여성 내부에 있는 남성성을 '아니무스'라고 한다. 아니마는 남성들에게 감성과 예감으로 표현될 수 있고, 아니무스는 여성들에게 논리와 합리성으로 표현될 수 있다. 아니마의 최초의 투사대상은 어머니이고, 아니무스의 최초 투사대상은 아버지이다. 개인은 부모상으로 이성에 대한 무의식적인 기준을 만들어 특정한 이성을 받아들이기도 하며 거부하기도 한다. 남성 속에 존재하는 여성성과 여성 속에 존재하는 남성성을 이해하고 개발하여 균형을 이룸으로 성숙한 인간으로 성숙할 수 있다.

④ 자기(Self)

자기는 의식과 무의식을 모두 포괄하는 전체 정신의 중심이다. 또한 의식과 무의식 전체를 의미하기도 한다. 융은 자기는 그 사람 자신이며 그 사람이 있는 그대로의 전체이고 그 사람의 본성이라고 하였다(이부영, 2009). 자기는 전체로서 인간의 성격 조화, 통합하기 위하여 노력하는 원형이다. 융은 개인의 자아실현은 인생에서 가장 결정적 변화의 시기라고 할 수 있는 중년의 시기에 나타난다고 하였으며, 자신에 대해 정확하게 지각하고 미래의 계획과 목표를 수반한다고 하였다. 자기는 페르소나, 아니마, 아니무스, 그림자 등을 잘 통찰하도록 이끌며 성격을 통합시켜 그 사람의 전체 인격인 진정한 의미의 개성을 찾도록 한다.

(3) 자기실현(개성화)

자기실현 또는 개성화란 자기 전체의 인격을 실현하는 것을 의미하며, 융은 자기실현이 인간 내부에서 우러나오는 필연적 요구라고 하였다. 인간은 누구든지 태어날 때부터 자기실현 가능성을 가지고 있다고 한다. 인간 속에 정신 분열을 지양하며 통일하게 하는 요소가 내재하는데 이것이 분석심리학에서 자기, 혹은 본연의 자기라고 부른다. 자아의 좁은 울타리를 넘어 무의식적인 것을 깨달음으로 본연의 자기를 실현시킨다. 그러나 무의식은 남긴 것이 없이 모두 의식화될 수 없기 때문에 아직은 그 깊이와 성질을 알 수 없는 것이 많으므로 완전한

자기실현이 사실상 불가능하여 융은 자기실현에 대해 완전성을 가리키는 말이 아니라 원만성을 말하는 것이라고 하였다.

(4) 분석심리학적 미술치료의 적용과 기법

융은 분석심리학적 미술치료에서 즉흥적인 판타지, 능동적 상상 및 꿈이나 꿈의 시리즈를 그림으로 그리는 과정이 중요하다고 하였다. 미술치료 기법으로 적극적 명상을 많이 사용하고 있다. 또한 융은 자신의 체험을 통하여 만다라 그리기의 치유적 의미를 발전시켰다. 융은 환자들의 무의식의 심리활동을 통해 표현하는 만다라의 상징의미를 심리분석에 적용하였다(정여주, 2001).

융은 꿈과 능동적 심상을 구분하였다. 능동적 심상이란 심상이 일어나는 과정에 현재 자신에게 일어나는 심상을 충분히 의식으로 볼 수 있다고 하였다. 융은 능동적 심상에서 강조해야 하는 것은 토론이고, 미술과 능동적 심상은 구분하여 정의하였다.

분석심리학적 미술치료에서 융은 '환자는 내면의 심상인 그림을 그리는 행위를 통해서 자기 자신을 형상화할 수 있다'고 주장한다(이부영, 2009). 무의식은 상(像)을 산출하며 상징적인 의미를 가지고 있다. 무의식의 상을 그림으로 포착한다는 것은 마치 꿈을 보는 것처럼 무의식의 창조적 기능을 촉진시키며 이를 통해 의식보다 넓고 높은 차원으로 변화를 기대하는 작업이 되며, 이는 무의식이 스스로 상들을 표현하도록 하는 것이므로 상징적인 의미를 가지고 있다(이부영, 2009).

융은 그림분석에 대해 도화지 빈 공간은 하나의 우주와 같다고 말하였다. 그림분석의 첫 번째는 형태적이고 공간적 측면으로 보는 관점으로, 한 장 도화지의 공간을 좌우와 상중하로 구분해 그림 내용이 이 중 어떤 부분에 치중되고 있는가로 해석한다. 두 번째는 색채이다. 특히 그림 작업에서 색채는 무의식 기능을 활성화하기 때문에 자율적 기능을 밖으로 표현할 수 있게 한다. 세 번째는 내용에 대한 분석이다. 꿈의 해석과 같이 상에 대해 각각 상징을 알아야 한다. 수의 상징 외에도 인물과 동물, 나무와 호수, 바다와 시내 등 일상적인 것부터 민담, 종교, 신화에 이르기까지 본래 가지고 있는 상징적 의미와 서로 관계가 만든 내용과 뜻을 알아 나가야 할 것이다.

미술치료의 과정은 언어의 상호작용이기보다 미술 매체를 사용한 이미지의 표현이다. 내담자가 말로 다 할 수 없는 상(像)의 자연스러운 표출은 개인의 무의식을 반영하기에 적합하다.

분석심리학적 미술치료 기법은 무의식을 자연스럽게 표현할 수 있는 다양한 기법으로 꿈 그리기, 만다라 제작과 만다라 그리기, 자유화, 점토로 자유 조형물 만들기, 나의 외면과 내면 표현하기, 가면 만들기 등의 기법을 활용할 수 있으며, 적극적 상상을 통해 더 깊은 내면과의 만남을 접근할 수 있다.

과거와 무의식에 초점을 두는 정신분석과 분석심리에 반발하여 발전해 간 것이 인본주의적 접근 방법으로 인본주의적 관점은 치료 대상자의 과거사에 초점을 두기보다 현재 상태를 수용하고 치료 대상자가 지닌 발전 가능성에 주의를 집중한다.

(5) 만다라(Mandara)

융(Jung)은 20세기 초기에 최초로 서구문화에서 만다라가 지니고 있는 우주적이고 영적인 의미를 발견하였다. 융에 의하면, 만다라는 모든 인간에게 각인된 원형으로 통일체의 상징이며 정신적 성장을 위한 과정에서 꿈이나 그림의 형태로 즉흥적이고 무의식적으로 나타난다고 보았다(이부영, 2014). 만다라는 자신에게 고요함과 침착함을 주며 일체감 경험과 자존감을 증진시켜 주는 등 다양한 심리치료적 장점을 가지고 있다.

그림 4-3 만다라

3. 현상학적 미술치료

현상학(Phenomenology)은 어떤 것들의 선입관과 추론적 이론과는 다르게 주관적인 경험을 강조하는 이론이다. 현상학은 실존하는 현상을 지각하는 사람의 경험 안에 즉각 주어지는 것만을 받아들이는 주관적 경험을 강조한 철학으로, 미술치료에 적합한 이론이라고 할 수 있다.

1) 인간관

개인이 현상을 어떻게 경험하고 느끼는지, 개인이 현실을 지각하는 방식에 초점을 둔다. 인간은 합리적이고 미래지향적이며 통합적 존재로 보고 있다.

2) 기본개념

현상학의 기본개념은 의도성이며, 자신이 보는 것에 열중하는 것을 의미한다. 열중하면 더 명확하게 의식할 수 있는데 의도성은 새로운 세계를 만들고 볼 수 없는 것을 보도록 해준다. 의도성은 신체와 함께 존재하므로 신체는 의도성으로 가득 차 있다고 볼 수 있다. 의식의 현상학은 존재의 숨겨진 차원, 즉 무의식의 현상학을 밝혀내고자 한다. 이것은 미술치료가 미술표현에서 무의식을 이해하고자 하는 것과 유사한 점이라 할 수 있다.

3) 현상학적 미술치료의 적용과 기법

현상학은 일상생활에서 갖는 경험들의 본질과 의미를 깊이 이해하며 내담자가 미술매체를 자유롭게 선택하고 표현하는 과정과 자신의 미술작품을 감상하고 고찰하는 과정을 중요시한다. 내담자의 미술표현에 대한 현상학적 접근방법을 말키오디(Malchiodi, 1998)의 그림 보는 과정을 참고하여 적용하면 다음과 같다.

첫째, 내담자의 미술표현이 형태, 내용, 스타일에 있어 다른 사람들과 공통성을 지녔다고 하더라도 치료사는 '알지 못함(not knowing)'의 자세를 취한다.

둘째, 내담자의 미술작품은 개별적이고 다양한 의미가 있다는 것을 깨달아야 한다.

셋째, 내담자를 자기 자신의 경험에 대한 전문가로 대해야 한다.

위와 같은 현상학적 접근 방법에 의해 내담자에게 미술치료를 적용하면 치료사와 내담자는 자연스럽게 자신에 대한 새로운 정보를 개방하게 되며 관계는 발전될 수 있다. 또한 내담자에게 미술과 관련된 정서발달과 대인관계 기술 등 다양한 측면의 이해가 제공될 수 있다. 더불어 내담자의 내부 자아와 함께 사람과 환경, 사회와 자신 간의 관계를 발견하게 된다.

현상학적 미술치료의 과정은 미술 재료의 선택, 미술 활동, 현상학적 직관과 현상학적 통합과정의 4단계로 이루어진다.

표 4-1 현상학적 미술치료 과정

현상학적 미술치료 과정
• **1단계 미술재료의 선택** 내담자가 자유롭게 미술 재료를 선택 • **2단계 미술활동** 미술활동을 통해 현상을 창조 내담자 자신의 경험을 미술작품에 투사하는 것이 현상의 창조. • **3단계 현상학적 직관** 인지과정과 현상학적 묘사의 두 과정 – 인지과정(시각적 전시, 거리 두기, 의도적 관찰) 미술작품을 잘 보이는 곳에 전시하여 자신을 객관적으로 바라볼 수 있게 함 작품을 보기 위해 거리를 조절하여 선입관 없이 객관적으로 관찰할 수 있음 의도를 가지고 작품을 오랫동안 봄 – 현상학적 묘사 "무엇이 보입니까?"의 현상학적 묘사의 과정 이 과정의 경험을 통해 치료사와 더 깊은 치료적 관계가 될 수 있음

(미술작품 안에 다양한 의미가 있음을 치료사가 받아들이는 것 중요)

- **4단계 현상학적 통합**
  원래 의도와 실제 표현의 차이를 발견하는 것이 자기발견
  미술작품의 유사점과 차이점 발견
  되풀이되는 요소와 주제를 발견
  미술표현 과정에서 하는 노력과 실제 생활에서 하는 노력 간의 유사점
  미래의 대처 능력과 설계 능력을 기를 수 있음

4. 게슈탈트 미술치료

1) 인간관

게슈탈트 치료는 유대계 독일인이며 정신과 의사인 프릿츠 펄스(Fritz Perls, 1893~1970)에 의해 창시되었고 용어의 의미를 담아 형태치료라고도 한다. 실존주의 철학과 정신분석학에 현상학 요소를 발전시킨 치료 형태이다. 게슈탈트 상담은 개인의 행동이 개인의 심리적 장(Field) 안에서 스스로 지각한 전체 환경에 의해 결정된다는 장(Field)이론, 지금-여기에 바탕을 두고 자신이 경험한 자료를 활용하는 실존주의 철학과 현실 지각을 강조하는 현상학적 접근을 기본전제로 하고 있다. 게슈탈트 상담은 갈등의 상황을 내담자가 직접 경험하도록 하여 스스로 자신이 무엇을 어떻게 생각하고 느끼며 행동하는지 이해하도록 하는 과정 지향적인 경험치료라고 할 수 있다. 게슈탈트 상담은 우리가 실존적 주체로서 책임을 회피하는 환경지지를 버리고 자기 지지를 바탕으로 자신을 신뢰하고 책임지며 살아갈 것을 강조하였다. 펄스는 과거를 중심으로 지나치게 해석을 강조하는 정신분석을 비판하며 경험을 통한 알아차림을 통해 통합을 강조하는 게슈탈트 상담을 발전시켰다.

2) 기본개념

펄스는 인간이 과거에 구속받기보다 현실에 충실한 삶을 살 수 있으며 스스로 선택할 수 있는 자유의지를 갖고 있고 자기 행동에 책임을 질 수 있는 존재로 보았다. 또한 긍정적 인간관이며 선천적으로 자아실현을 향한 경향을 갖고 있고 모든 살아있는 존재는 자기의 잠재력을 실현하려는 방향으로 나아간다고 보았다.

게슈탈트라는 말은 독일어로 '전체, 형태, 모습' 등의 뜻을 가졌다. 게슈탈트를 상담에 적용하면 개인에 의해 지각된 자신의 행동 동기가 하나의 의미 있는 전체로 조직된 것을 의미한다. 우리가 어떤 대상을 지각할 때, 관심 있는 부분은 지각의 중심에 떠오르고 나머지는 배경으로 물러나는 것을 경험하게 된다. 여기서 관심이 되는 부분이 전경이고 물러나는 부분이 배경이다.

게슈탈트 치료는 실존적인 삶의 성숙한 인간에 두고 치료의 목적은 분석이 아닌 자아의 통합에 있다. 개인이 가진 여러 요인들은 전체로 통합된다는 입장에서 다른 치료 형태와는 달리 개인의 과거가 아닌 '지금-여기(here and now)'의 관점에서 현재 상황을 경험하고 인식하는 작업이다.

게슈탈트 상담 목표는 자신의 욕구와 감정을 잘 알아차리고 환경과의 접촉을 통해 잘 해소할 수 있도록 하는 것이다. 알아차림은 자신의 미해결 과제와 현재의 욕구와 감정을 알게 해주며, 알아차림이 없으면 바람직한 변화는 일어나지 않는다. 친커(Zinker, 1978)는 게슈탈트 상담의 일반적인 목표를 다음과 같이 말했다.

- 자기 인식을 증가시키고 생각과 행동 그리고 감정의 책임을 남에게 돌리지 않고 자기 경험의 주체는 자기라는 태도를 가지게 된다.
- 타인의 권리를 침해하지 않고 욕구 충족할 수 있는 기술을 개발한다.
- 모든 감각을 더 잘 인식한다.
- 외적 지지에서 내적 지지로 바뀐다.
- 남에게 요구하거나 도움을 청할 수 있게 되면 남에게 도움을 줄 수 있게 된다.

3) 게슈탈트 미술치료 적용과 기법

게슈탈트 미술치료는 언어로 표현하지 못하거나 표현하기 힘들어하는 내담자들에게 적절한 미술 매체를 사용하여 자아 표현을 할 수 있다. 오크랜더(Oaklander, 1999)는 아동과 청소년에게 소묘, 그림, 조소뿐만 아니라 모든 감각에 자극을 주는 감각적 경험의 방법 및 이완과 명상, 연극, 시, 음악 등의 다른 예술적 매체를 함께 적용하여 자신의 감정을 표현할 수 있는 형태 작업을 주로 한다. 페촐트(Petzold, 1991)는 미술치료의 목적을 네 가지 영역으로 구분하여 실시하였다.

- 첫째, 자기 실현화 : 인간은 창의적이어야 하며, 대화의 능력이 있어야 한다.
- 둘째, 자아의 힘 : 정체성, 자기 안정성 도모
- 셋째, 환자의 생활세계 분석
- 넷째, 방법적 적용 : 적절한 치료적 방법, 기법과 매체의 이용

게슈탈트 미술치료 기법에는 생의 파노라마, 자화상, 정체성 기둥의 도식화, 신체 차트(body chart), 미해결 과제 그리기, 점토 작업, 선게임, 느낌을 그림으로 그리기, 어린 시절 집 그리기, 풍풍 속 항해하기, 나무 되어 보기 등이 있다. 게슈탈트 미술치료 기법을 실시하며 적당한 때에 내담자에게 작품을 언어로 설명하도록 격려하며 언어적 설명과 시각적으로 표현된 작품을 비교하고 탐구하면서 치료사와 치료대상자는 접촉하게 된다. 내담자에게 분노, 공포, 불안, 슬픔, 외로움, 놀람 등 감정에 대한 표현을 한 후 작품을 보고 자신의 상황과 어떻게 관련되는지 질문을 한다.

게슈탈트 치료에서 꿈 작업은 미술치료 기법과 유사한데 자발적으로 표현된 꿈에 대한 시각적 심상이 치료 대상자의 의식을 불러일으켜 꿈의 형태는 자신이 만들어 냈다는 것을 인식하게 해주는 것이다. 게슈탈트 미술치료는 내담자가 미술 활동을 하며 자신의 문제를 말할 수 있도록 감정을 일깨워 주는 데 초점을 둔다.

5. 인간중심적 미술치료

1) 인간관

로저스(Rogers, 1902~1987)의 인간중심 이론은 인간에 대해 근본적으로 자기실현을 향한 경향을 지니고 있다는 것을 전제하고 인간에게 전인적 성장을 위한 접근을 시도한다. 인간을 본질적으로 선하고 신뢰할 수 있는 대상으로, 자신의 문제를 해결할 수 있는 자주적 존재로 보았다. 또한 인간은 '충분히 기능하는 사람'으로 자기실현을 하는 경향성이 있으며 무한한 성장과 발전이 가능한 존재로 보았다. 인간중심치료로 인간을 존중하며 개인의 과거 경험보다 현재 상태에 주목하고 주관적 경험을 강조한다. 초기는 비지시적 상담과 내담자 중심 상담이론을 개발하였다.

2) 기본개념

인간중심 상담에서 인간은 문제 해결할 수 있는 내재적 능력이 있으며 본질적으로 믿을 만하고 사회적이며 창조적인 존재로 보았다. 또한 부적응 상태에서 심리적 건강 상태로 변화할 수 있는 능력을 가지고 있다고 보았다. 인간중심상담에서 관점은 치료 대상자와 치료사의 관계는 평등하다는 특징이 있다. 로저스는 상담자에게 특별한 이론과 기법보다 치료 대상자에게 무조건 존중과 진솔성, 공감적 이해를 요구한다.

로저스는 인간이 타인으로부터 인정받고자 하는 자기존중의 욕구와 자신이 경험하는 타인의 평가 간에 불일치로 인해 불안감이 생겨 심리적인 문제를 일으키게 된다고 본다. 따라서 치료는 치료 대상자가 자신을 충분히 표현할 수 있는 분위기를 제공하고 치료사는 치료 대상자를 공감하면서 스스로 힘을 키울 수 있도록 수용적 관계를 만드는 것을 가장 중요하게 여겼다.

3) 인간중심적 미술치료 적용과 기법

인간중심 미술치료는 수용적 관계에서 치료사가 내담자를 공감적으로 이해해야 하며 내담자가 부조화 상태에 있더라도 무한한 가능성을 지닌 존엄한 존재임을 믿어야 한다. 치료사가 내담자를 완전히 수용하고 진실하며 공감적 이해를 하고 있다고 신뢰할 때 내담자 자신을 드러내며 마음을 탐색할 수 있다. 인간중심 미술치료는 치료 대상자의 능동적인 참여를 중요시 여기며 그림에 대한 상징과 분석으로 접근하지 않고 치료 대상자가 미술 활동을 한 후 대화를 통해 상징을 반영할 수 있도록 한다. 인간중심 미술치료 기법은 먼저 내적 심상을 탐색하여 지금까지 탐색되지 않은 느낌과 불안과 슬픔, 희망을 의식하도록 하며 마음 깊이 탐색할 수 있는 힘과 의지를 길러주는 것이다. 상반된 태도를 배제하며 균형을 잡아 전인격적 통합인 몸과 마음, 영의 조화로운 협력이 이루어진다.

인간중심 미술치료의 목표는 부정적 감정에서 벗어나는 것이 아닌 정직한 표현이며 방어하지 않고 자신을 있는 그대로 객관적으로 이해하고 자신의 선택에 대해 두려움 없이 적극적인 행동을 할 수 있도록 하는 것이다. 인간중심적 미술치료에서는 비지시적 치료 접근을 통해 내담자 스스로 미술 매체를 선택하고 주제를 정하여 표현한 것에 대해 존중하는 것이다. 특별한 기법보다 다양한 기법을 응용하여 치료적 관계를 증진시키고 내담자가 무조건적인 존중을 경험할 수 있도록 한다. 이런 과정을 통해 치료사가 수용하며 반응하는 방법으로 다양한 기법과 지지적 환경을 경험할 수 있도록 해야 한다. 내담자의 작업에 치료사가 배경을 그려 주는 등을 경험할 수 있도록 하며, 돌려 그리기 기법 등을 적용할 수 있다.

6. 인지·행동주의적 미술치료

1) 인지 미술치료

인지치료는 인간에 대한 관점과 심리적 문제의 발생 및 치료과정에 대한 이론이라고 볼 수 있다. 인지치료 이론은 인지적 재구성에 초점을 두며, 대처기술의 직접적인 교육과 훈련을 강조하는 이론이다. 또한 내담자들이 겪는 부적응을 해소하기 위해 인지적 재구성과 함께 대처기술훈련을 복합적으로 사용한다.

(1) 인간관

벡(Aaron T. Beck:1921~2021)에 의해 체계화된 인지행동치료는 CBT(Cognitive Behavioral Therapy)로 표기하고 있다. 초기에는 우울증 치료를 위한 정신분석학적 접근에 대한 연구로 진행하였다가 점차 과학적인 정확성, 구조, 실증적 근거가 부족하다는 이유로 인지적 접근으로 초점을 옮겼다. 펜실베이니아대학교에서 우울증 연구 클리닉을 진행하며 우울증 환자들이 인지 삼제로 불리는 자신, 타인, 세상(미래)에 대한 부정적 · 인지적 도식을 가지고 있다는 사실을 발견하고 이런 반추적 사고를 멈추고 건강하고 합리적인 신념들로 대체함으로 치료가 가능하다고 보았다. 환자들의 자동적이고 부정적 사고들을 현실적이고 객관적 사고로 전환시키는 벡의 인지치료적 접근은 심리학계에 지대한 영향을 미쳤다. 이 밖에 벡 우울척도(BDI), 벡 불안척도(BAI), 벡 무망감 척도(Beck Hopelessness Scale) 등 다양한 심리척도를 개발하였다.

미국의 정신과 의사이며, 심리학자였던 엘리스(Albert Ellis, 1913~2007)는 내담자의 문제는 자신의 무의식적 갈등이 아니라 자신이 처한 상황과 사건을 비합리적으로 바라보는 데서 시작된다는 것을 알았다. 엘리스는 오히려 정서가 우리의 사고나 신념에 대한 반응에서 유발된다고 하였다. 주된 핵심은 비합리적인 사고와 행동 방식이 인간의 정서 및 행동적 자기 패배주의와 사회적 패배주의의 많은 부분에 영향을 끼친다고 하였다.

(2) 기본개념

초기 아론 벡은 우울감에 많은 관심을 갖고 우울한 사람들이 가진 인지적 오류가 우울 증상을 심화한다고 생각했다. 특히 우울 증상이 자신, 타인, 세상에 대한 부정적 사고방식과 관련이 있다고 주장하며, 이러한 세 영역에서의 인지적 왜곡과 부정적 사고방식은 개인을 절망하게 하고 변화를 모색할 수 없는 무력감에 빠지게 한다고 보고 있다. 인지치료와 인지행동 치료는 기본적으로 사고가 감정과 행동에 영향을 미치며, 행동양식은 사고의 패턴과 감정에 영향을 미친다고 전제한다. 따라서 벡은 인지와 행동이 밀접하게 관계가 있는 만큼 인지적 오류를 다루는 것과 행동적 관점에서 개입이 중요하다고 보고 있다.

엘리스의 이론인 '합리적 정서·행동치료(Rational Emotive Behavior Therapy : REBT)'는 인간의 여러 측면 중에서 인지, 즉 사고 또는 생각이 제일 중요하다고 보았다. 이 이론은 인지행동치료 중 하나이고 오늘날 중요한 인지행동적 접근이다. 엘리스는 인지행동치료 과정을 통해 내담자의 과거 경험에서 자신도 모르게 내면화한 비합리적 신념들을 찾아야 한다고 주장한다.

인지행동치료는 개인의 사고틀, 즉 신념, 기억, 기대의 비합리성에서 비롯된다고 본다. 어떤 사건과 사실 그 자체보다 그 사실에 대해 개인이 가지고 있는 생각이나 감정에 따라 불안, 우울, 적대감, 좌절감 등이 유발된다고 보았다. 이러한 인지적 오류는 뚜렷한 사실에 근거하기보다 임의적인 추론으로 과잉 일반화되어 왜곡하기 때문에 부적응적 감정이나 행동을 하는 것이다. 따라서 인지적 사고가 변해야 외현화된 행동이 변할 수 있다.

인지행동치료는 증상을 제거하는 것이 목적이 아닌 내담자가 가지고 있는 여러 가지 사고와 가치관 중에 바람직하지 못한 사고나 가치관을 검토하여 바람직한 사고로 변화시키는 것이다. 인지행동치료의 목표는 내담자가 현재 상황, 상태, 자신 또는 타인을 비난하는 것이 아니라 현실적이고 실현 가능한 목표를 세움으로써 부적절한 정서와 자기 패배적 행동을 최소화하거나 적응적 행동으로 변화시키는 것을 목표로 한다.

① 자동적 사고

자신과 타인, 세상에 대한 부적응적인 인지를 갖게 되면 자동적 사고로 연결된다. 자동적 사고는 주의를 기울이면 알아차릴 수 있는 전의식적인 사고이며 감정과 가장 밀접하게 연관되어 있다. 개인이 어떤 스트레스 사건을 경험하게 되었을 때, 어떤 의미로 받아들이고 해석하는가에 따라 감정과 행동에 영향을 받는다. 부정적으로 인지하게 되면 어떤 사건과 경험을 하더라도 왜곡된 자동적 사고를 만들게 된다.

② 인지적 오류

- 과잉 일반화 : 한두 번 사건에 근거하여 일반적인 결론을 도출한다.
  예) 맞선에서 처음 만난 사람에게 좋은 인상을 받으면 그 사람의 모든 됨됨이도 올바르고 선하다고 판단하는 경우
- 선택적 사고 : 다른 정보는 무시하고 일부 정보들만을 보고 세부적인 근거에 의해 결론을 내리는 것이다.
  예) 필기시험은 우수한 성적이지만 실기시험 결과에 만족하지 못한 사람이 모든 시험을 망쳤다고 판단하는 경우
- 개인화 : 자신과 상관없이 이루어지는 사실을 자신과 연결시켜 생각한다.
  예) 시험을 망쳤기 때문에 친구와 잘못되었다고 판단하는 경우
- 재앙화 : 항상 최악을 생각한다.
  예) 길을 걸어가다 개에게 물렸을 때 곧 광견병이 걸려 죽게 될 것이라고 생각하는 경우
- 이분법적 사고 : 모든 경험을 한두 개 범주로만 이해하고 중간지점 없이 이것 아니면 저것의 흑백논리로 양자택일 사고이다.
  예) 완벽하지 않으면 모두 잘못된 경우라고 판단하는 경우
- 낙인찍기 : 부분적 특성으로 모든 전체를 단정적인 용어로 표현하는 것이다.
  예) 한 차례 지각을 한 학생에게 '지각대장'이라고 이름표를 붙이는 경우이다.
- 긍정격하 : 자신의 긍정적 경험이나 능력을 객관적으로 평가하지 않고 자신의 능력을 낮추거나 부정적 경험으로 전환하는 것을 말한다.

예) 자신의 계획이 성공했더라도 자신의 실력 때문이 아니라 운 때문이라고 돌리는 경우

- **감정적 추리** : 정서적으로 경험한 것이 현실과 진실을 반영한 것으로 간주하여 이를 토대로 자신과 세계 그리고 미래에 대해 잘못되게 추리하는 것이다.

  예) 부적절하다고 자신이 느낌을 받을 때 아무 쓸모 없는 사람이라고 단정함

- **임의적 추론** : 결론에 위배되거나 결론을 지지하는 증거가 없어도 같은 결론을 내리는 경우이다.

  예) 자신이 보낸 메시지에 답변을 안 하면 상대방이 회피하는 것으로 판단하는 경우

- **극대화 또는 극소화** : 어떤 사건이나 한 개인, 경험의 특성 중 한 가지 측면을 실제로 가진 중요성과 무관하게 과대평가하거나 과소평가한다.

  예) 어떤 회사원이 한두 번 지각하면 그 회사원이 게으를 것 같다고 판단하는 경우

③ 스키마(Schema)

스키마는 자동적 사고의 기초가 되는 정보 처리의 기본적인 틀이며 규칙들이다. 스키마는 아동 초기에 형성되기 시작해 다양한 삶의 경험으로 이루어지며 개인의 인간관계에 대한 기본적 신념과 잠재되어 있는 세계관을 포함한다. 클락(Clark)과 동료들이 주장한 세 가지 범주의 스키마는 단순 스키마, 중간신념과 가정, 자신에 대한 핵심 신념이다. 단순 스키마는 환경의 물리적 성질과 일상적 활동에 대한 규칙과 자연의 법칙들로 정신 병리에 영향을 미치지는 않는다. 중간신념과 가정은 자아존중감과 감정조절에 영향을 미치는 것으로 "만약 ~하면, ~할 것이다."와 같은 조건적 규칙들이다. 자신에 대한 핵심 신념은 자아존중감과 관련이 있고 자신의 상황, 정보를 해석하는 데 있어 포괄적이고 절대적 규칙을 적용하는 신념이다.

(3) 치료과정

상담자는 내담자가 가지고 있는 사고 중에 비합리적 신념이 무엇인지 찾도록 도와준다. 그리고 비합리적 신념으로 인해 자신의 정서적 문제와 행동이 지속되고 있음을 보여준다. 그리고 자신의 문제에 대한 대부분의 책임은 자신들에게 있다는 것을 확신시키고 사고와 신념을 객관적으로 파악하고 평가하게 한다. 이 이론을 도식화하면 다음과 같다.

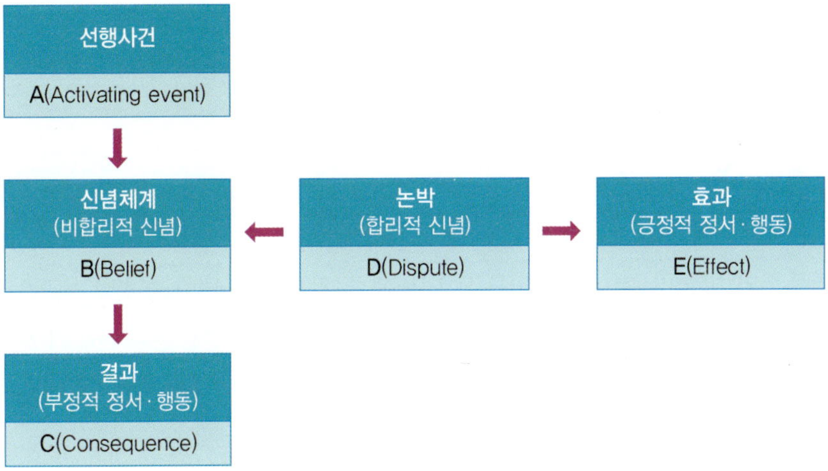

그림 4-4 인지행동치료 과정

출처: Ellis(1994).

(4) 인지행동적 미술치료 적용과 기법

인지행동적 미술치료는 왜곡된 부적응적인 자동적 사고를 인식하고 내담자 스스로 통찰할 수 있도록 돕는 전략적이고 구조화된 인지행동치료를 기반으로 심리적 표현을 경험하는 미술치료를 접목한 것이다. 미술치료에서 인지행동적 접근은 인지가 외부세계와 자극을 조절하는 수단이며 인지는 언어와 관련이 있고 인지와 언어는 미술의 상징성과 관련이 있다는 기본적인 이론을 바탕으로 하고 있다(김수경 외, 2019). 사고나 감정은 미술활동으로 시각화할 수 있다. 미술표현을 통해 내담자의 비합리적 사고와 신념을 인식하고 이해할 수 있도록 도와주며, 비합리적 사고를 수정할 수 있도록 한다.

인지적 미술치료는 콜라주와 색채의 배색 활동을 통해 인지 왜곡을 치료할 수 있다. 인지적 미술치료는 색채의 농담(유채색+흰색)을 혼합해 가면서 계열성 개념을 개발하거나 관찰화를 통한 공간개념의 개발, 찰흙으로 모양 꾸미기를 통한 공간, 순서, 분류의 개념을 발달시켜 창조적 소질을 계발하는 것이다(이은진, 2008). 인지행동적 기법에는 감정 온도계, 감정 파이, 생각 바꾸기 카드, 나의 얼굴 표정 찾기, 비 오는 날 그리기, 부적응적 생각을 버리는 쓰레기통 만들기, 내 마음속 걸림돌 표현하기, 나의 소중한 생각 주머니 만들기 등이 있으며, 인지적 재구조화 과정에 응용할 수 있다(김예슬 외, 2017).

2) 행동주의 미술치료

행동주의 미술치료는 미술치료 시 행동치료 기법을 적용하는 것을 말한다. 행동치료를 적용하는 내담자는 자폐성 아동, 발달이 지체되어 있는 아동과 산만하고 착석을 잘못하며 사물을 집어던지는 등 부적응적인 행동을 보이는 아동과 청소년, 성인들에게 적합하다고 볼 수 있다. 학습이론을 근거로 부적응 행동을 소거하거나 적응행동을 증가하고 형성시키는 것을 목표로 한 심리치료이다.

(1) 인간관

행동치료에서 인간의 행동은 대부분 학습된 것으로 보며 행동은 환경 변인에 의해 결정된다고 본다. 따라서 증상에 대한 잘못된 학습이나 과잉학습 혹은 학습 부족 등으로 인해 발생한다고 주장한다. 행동치료는 행동수정이나 인지행동치료라고도 한다. 행동치료는 다양한 심리치료와 마찬가지로 치료 대상자들의 심리문제를 해결하기 위한 것이나 해결관점에서 전통적인 정신분석치료와는 상반되는 접근 방법이라고 할 수 있다.

(2) 기본개념

행동주의 심리학은 파블로프(Pavlov, 1849~1936)의 고전적 조건형성과 스키너(Skinner, 1904~1990)의 조작적 조건형성 그리고 반두라(Bandura, 1925~2021)의 사회학습 또는 모방학습으로 체계화되었다. 행동치료에서 인간관이 인간의 행동이 학습된 것으로 보며 행동은 환경 변인에 의해 결정된다고 보고 있기 때문에 증상에 대해 잘못된 학습이나 과잉학습 혹은 학습 부족 등으로 인해 발생한다고 주장한다. 과거보다 현재를 중요시하며, 현재의 부적응 행동에 초점을 맞춘다. 행동치료는 개인의 무의식이나 마음 자체를 대상으로 하는 것이 아니라 겉으로 드러나는 행동을 대상으로 한다. 우울감의 심리적 상태가 아니라 우울 반응 등의 구체적인 문제행동에 초점을 맞춘다. 행동치료는 행동을 환경과의 상호 관련으로 보기 때문에 성격 구조의 수정이 아닌 개인이 가지고 있고 수행하고 관찰될 수 있는 그 자체를 변화시키려고 한다.

행동치료에서 치료사의 역할은 내담자를 공감, 신뢰, 수용 등과 같은 내담자중심 치료에서의 관계 형성이 필요하지만 강화를 주거나 처벌하기, 모델로서 역할하기에 중점을 둔다. 치료기법으로는 이완 기법, 체계적 둔감법, 모방, 자기조절 프로그램, 자기 지시적 행동, 행동계약법 등이 있다.

(3) 행동주의 미술치료 적용과 기법

미술치료에서 행동주의 접근은 정신지체, 정서 · 행동장애, 학교 부적응 행동이 있는 아동과 청소년에게 행동치료 기법을 적용한 미술치료를 실시하는 것이다. 언어적 표현이 매우 부족하거나 지적 수준이 낮고 착석이 어려운 아동과 학생들에게 특히 효과적이라고 할 수 있다. 이 기법은 행동치료이론과 미술치료 기법을 결합한 것으로 교육적, 재활적 미술치료라고 할 수 있다.

미술활동 촉진을 위한 기법

① 행동형성법

행동형성(shaping)은 행동치료에서 유용한 기법이다. 새로운 행동을 형성하는 절차인 행동형성은 강화를 통해 점진적으로 목표 행동에 접근시키는 방법으로 미술활동을 촉진시키는 데 주된 기법이다.

② 강화

강화(reinforcement)란 특정한 행동의 발생에 즉각적인 결과가 뒤따르고 결과적으로 행동의 증가를 가져오는 것이다.

③ 촉구법 및 용암

촉구(prompt)는 적절한 시간에 적절한 행동을 하도록 하는 경향성을 증가시키는 데 사용된다. 촉구의 중요성은 행동이 일어날 가능성을 크게 증가시킬 수 있다는 것이다. 촉구의 종류는 시각, 제스처, 언어, 모델링, 부분 신체적, 전체 신체적 촉구가 있다.

용암(fading)은 촉구를 점차적으로 제거하는 것을 용암법이라고 한다. 즉 내담자에게 주어졌던 촉구를 감소하고 제거시켜 바람직한 행동을 할 수 있게 하고 독립심을 키우게 하는 목적이 있다.

이상과 같이 학습된 행동을 다른 생활환경으로 일반화시켜 나가는 것이 행동치료 미술치료에 있어 최종목표라고 할 수 있다.

7. 발달적 미술치료

발달적 접근은 프로이트, 에릭슨, 피아제 등의 발달이론을 기초로 하고 있다. 1977년 처음으로 윌리엄스(Williams)와 우드(Wood)에 의해 '발달적 미술치료'라는 용어를 사용하였다. 발달적 접근은 정상 발달단계에 있지 않은 치료 대상자를 이해하고 조정하기 위한 것으로 정상 발달과정에 초점을 두고 있다. 이런 접근은 정상적인 개인에게도 적용될 수 있으며, 정상 유아, 장애아동, 장애인, 인지적 퇴행이 있는 성인에게 적용할 수 있다(김수경 외, 2021). 발달적 미술치료는 내담자 특성에 따라 매체의 사용능력과 매체 특성에 대한 반응, 구조적 형태와 비구조적인 형태의 사용, 감정 표현능력 등의 정보를 수집한다. 예를 들어, 생활연령은 8세이지만 0~2세 수준에 머물고 있는 내담자라면 감각운동기에 해당되기에 생활연령에 맞추는 것이 아닌 발달단계에 따라 감각운동기에 맞는 미술매체 사용과 활동이 적용되어야 한다.

1) 기본개념

아동은 발달단계에 따라 지적 · 정서적 · 미술적 발달을 이루어 나간다. 치료사는 내담자의 기능 수준을 이해하기 위해 발달단계를 잘 알고 있어야 한다. 또한 치료과정에서 보이는 치료 대상자의 고착과 퇴행의 의미를 이해하기 위해서도 발달단계를 이해하고 있어야 한다.

2) 발달적 미술치료 적용과 기법

인지와 운동 능력은 정상 아동이나 정서장애가 있는 아동에게 발달적 미술치료기법을 적용하면 효과를 거둘 수 있다. 미술치료의 발달적 접근은 인지가 외부세계의 자극을 조절하는 수단이며, 인지와 언어는 미술의 상징성과 관련이 있다는 기본적인 이론을 바탕으로 인지는 창의성과 분리될 수 없고 미술은 사고를 표현하고 받아들이는 유용한 매체이다(정현희, 2018).

미술 활동을 통해 개인의 특성과 상황을 이해하고 발달의 지체가 있는 경우 지체의 정도를 판단하여 발달을 촉진할 수 있는 치료적 접근이 필요하다. 미술을 통해 공간과 수 개념, 분류, 유목화, 계열적 순서 등의 개념을 평가할 수 있고 발달시킬 수 있으며 시지각과 소근육 발달, 뇌성마비, 학습장애 등의 발달과 치료에도 발달적 미술치료가 도움이 된다.

발달적 미술치료는 발달적으로 지체된 내담자들의 욕구를 충족시켜 주기 위해서는 정형적인 미술 매체뿐만 아니라 비정형적인 재료들도 고려해야 하며, 미술치료평가와 치료 접근법은 표현발달의 가장 초기 수준에서 기능하는 내담자에게 적당하다. 따라서 발달적 미술치료는 피아제의 모델을 사용하여 정상발달 아동을 기준으로 출생부터 7세까지의 감각운동기와 전조작기 단계에 초점을 둔다(유지원 외, 2020).

8. 인지학적 미술치료

인지학적 미술치료는 루돌프 슈타이너(Rudolf Steiner, 1861-1925)의 '인지학'에 기초하고 있다. 그는 독일 슈투트가르트(Stuttgart)에 최초로 자유 발도르프 학교를 창시하였고 현재 인지학의 이론 아래 치료교육학과 관련해 독일과 유럽 전역에 영향을 미쳤다. 발도르프 교육과정은 슈타이너가 평생 추구한 인지학에 기초를 두고 있다. 그리스어로 안트로포스(anthropos : 인간)와 소피아(sophia : 지혜)가 합쳐진 말로 인간에 대한 지혜를 의미하고 있다. 인지학(人智學) 치료의 이론적 배경은 슈타이너의 정신과학을 기반으로 한다.

1) 인간관

인지학적 미술치료는 슈타이너의 총체적 인간관에 근거하며 이러한 관점에서 인간을 육체적인 존재와 정신적인 존재 그리고 영적인 존재로 받아들이며 인간의 병을 인식하고 있다. 발도르프 교육은 인식론적, 미적인 원리에 입각하여 대안교육과 전인교육으로 볼 수 있다.

2) 기본개념

슈타이너가 인지학 사상을 기초로 하여 세워진 발도르프 학교는 제1차 세계대전 후에 1919년 9월 7일 루돌프 슈타이너에 의해 설립되었다. 발도르프 교육은 육체, 영혼, 정신 모두 조화를 통해 전인적인 인간 형성을 돕고자 하였다. 슈타이너 교육은 인지학적 세계관으로 명예나 경제적 부를 획득하는 것이 아닌 인간 내면의 잠재된 힘을 길러 세상에 능동적 대처로 자신의 삶을 완성하는 데 의의를 두고 있다.

슈타이너는 교육 예술론(Erziehungskunst)을 주창하고 예술적 측면을 단순하게 교육적인 방법의 사용이 아닌 예술 자체를 교육으로 보고 모든 교육의 근본이 예술이라고 하였다. 발도르프 교육에 대한 예술적인 접근은 단순하게 예술적인 기능과 감수성 개발을 위한 예술교육이나 미적인 경험을 강조하고 있는 미학(美學)교육과는 다른 의미이며, 예술의 행위는 인간 정신세계를 통해 얻은 경험을 현실의 세계로 잇는 가교 역할이라고 하였다.

3) 인지학적 미술치료 적용과 기법

인지학적 미술치료는 오늘날 의사, 임상치료사뿐만 아니라 재활기관, 특수교육, 사회복지교육, 임상기관 등 점점 많이 시도되고 있다. 인지학 미술치료의 기본은 작업의 지침을 주는 것으로 선, 색, 톤, 음향을 가리킨다. 인지학 미술치료에서 치료사가 되는 조건은 자신에 대해 이해하는 것을 배우는 것이다.

인지학 미술 활동은 구체적인 결과물보다 새로운 능력 키우기, 즐거워하며 체험하기, 자신의 능력을 발전시키는 것이 더욱 중요하다. 이러한 것이 바탕이 되어 결과적으로는 치유된 사람, 자신이 원했던 예술 작품이 된다.

치료를 받는 사람은 미술 활동으로 창의적 과정에서 새로운 안정과 자아 동일화를 체험하게 된다. 이것은 미술치료를 통해 자신을 능동적 조형자로 체험하고 유동성과 변화와 자신의 본질을 탐구할 수 있는 경험을 하게 된다는 융(Jung)의 견해와도 같다고 볼 수 있다. 인지학 미술치료는 인간의 세 영역, 즉 영혼과 육체와 정신의 특성에 적합하고 효과적으로 작용하는 치료 형태를 개발하였다. 미술치료 형태는 소묘와 색을 사용하는 그림과 조소 활동으로 분류된다. 소묘는 신체 상부, 즉 두뇌활동에 작용하며, 색은 가슴에, 조소 활동은 신진대사에 작용하는 요소를 지니고 있다.

미술치료사는 내담자를 진단하고 기질과 성격, 생활 상태 등을 참고하여 어떠한 형태의 미술치료가 적합한지를 선택하여 적용해야 한다. 인지학적 미술치료 형태는 치료뿐만 아니라 학교에서도 적용되고 있으며, 발도르프 학교에서의 미술 활동에서도 아래의 기법들이 사용된다. 이러한 점에서 인지학에 기반을 둔 미술치료는 미술교육과 교육적 미술치료의 입장을 중시한다.

인지학적 미술치료에 대해 소묘, 그림, 조소 활동의 기법과 그에 따른 치료 효과를 정리하면 다음과 같다(Mees-Christeller, 2004).

(1) 소묘

선을 이용한 소묘 활동은 인지학적 관점에서 보면 머리 영역에 영향을 끼치는 것으로, 인간의 사고를 외적으로 표현한 생각을 정돈하고 의식화하는 연습을 유도한다. 소묘 활동의 기법과 치료적 효과는 논리적 사고를 하게 되며 감정이 치우치지 않게 된다. 소묘는 다양한 작업 방법들을 적용한다. 이 방법에는 자연과 대상물을 애정으로 수용하는 정밀 소묘, 원칙에 따라 손을 자유롭게 움직이며 그리는 기하 소묘, 네 요소인 대지, 물, 공기, 열의 운동성을 묘사하는 역동 소묘, 장식의 반복, 율동, 대칭 묘사인 형태 소묘, 대각선 형태의 짧은 직선으로 윤곽 없이 층을 주어 명암을 묘사하는 음영 소묘, 명암 변화에서 거의 입체적이며 드라마틱한 장면까지 묘사하는 목탄 소묘가 있다. 기하 소묘의 치료적 관점은 집중력 결여와 신경과민과 스트레스를 가진 사람에게 도움을 준다. 이 기법은 일반적으로 관찰과 집중력, 리듬감과 자연의 순환을 경험하게 한다. 역동적 소묘와 형태 소묘는 언어(말 더듬) 문제와 쓰기 장애, 읽기에 문제(독서 장애)가 있는 사람에게 매우 유익하다. 음영 소묘와 목탄 소묘는 우울증과 경련성과 같은 불안정한 기분 상태에 있는 환자에게 안정감을 준다. 교육적 관점으로 볼 때 소묘는 아동들에게 자연 관찰 및 자연 체험을 더 민감하게 할 뿐만 아니라 자연의 순환과 리듬, 인간과 우주의 조화를 느끼고 의식하게 한다고 볼 수 있다. 인지학적 미술치료 기법에는 포르멘(Formen, 형태 그리기)이 있다. 이러한 기법은 미술치료의 한 방법인 만다라 그리기에도 널리 이용되고 있다.

(2) 그림

현대인이 겪는 많은 질환 중에는 호흡 장애와 심장 장애의 비율이 높다. 오늘날 많은 사람들이 바른 호흡법에 대한 수련을 하거나 그러한 가르침에 점점 깊은 관심을 기울이는 것은, 바로 우리의 내면세계와 외면세계 사이에 균형적, 리듬적 관계를 필요로 한다는 것을 증명할 수 있다.

색을 사용하는 그림은 인간의 정서뿐만 아니라 심장박동과 혈액순환을 순화시키는 역할을 한다. 특히 색의 언어, 색조, 색의 움직임에 대한 명상이나 연습을 통하여 자연스러운 호흡을 배우게 된다. 이러한 맥락에서 색을 통한 그림치료가 인지학적 미술치료에서도 가장 많이 적용되는 것을 이해할 수 있다. 인지학적 그림치료에서는 자연스러운 호흡과 혈액순환을 위한 방법으로 무엇보다 물감을 이용한 그림을 많이 그린다. 색 선택에는 한 색만 사용하거나 여러 색을 사용하는 기법이 있으며, 그림 주제는 비구상적인 것부터 사실적 풍경이나 시나 이야기를 그림으로 그린 삽화 등이 있다. 미술치료 기법에는 젖은 종이에 물감으로 그리기, 마른 종이에 물감으로 그리기(겹쳐 그리기), 색연필로 마른 종이에 그리기(윤곽 없이 섬세하게 표면을 그리기), 파스텔화, 크레파스 혹은 크레용 사용하여 그리기 등이 있다.

이 기법 중에 젖은 종이에 물감으로 그리는 것은 인지학적 미술치료의 대표적 방법이라고도 할 수 있으며, 발도르프 학교의 미술시간에도 즐겨 사용하는 습식 수채화 기법으로 색의 배열과 퍼짐, 우연에 의한 색의 겹침, 같은 색조의 변화 등을 통해 자연의 현상뿐만 아니라 심리적 작용들을 체험한다. 특히 젖은 종이에 그리는 기하 형태 연습은 교육적 수단과 치료적 수단으로서 중요한 역할을 한다. 이러한 형태 그리기의 치료적 효과는 심리적으로 억압상태, 간질증세, 히스테리 증세나 몽상에 빠진 학생과 성인에게 큰 효과를 주며, 대칭 형태의 연습은 감각 장애, 왼손 사용자, 언어 장애, 읽기 장애에 치료 효과를 준다.

슈타이너는 괴테(J. W. Goethe)의 색채론에 영향을 받아 색의 본질과 색에 대한 자아 경험을 넓혀갔으며 색에 대한 수많은 강연들이 『색의 본질(Das Wesen der Farben)』이라는 책으로 편찬되었다. 괴테와 마찬가지로 슈타이너도 색마다 고유한 객관적 특성을 지니며 인간에게 개인적, 정서적 영향을 끼친다고 하였다. 색의 연습은 치료를 필요로 하는 사람들뿐만 아니라 모든 사람에게 적용될 수 있는 명상적 자아 경험이 된다. 인지학적 미술치료에서의 색 연습은 일차색, 이차색, 삼차색으로 나누어 환자의 상태와 병의 진전에 따라 다르게 적용될 수 있다.

(3) 조소

미술치료를 위한 조소 활동에는 점토 작업이 주로 다루어진다. 특히 점토는 아동뿐만 아니라 청소년, 성인, 노인들 모두가 매료되고 쉽게 접근하는 재료이다. 점토는 완전한 무정형인데, 이는 강한 내적 구조나 형상이 없는 것으로 나무나 쇠같이 저항을 내포하고 있지 않다는 것이다. 이는 점토가 아무런 저항 없이 우리의 손 가는 대로 만들어진다. 황토색이나 엷은 회색의 점토는 젖은 상태로 매끄럽고 부드러우며 점성이 많다. 미술치료를 위한 점토 활동의 시작에 점토의 특성을 알고 느끼기 위해 흙덩이를 주무르고 누르고 손가락으로 찔러보고 뜯어보며 서로 붙여 보기도 한다. 또한 눈을 감고 흙을 만져보고 냄새도 맡아보며 맛도 볼 수 있다. 일반적으로 이러한 활동의 도입부는 놀이 형태로 접근하는 경우가 많기 때문에 학교 교육현장에서뿐만 아니라 치료실에서도 참가자들을 쉽게 이완된 상태로 이끌 수 있다. 형태는 물건, 식물, 동물, 사람 형상, 기하 형태 등으로 다양하다. 이러한 활동을 통하여 손의 기능뿐만 아니라 손과 눈의 협응, 움직임의 균형을 얻게 된다. 페촐트(Petzold)는 점토를 마약중독증 청소년의 치료에서 청소년들이 자아 공격 충동을 우회적으로 표현하는 데 사용하였으며 아동의 가족치료에서도 이용하여 가족관계를 파악하고 이해하는 데 적용하였다. 점토 활동의 장점 중 하나는 실패에 대한 두려움을 가지지 않아도 된다는 것이다.

9. 해결중심적 미술치료

1970년 초 드세이저(Steve de Shazer)와 그의 부인인 김인수(Insoo Kim Berg)가 개발한 단기문제해결 모델을 확장시킨 이론이다. 이 모델은 1970년대 가족치료의 새로운 접근방식이 도입되는 분위기 속에서 MRI(Mental Research Institute)의 전략적 가족치료모델을 토대로 성장하였다. 드세이저는 주로 조사연구, 이론형성, 저술 활동에 치중하였고, 김인수는 전략과 접근기술을 발전시키며 저술 활동과 치료자를 위한 교육사업에 헌신하였다.

1) 인간관

해결중심적 상담은 인간에 대해 긍정적인 철학을 가지고 있으며, 인간에 대해 근본적으로 능력 있고 건강하며, 어느 누구든 자신의 문제에 대해 해결할 능력을 가지고 있다는 신념이 있다. 이런 인간의 신념이 해결중심 상담의 중심 철학이다.

이 접근은 내담자 문제의 원인과 증상이 무엇인지 파악하기 위해 심층적으로 탐색하고 분석하는 것이 아니라 내담자의 자원과 강점에 초점을 맞추며 문제를 해결하는 데 집중한다. 또한 내담자의 긍정적이고 효과가 있으며 내담자에게 없는 것보다 있는 것을 강화하고 확대함으로 내담자 스스로 힘을 되찾아 앞으로 나아갈 수 있도록 해결중심적인 목표를 설정해야 한다고 본다. 따라서 다른 상담모델에 비해 내담자의 문제나 원인의 의미와 통찰은 덜 강조되기 때문에 상담기간이 단기로 이루어지는 강점이 있다.

2) 기본개념

(1) 가정과 원리

해결중심 상담의 가정은 긍정적인 측면에 항상 초점을 두고 미래지향적이며, 간단하고 단순한 것부터 시작하도록 이끈다. 내담자의 작은 변화는 생산적이기 때문에 더 큰 변화를 일으킬 수 있는 효과를 가지고 있다고 본다. 또한 더 나은 방향으로 사람들은 변하기를 원하고 있으며, 예외 상황에는 해결점을 제시한다고 보고 있다. 해결중심적 접근을 위한 가정을 기초로 몇 가지 원리를 중요하게 여긴다. 원리는 병리적인 것이 아닌 건강한 측면에 초점을 두고 있고 내담자의 건강한 특성을 발견하고 강점과 자원을 상담에 활용한다. 그리고 탈이론적이며 비규범적이고 내담자의 견해를 중요시한다.

해결중심 상담은 내담자와 자율적 협력을 중요시하며, 함께 해결방안을 구축하게 된다. 내담자의 변화는 항상 일어나고 있기 때문에 긍정적인 방향으로 이끄는 것이 효과적이라고 본다. 또한 내담자는 자신에 대해 가장 많이 알기 때문에 해결책을 생각하고 있고 시도한 경험이 있다고 보며, 변화를 원하고 항상 협조하고 있다고 본다. 치료자가 내담자와 의사소통하는 방법에 따라 내담자의 반응이 달라질 수 있으며 서로 상호작용하며 행동과 인식은 순환적이다. 내담자의 작은 변화는 타인과 상호작용에 파급 효과를 가져온다고 보고 있다.

(2) 해결중심 상담의 기본 규칙

드세이저는 상담을 이끌어 가는 세 가지 기본 원칙을 제시하였다.

첫 번째는 문제가 없으면 손대지 말라. 내담자가 문제 삼지 않는 것은 건드리지 않는다. 두 번째는 효과가 있으면 계속하라. 무엇이 효과가 있는지를 알면 더 많이 하게 그것을 한다. 세 번째는 효과가 없으면 그만두라. 효과가 없으면 다시는 하지 말고, 다른 것을 하게 한다.

(3) 상담자와 내담자의 관계 유형

드세이저와 김인수는 내담자의 상담 동기, 상담에 임하는 자세와 태도, 변화의 의지 등에 따라 상담자와 내담자의 관계 유형을 방문자형, 불평형, 고객형 세 가지로 분류하고, 유형별로 상담전략을 달리할 것을 제안하였다(Berg, 1989; de Shazer, 1988).

해결중심상담은 다른 치료모델과 다르게 상담자와 내담자가 협동적 관계이어야 함을 강조하고 있다. 그러므로 상담자는 초기 면접 과정에서 내담자와 인사하고 상담 과정 설명과 내담자의 성공 경험과 강점, 자원, 상담 동기, 원하는 것이 무엇인지 파악하는 것은 치료적인 관계 형성을 위해 매우 중요하다. 해결중심상담은 내담자의 상담 동기, 특성, 욕구, 상담자와 상호작용 등으로 상담자와 관계를 세 가지로 나누었는데, 방문형, 불평형, 고객형이다. 이 관계유형에 따라 상담 진행 과정과 과제의 내용을 각각 다르게 해야 한다.

상담자와 내담자 관계의 세 가지 구체적 유형은 다음과 같다(정문자 외, 2012).

① **방문형** : 제3자에 의해 의뢰된 경우로 가장 일반적이며, 문제에 대해 어떤 특별한 불평이나 도움이 필요한 문제에 대해 언급이 없다. 그러므로 이런 내담자는 치료자와 작업할 것이 아무것도 없다는 입장을 보일 수 있다. 그러나 치료자는 방문형 내담자가 '예측할 수 있는' 변화의 과정의 단계에 있다고 생각할 수 있다(QUICK, 1996). 그러므로 이들은 집에 온 손님을 대하듯 정중히 대하며 치료에 참석한 것에 감사하고 다음에 올 것을 요청한다.

② **불평형** : 이 유형은 문제를 인식하기도 하고 서술하지만 상황변화를 위해 어떤 것도 하지 않고 그렇게 할 의향이 없다. 그러므로 예외도 없고 목표 설정도 어려운 경우가 많다. 비록 예외가 있어도 내담자는 그 일을 대수롭지 않게 생각한다. 이런 내담자는 자신의 문제에 심각성을 아주 자세하게 묘사하며, 다른 사람들과 조직과 같은 외부 원인 때문에 문제가 생긴 것으로 믿고 있다. 또한 자신이 문제 발생에 어떤 역할도 하고 있다고 생각하지 못하고 문제해결을 위해 능력도 자신에게 없다고 생각하며 무기력하게 느낀다. 문제 때문에 고통받지만 해결책에는 수동적이고 불분명한 반응을 보이며, 불평하고 문제 중심의 대화를 하는 것이 특징적이다.

③ **고객형** : 이 유형은 치료자와 내담자가 공동으로 문제의 정의를 내린 상태에서 이미 변화에 효과적인 뭔가를 하고자 하는 의지를 갖고 있다. 내담자

가 자신을 해결책의 일부로 지각하고 노력할 마음이 있기 때문에 이들에게는 행동과제를 줄 수 있다. 만약 기적이 일어난 상황을 묘사하고 아주 작은 기적이 일어났다면, 이런 행동을 계속하거나 이와 유사한 것을 좀 더 많이 하도록 하는 과제를 줄 수 있다. 그러나 기적이 일어난 징후가 없다면 '가상' 혹은 '일어난 것처럼 행동하기'의 과제를 줄 수 있다. 이때 내담자에게 기적을 명확히 묘사한 것에 대해 칭찬을 잊지 말아야 한다. 이 관계 유형은 자발적으로 문제해결을 위해 도움을 요청하는 경우이며, 상담 동기가 높기 때문에 쉽게 협력적 관계로 발전할 수 있다.

모든 관계가 세 가지 유형 중 하나에 분명히 포함되지 않을 수 있다. 면접 과정에서 방문형에서 불평형, 방문형에서 고객형으로도 바뀔 수 있다. 부모와 자녀가 함께 오면 방문형일 수도 있고 불평형일 수도 있다. 그러므로 유형의 판단이 확실하지 않으면 신중하게 접근하고 관찰팀과 상의하는 것이 도움이 될 것이다.

3) 치료자 역할 및 치료기법

(1) 치료자 역할

치료자 역할은 내담자가 지니고 있는 힘과 자원을 개발하고 문제해결을 할 수 있도록 역할을 한다. 또한 내담자의 의견을 존중하며 목표를 함께 세우고, 해결책을 구상하여 실행하는 것이다. 그 결과 내담자는 희망과 자신감을 가지게 되며 강점과 성공한 경험에 초점을 맞추게 되므로 사고 전환과 행동의 변화가 나타날 것이다.

(2) 치료기법

해결중심상담 치료기법에서 질문기법과 메시지 전달기법이 있다. 질문기법으로 변화와 해결로 이끄는 질문을 하는 것이다. 해결중심 가족치료에서 질문기법은 치료자와 내담자, 가족관계에서 대화로 문제에 대한 지각과 성공의 경험, 해결의 노력, 자원과 잠재력 등을 새로운 방향으로 인식할 수 있도록 영향을 주므로 해결방법을 발견할 수 있도록 돕는 핵심 기법이다. 변화와 해결할 수 있도록 이끌 수 있는 질문은 상담 전 변화에 관한 질문과 기적 질문 그리고 예외 발견 질문, 척도 질문, 대처 질문, 관계성 질문 등이 있다.

가. 상담 전 변화에 관한 질문(presession change question)

이 질문은 해결중심상담의 가정과 원리인 내담자에게서 계속적으로 변화가 일어난다는 것을 전제하고 "내담자가 상담을 예약한 후 현재 이곳에 오기까지 달라진 것이 무엇인가요?"라고 질문하는 것이다. 이 질문에 상당수의 내담자는 문제에 대해 해결하려고 노력해 본 경험을 말한다. 만일 내담자가 변화가 없다고 말하는 경우에는 상담목표를 찾기 위해 "오늘 여기 와서 무엇이 변화하기를 바라십니까?"라고 질문한다.

나. 기적 질문(miracle question)

이 질문은 "오늘 밤 당신이 잠자는 동안에 기적이 일어나 모든 문제가 해결되었다고 상상해 보십시오. 그런데 당신은 잠자는 동안에 일어난 일이라서 이런 기적을 모르겠지요. 내일 아침에 눈을 떴을 때 무엇을 보면 어젯밤에 기적이 일어나 모든 문제가 해결되었다는 것을 알 수 있을까요? 처음 무엇을 보면 기적이 일어났는지를 알 수 있을까요?"라고 묻는다. 이때의 질문은 긍정적인 대답을 할 수 있도록 내담자에게 유도하는 것이 중요하고 내담자 스스로가 기적을 구체적으로 현실화하기 위해 새로운 행동을 해야 한다는 것을 암시해야 한다. 이 질문은 문제가 해결되었다는 것을 상상하며 원하는 것이 무엇인지 스스로 설명하여 구체적으로 해결책을 명료화하기 위한 것이다. 이 질문으로 내담자는 문제와 떨어져 상상하므로 문제의 중심으로부터 벗어나서 변화의 가능성에 대해 희망을 갖게 되는 경험을 하게 되어 상담 목표를 같이 정하는 데 도움이 된다.

다. 예외 발견 질문(exception-finding question)

대부분의 내담자는 문제에 대해 심각하게 생각하고 여러 측면에서 이미 해결책을 시도하고 성공적 경험을 하며 강점과 자원을 갖고 있다는 것을 발견할 수 있다. 내담자는 이것을 인식하지 못해 문제만 강조하고 보는 경향이 있다. 상담자는 '어떤 문제도 예외는 있다.'는 것을 믿으며 예외 발견 질문으로 문제가 일어나지 않은 것을 찾아냄으로 해결책을 모색하는 데 관심을 집중하도록 돕는 데 효과적이다. 이로써 우연히 발생한 예외 상황과 그 구체적인 방법이 밝혀지고 자원을 이용하여 이를 의도적으로 계속하도록 격려하면 내담자와 가족의 문제해결에 대한 자신감이 강화되어 그 결과 성공 경험이 확대되고 의도적으로 바람직한 행동을 하게 되어 성공은 현실화될 수 있을 것이다(정문자 외, 2012). 예를 들어, "최근에 문제가 일어나지 않은 때는 언제였습니까?" 또는 "바람직한 행동을 언제 하는가요?", "문제가 어떻게 하면 발생하지 않나요?"라고 질문을 한다. 최악의 상황에서는 "문제가 덜 심각하고 문제빈도나 기간이 짧았던 때는 언제였나요? 그때는 어떻게 해서 그렇게 되었나요?"라고 질문한다.

라. 척도 질문(scale question)

척도 질문은 내담자가 문제에 관해 모호하고 추상적으로 설명하며, 생각과 감정의 변화에 관해 표현하는 것을 어려워할 때 척도 질문이 이런 것들에 관해 좀 더 명확하고 현실적으로 설명할 수 있도록 구체화시킬 때 숫자로 표현하여 평가하는 질문이다. 척도 질문을 함으로 현재 상태와 변화의 가능성, 해결방안을 모색하는 데 도움이 되는 정보를 얻을 수 있다. 예를 들면, "1점에서 10점까지의 척도에서 1은 가장 문제가 심각한 때이고 10은 문제가 모두 해결된 점수라면 지금 몇 점입니까?", "5점에서 6점으로 올라가려면 무엇을 해야 한다고 생각하나요?", "5점에서 6점으로 되면 무엇이 달라질 수 있을까요?"라고 질문한다.

마. 대처 질문(coping question)

만성적 어려움과 예외적 상황을 발견하기 어렵고 절망적인 상황으로 희망이 없다고 말하는 내담자에게 주로 사용하는 기법이다. 이 질문은 막연한 희망이나 위로의 말보다 작더라도 대처방법을 가지고 노력하고 있음을 깨닫게 하기 위해 사용하는 질문이다. 희망이 없는 것 같은 상황에서 어떻게 어려움을 견디고 관리했는가에 초점을 맞춰 내담자가 자신의 의지와 노력, 자원 발견과 성공 경험, 강점을 발견할 수 있도록 한다. 그리고 위기를 견디며 더욱 나빠지지 않도록 한 것을 강조해 이것을 문제해결을 위해 확대하고 활용하는 근거로 사용해야 한다. 예를 들면, "매우 어려운 상황인데 지금까지 어떻게 견딜 수 있었지요?", "어떻게 해서 상황이 더 나빠지지 않고 버틸 수 있었지요?"라고 질문한다.

바. 관계성 질문(relationship question)

관계성 질문은 다른 사람의 의견과 생각, 가치관 등과 관련해 생각하고 이해하도록 돕는 것이며, 내담자와 중요한 관계에 있는 사람들에 관하여 질문한다. 이 질문으로 내담자가 다른 가족원의 생각과 의견 그리고 가치관과 반응을 관찰하도록 하며 다른 가족원의 입장이 되어 자신의 행동을 보도록 하고, 가족관계에서 자기 위치와 역할을 의식하도록 한다. 이 질문의 특성은 상담 현장에 참석하지 않은 사람의 생각과 의견, 가치관, 반응 등에 관해 질문함으로 자기중심적 생각에서 벗어나 가족관계 속에서 문제를 생각하고 좀 더 현실적이고 객관적으로 판단하도록 돕는 것이다. 관계성 질문은 예외질문, 기적질문, 척도질문 등과 병행하여 사용하는 경우가 많다. 예를 들면, "지금 아이의 아버지가 지금 여기 앉아 계신다고 하고 제가 아이 문제가 해결되면 무엇이 달라지겠냐고 묻는다면 뭐라고 하실까요?", "친정어머니가 여기 계신다면 따님이 어떻게 하는 것이 문제해결에 도움이 된다고 말씀하실까요?"라고 질문한다.

해결중심상담에서 치료기법 중 두 번째는 메시지 전달기법이다. 해결중심 치료에서는 상담 회기마다 종료하기 전에 내담자에게 메시지를 준다는 것에 중요한 의미를 부여하며, 필수적 과정으로 여긴다. 내담자에 대해 상담자의 피드백과 과제를 전달하는 성격의 메시지 전달은 세 부분으로 구성되며, 칭찬(compliment), 연결문(bridge), 과제(task)이다.

★ 칭찬

칭찬은 진술된 목적이나 문제해결 과정을 중심으로 치료자가 내담자에게 찬사와 지지를 보내는 것이다. 칭찬을 하는 기본 목적은 내담자가 하고 있는 것을 강화시켜 문제해결을 촉진하는 것이다. 추상적인 것이 아닌 면담 과정에서 드러난 구체적인 것을 말할 때 더욱 효과적이다. 칭찬으로 내담자의 자존감 향상과 상담자의 의견을 협력적으로 받아들이게 한다. 내담자가 성공적으로 생각하는 것, 중요하다고 생각하는 것, 이런 경험을 통해 나타나는 내담자의 강점을 강조한다. 내담자의 관계 유형과 상관 없이 모든 예에 사용된다.

★ 연결문

연결문은 칭찬과 제안 그리고 과제를 연결해 주는 메시지의 한 부분으로 이것은 칭찬과 같이 치료자 제안과 내담자에게 의미 있게 느껴져야만 수용될 수 있을 것이다. 칭찬 다음에 제안과 과제와 연결하는 것으로 상담자가 제안하게 된 근거를 제공한다.

- 나는 당신이 말하는 (　　)에 동감하고 있습니다. (　　)가 일생 동안 그러한 느낌으로 살아간다면 (　　)나 가족들에게도 좋지 않을 것입니다. 그렇기 때문에 저는 (　　)을 제안하고자 합니다.

★ 과제 부여

내담자에게 주는 과제로 예외가 있지만 해결중심적 작업에는 대개 과제를 준다. 상담자는 매회 면담이 끝나면 내담자에게 해결중심적인 관점과 긍정적 지원을 더욱 촉진시킬 수 있도록 과제를 준다. 과제는 내담자가 구성한 목표와 일치하도록 하고 과제를 주기 위해 상담자와 내담자는 믿음과 신뢰의 관계가 되어야 한다. 과제는 내담자와 상담자 간의 관계 유형에 따라 달라질 수 있다.

4) 해결중심적 미술치료 적용과 기법

해결중심적 미술치료는 내담자의 변화를 추구하는 해결책을 찾음으로 동기와 욕구를 찾는 데 유용하며 단기간 진행하는 미술치료에 매우 유용하다고 볼 수 있다. 미술 활동을 통해 내담자의 문제가 투사될 때 내담자는 삶을 관찰하고 더 나은 결과를 다시 만들 수 있을 것이다. 해결중심 미술치료에서 치료사는 내담자에게 자유롭게 매체를 선택하게 하며 시각적 표현을 촉진하여 주제와 의미를 선택하는 과정에서 치료사와 내담자는 탐색할 관점과 치료 방향을 세운다. 내담자의 작품에서 문제나 병리를 찾지 않으며, 미술작품의 내용과 내담자의 반응을 분리 해석하지 않고 정해진 특정 결과를 지시하지 않는다.

해결중심적 미술치료는 치료사가 내담자를 자신의 문제에 대해 해결방법을 가지고 있는 존재로 간주하고 미술치료 과정에서 문제 상황과 부정적 시각을 창조적으로 소거하고 재해석할 수 있도록 한다. 내담자의 문제를 미술 활동을 통해 시각화함으로 문제에서 분리하여 새로운 관점과 해결책을 발견할 수 있는 기회를 제공한다. 해결중심적 미술치료기법으로는 기적이 일어난다면, 미래에서 온 편지, 나의 책 등이 있다.

MEMO

5
CHAPTER

미술치료 진행 과정

1. 미술치료의 과정
2. 미술치료의 단계

Chapter 5

미술치료 진행 과정

1. 미술치료의 과정

내담자를 면담하고 심리검사를 한 후 심리상태와 욕구에 따라 치료목표를 정하게 된다. 치료목표가 정해진 후 목표를 달성하기 위해 계획을 세우고 프로그램을 구성하게 된다.

미술치료사는 미술치료 목표와 프로그램 구성에 대해 내담자와 면담하고 치료계획과 치료 방법을 결정하여 상담을 진행해야 한다. 미술치료사가 직접 미술치료를 진행할 수 있지만 내담자의 문제가 심리문제 외에 경제적, 환경적 문제일 경우는 지역사회 전문기관에 의뢰할 수 있도록 안내해야 한다. 내담자의 심리상태와 환경에 따라 개인상담, 집단상담, 가족치료 상담을 진행할 수 있다. 또한 내담자가 미성년자일 경우에는 보호자와 내담자의 면담을 통해 계획과 치료목표에 대한 동의하에 목표와 프로그램을 구성해야 한다. 동의가 이루어진 후 상담과정에 대한 비밀보장과 윤리적인 문제에 대한 설명과 동의서를 받고 상담과정의 구조화가 이루어져야 한다. 상담 시간과 횟수, 상담료, 치료 기간에 대해 정하고 상담 시간을 지켜야 함을 설명하고 강조해야 한다. 상담료의 지불에 대한 설명과 함께 상담 시간 취소, 종결 등에 관하여 설명해야 한다. 내담자는 치료목적과 목표에 따라 세 가지로 분류할 수 있다.

1) 대상

(1) 자아 통찰과 성장을 위한 대상

자아 통찰과 성장을 위한 대상은 개인상담과 집단상담에서 미술작업을 하고 내담자 자신뿐 아니라 집단구성원들과의 만남과 활동을 하며 자신의 모습과 대면하게 되고 타인을 이해하고 공감하며 수용하는 과정을 통해 통찰과 자아가 성장하는 것을 목적으로 한다. 특히 아동과 청소년들은 창의성을 계발하고 잠재력과 대인관계 향상을 위한 미술치료가 이 집단에 속한다.

(2) 예방적 대상

정신건강의 예방적 차원에서 모든 내담자가 대상이 될 수 있다. 내담자 개인뿐 아니라 집단상담에서 내담자와 부모, 보호자, 학생, 회사, 기업 등 모두 정신건강의 예방적 차원에서 미술치료를 실시할 수 있다. 예방적 차원에서 미술치료는 잠재되어 있는 심리적 문제와 병을 예방할 수 있다. 예방적 대상에 속하는 대상자는 가정과 학교, 친구, 대인관계에서 오는 스트레스와 심리적으로 불안과 우울, 고통, 분노, 슬픔, 혼란과 이유 없는 짜증과 불만이 있어 안정과 표출이 필요한 대상이 여기에 해당한다. 또한 대인관계 형성과 어려움을 겪고 있는 사람도 예방적 미술치료가 필요하다고 할 수 있다.

(3) 치료적 대상

치료적 대상은 가정과 학교, 사회생활과 대인관계에서 일상생활을 하기 어려운 내담자로 병원에서 진단을 받았거나 그러한 증세를 가지고 있는 내담자이다.

장애아동이나 정서행동 장애, 조현병, 성폭력, 우울증, 강박증, 대인기피증, 학대아동과 청소년, 약물중독(알코올, 약물) 등이 해당된다.

2) 미술치료 계획 설정

미술치료 프로그램을 구성하기 위해 내담자의 심리적, 정서적, 정신적, 신체적, 사회적인 요인을 총체적으로 고찰하고 미술치료 프로그램을 구성해야 한다. 적절한 미술치료 프로그램을 구성하기 위해서 살펴보아야 하는 기본적인 요인은 다음과 같다(Aissen-Crewett, 1989, Domma, 1990).

(1) 대상은 누구인가?
어떠한 징후가 있는가?

(2) 무엇이 필요한가?
미술치료 특성 및 검사기법 적용 가능성

(3) 내담자는 어떤 상태인가?
내담자 욕구, 조형적 능력, 상담자와 신뢰 관계 능력

(4) 내담자를 어디로 안내할 것인가?
미술치료의 목적 및 목표, 미술 활동 내용의 선택

(5) 내담자를 어떻게 안내할 것인가?
진행 방법, 시간, 회기 기간, 개입 형태, 미술 활동의 방법, 재료의 사용 등

(6) 내담자가 무엇을 성취했는가?
미술 활동의 결과점검, 초기 상태와 비교분석

(7) 내담자가 상담자의 계획 목표에 도달하였는가?
미술치료 평가, 종료 또는 새로운 계획 수립(필요한 것)

이러한 방법으로 구성된 미술치료 프로그램을 장기적 모델과 단기적 모델로 세분화하여 임상적인 미술치료 방법을 세밀하게 구상하고 내담자에게 접근하여 미술 활동을 한다. 미술치료 실시 절차를 정리하면 [그림 5-1]과 같다.

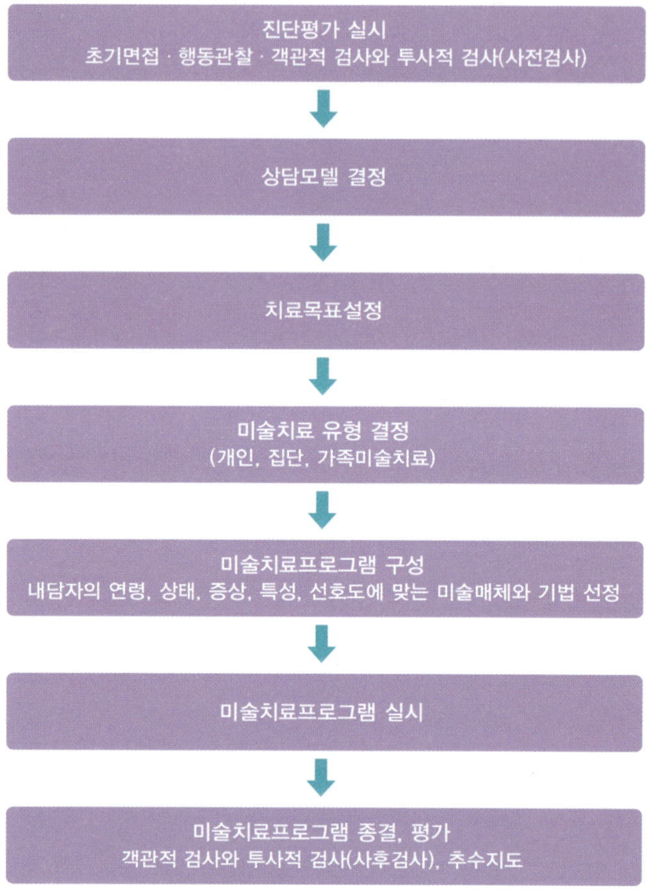

그림 5-1 미술치료 실시 절차

이처럼 미술치료사가 초기에 개인과 집단을 위해 미술치료 실시 계획을 세우는 것은 효과적으로 진행하기 위한 필수적 조건이다. 또한 미술치료의 과정을 기록하고 평가를 하는 것은 내담자 상태를 정확하게 알게 하고, 다음 단계에 대한 계획을 세우기 위한 귀중한 자료가 된다.

미술치료는 치료사와 내담자가 함께 문제를 해결하기 위해 목표를 향해 가는 길이라고 할 수 있다. 이러한 길을 함께 하기 위해서는 상담자와 내담자가 회기마다 치료를 위해 함께 노력해야 하며, 상황에 따라서 의식적 결정을 해야 한다.

치료사와 내담자는 회기마다 항상 지금-여기(here and now)의 상황을 직면해야 한다. 치료사는 이러한 목적으로 향하는 길에서 전체적 맥락을 놓치면 안 된다.

2. 미술치료의 단계

미술치료 과정은 전문가마다 다르게 제시하고 있으나 개인미술치료와 집단미술치료는 일반적으로 초기, 중기, 후기의 세 단계로 나눌 수 있으며, 다음은 각 단계에 대해 제시하였다(정여주, 2023).

1) 초기단계

미술치료 초기단계는 미술치료에 대한 전체적 과정을 풀어나가는 첫 단계이므로 미술치료사는 가능한 내담자의 정보를 세밀하게 파악해야 한다. 내담자의 태도와 대화, 얼굴 표정 등을 관찰하고 점검해야 한다.

초기 면접을 통해 미술치료가 이루어질 때 대상은 아동과 청소년, 성인으로 구분할 수 있다. 첫 면담(intake)에는 내담자의 정보를 자세하게 파악해야 한다. 내담자의 인적사항과, 주 호소문제, 증상, 가족관계 등을 나눈다. 학교에서 면접이 이루어질 때는 교사와 보호자의 요청에 의해 상담이 이루어지는 경우가 많으므로 의뢰된 내담자의 평소 학교생활, 대인관계, 가족관계 등의 정보를 파악하면 상담하는 데 도움이 될 것이다. 이때 동적 학교 그림 검사(KSD)를 그려 치료사와 내담자가 함께 이야기를 나누는 것이 좋다. 주의해야 할 점은 치료사가 내담자에 대한 정보로 선입관을 갖지 않고 상담을 해야 한다.

초기 상담 후 내담자의 욕구와 심리상태에 따라 개인상담, 집단상담, 가족상담으로 진행할 것인지 결정한다. 초기 상담 시에는 내담자의 심리상태를 진단하기 위해 객관적 검사와 그림 진단을 실시한다. 그림진단은 HTP, K-HTP, KSD, KFD 등을 실시한다. 초기 상담에서는 치료사와 내담자의 라포형성이 매우 중요하다. 상담관계가 이루어지면 내담자는 상담자와 힘겨루기를 통해 자신을 인격적으로 존중하고 믿어주는가를 확인하고 시험하려고 한다. 따라서 초기에는 핵심적이고 심리적인 갈등을 해석하거나 다루는 것을 피하는 것이 좋다.

라포형성을 위해 미술치료사는 친절하고 밝은 표정으로 내담자를 맞이하고 수용과 공감하는 태도로 상담에 임하여 치료사가 도와줄 능력이 있는 전문가로 보여야 한다. 초기 상담에서 미술치료사는 내담자와 라포형성으로 치료적 동맹이 이루어져야 하며, 내담자에게 동기유발이 되도록 다양한 시도를 하는 것이 요구된다. 이러한 과정을 통해 신뢰가 형성되면, 미술 활동에 대한 구체적 방향을 잡고 다음 단계로 들어갈 수 있다.

2) 중기단계

미술치료는 내담자 개인마다 다음 단계로 가는 정도가 다르므로 중기단계를 정확하게 제시하는 것은 어렵다. 그러나 일반적으로 미술치료사와 내담자가 신뢰적 관계를 형성하고 구체적 미술 활동에 들어가는 시기를 중기단계로 본다. 이 시기는 자신의 문제를 수용하여 전문가로서 치료사를 인정하며, 자신을 위해 치료사가 진지하게 노력하고 있다는 것을 받아들이고 자신의 문제를 해결하고자 하는 적극성을 보인다. 이 시기에 미술치료사와 내담자는 협력하여 문제를 다루게 된다. 그러나 내담자는 이 단계에서 심리 · 정신적 동요를 보이기도 하는데, 미술치료사는 내담자가 견뎌낼 수 있도록 격려와 지지를 줘야 한다. 이때 치료사는 내담자에게 변함없는 관심과 배려를 전해야 하며, 전폭적으로 수용하고 이해해야 한다. 중기단계는 일반적으로 치료사의 계획과 의도보다 내담자가 활동을 주도해 나간다. 따라서 치료사는 자신이 계획한 내용들을 포기하고 내담자 중심의 치료가 이루어지도록 해야 한다. 이러한 신뢰관계와 내담자의 주도성을 인정해 주는 분위기로 인해 미술치료사와 내담자 간의 대화가 많이 이루어지기도 한다. 또한 이 시기에는 내담자가 재료와 기법을 다양하게 선택하게 하고, 주제를 스스로 변형할 수 있도록 해야 한다.

이 단계는 내담자가 자신의 한계를 이해하고 수용할 수 있는 시기이다. 내담자는 자신에 대한 의식이 확장되면서 자신의 고통을 극복할 힘이 생긴다. 이러한 결과로 내담자는 더 이상 수동적으로 고통받는 존재가 아닌 자신의 문제와 고통을 딛고 바로 서는 힘을 얻게 된다.

3) 후기단계

후기단계는 미술치료사가 치료목표로 세운 목표들이 이루어지는 시기이다. 무엇보다 미술치료사와 내담자는 이 시기에 미술치료 종료가 다가오고 있다는 것을 의식한다. 내담자는 이 단계에서 자신보다 사회적, 실제적인 면에 관심을 나타내며 적응 능력을 보인다. 또한 자신에게 '나는 무엇을 해야 하나?'라는 물음을 던지며 '나는 누구인가?'라는 질문을 제시하고 삶을 스스로 책임질 수 있는 변화의 시기로 새로운 국면을 맞이한다.

내담자는 자신의 미술작업을 객관적으로 평가와 비판할 수 있을 뿐만 아니라 지금까지와는 다르게 새로운 의사소통의 단계를 맞이한다. 즉 자신의 내 · 외적 존재와 자연스러운 관계를 맺고 타인과의 환경에 대해서 능동적인 관계를 시도한다. 미술치료사는 무엇보다 내담자가 현실 세계에 잘 적응하고 극복하도록 배려해야 한다. 내담자는 치료의 종료를 두려워하게 되는데, 이는 현실 세계에서 독립적으로 되는 것과 치료사와의 관계에 대한 불안이 아직 잠재되어 있기 때문이다. 이러한 점을 감안하여 미술치료사는 미술치료를 종결하기 위해서 치료 횟수를 점차 줄이는 방법과 종료하는 시기를 미리 알려주는 것도 좋다. 또한 미술치료 종료 후에도 내담자와 전화 통화 혹은 메일을 주고받으며 치료종료 후에 겪을 수 있는 일상생활을 간접적으로 도와줄 수 있다.

■ 상담 동의서

본 인	성 명		생년월일	
	전 화		휴 대 폰	
보호자	성 명		관 계	
	집전화		휴 대 폰	

상담 내역	프로그램	
	상담 기간	년 월 일 ~ 년 월 일
	상담 시간	주 회 / 매주 요일 시 분
	상담 비용	회기당 원 월 원
	납부일	매월 일까지 (선불제)

1. 상담진행은 1회기 50분으로 진행되고 30분 이상 추가 진행에 대해 상담회기에 1회기가 지급됩니다.
2. 상담일정 변경과 취소는 예약된 상담시간 24시간 이전에 연락을 주시면 가능합니다. 24시간 이전에 연락을 주시지 않으면 1회기 상담을 진행한 것으로 간주하며 상담회기에서 차감됩니다.
3. 상담진행 2회기까지는 일부 남은 회기 금액 환불이 가능하며, 2회기 이후 회기는 상담료의 50%만 환불됩니다.
4. 윤리 : 상담자로서의 제반 윤리규정 준수, 상담내용에 관한 비밀보장(예외 : 내담자 본인 성명, 타인의 생명에 위험을 줄 수 있는 상태에 있다고 판단되는 경우, 학대 및 성폭력 등 중대한 범죄의 경우, 치명적인 감염성 질병이 있다는 정보를 확실하게 갖게 된 경우, 법적으로 정보 공개가 요구되는 경우)
5. 내담자 :
   - 상담자를 신뢰하고 상담과정에 변화를 위해 성실하게 준수할 것을 약속합니다.
   - 센터에 누가 되는 행동을 하지 않는다.
   - 상담 기간 중에 자살행동을 시도하지 않을 것이며 이에 따른 책임은 상담자나 센터에 있지 않음을 밝힙니다.

본인 ( )는 위 내용과 같이 상담을 성실히
진행 및 참여할 것을 약속하며 이에 동의서를 제출합니다.

20 . . .

본 인 : (인)

보호자 : (인)

미술치료사 : (인)

원 장 : (인)

■ 초기 면접 기록지(INTAKE, 아동)

면접자 : * 접수 날짜 : 년 월 일

<table>
<tr><td>이름</td><td></td><td>나이</td><td></td><td>성별</td><td>남, 여</td><td>기타</td><td></td></tr>
<tr><td>연락처</td><td colspan="4"></td><td rowspan="2">생년
월일</td><td colspan="2" rowspan="2">년 월 일</td></tr>
<tr><td>보호자
연락처</td><td colspan="4"></td></tr>
<tr><td>상담경험</td><td colspan="7">유 / 무</td></tr>
<tr><td>의뢰
경위</td><td colspan="7"></td></tr>
<tr><td rowspan="2">진단여부</td><td colspan="2">년 월 일</td><td rowspan="2">증상</td><td colspan="4" rowspan="2"></td></tr>
<tr><td colspan="2">진단명:</td></tr>
<tr><td rowspan="7">가 족

관 계</td><td>이름</td><td>관계</td><td>연령</td><td>학력</td><td>동거
여부</td><td colspan="2">기타사항</td></tr>
<tr><td></td><td></td><td></td><td></td><td></td><td colspan="2" rowspan="6">방문경로 :
인터넷, 지인, 기타</td></tr>
<tr><td></td><td></td><td></td><td></td><td></td></tr>
<tr><td></td><td></td><td></td><td></td><td></td></tr>
<tr><td></td><td></td><td></td><td></td><td></td></tr>
<tr><td></td><td></td><td></td><td></td><td></td></tr>
<tr><td></td><td></td><td></td><td></td><td></td></tr>
<tr><td>주호소

문제</td><td colspan="7"></td></tr>
<tr><td>내담자
특징</td><td colspan="7"></td></tr>
<tr><td>상담내용</td><td colspan="7"></td></tr>
<tr><td>다음
예약날짜</td><td colspan="7">20 년 월 일 요일</td></tr>
<tr><td>상담자
성명</td><td colspan="7"></td></tr>
</table>

■ 초기 면접 기록지(INTAKE, 성인)

면접자 : * 접수날짜 : 년 월 일

<table>
<tr><td>이름</td><td></td><td>나이</td><td></td><td>성별</td><td>남, 여</td><td>기타</td><td></td></tr>
<tr><td>연락처</td><td colspan="4"></td><td>생년
월일</td><td colspan="2">년 월 일</td></tr>
<tr><td>상담경험</td><td colspan="7">유 / 무</td></tr>
<tr><td>의뢰
경위</td><td colspan="7"></td></tr>
<tr><td rowspan="2">진단여부</td><td colspan="2">년 월 일</td><td rowspan="2">증상</td><td rowspan="2" colspan="4"></td></tr>
<tr><td colspan="2">진단명:</td></tr>
<tr><td rowspan="7">가 족

관 계</td><td>이름</td><td>관계</td><td>연령</td><td>학력</td><td>동거
여부</td><td colspan="2">기타사항</td></tr>
<tr><td></td><td></td><td></td><td></td><td></td><td rowspan="6" colspan="2"></td></tr>
<tr><td></td><td></td><td></td><td></td><td></td></tr>
<tr><td></td><td></td><td></td><td></td><td></td></tr>
<tr><td></td><td></td><td></td><td></td><td></td></tr>
<tr><td></td><td></td><td></td><td></td><td></td></tr>
<tr><td></td><td></td><td></td><td></td><td></td></tr>
<tr><td>주호소

문제</td><td colspan="7"></td></tr>
<tr><td>내담자
특징</td><td colspan="7"></td></tr>
<tr><td>상담내용</td><td colspan="7"></td></tr>
<tr><td>다음예약
날짜</td><td colspan="7">20 년 월 일 요일</td></tr>
<tr><td>상담사
성명</td><td colspan="7"></td></tr>
</table>

개인미술치료일지					
내담자		회기		장소	
일 시	20 년 월 일			시간	
목 표					
주 제					
참석자					
1. 상담내용 : 작품사진 주제 :					
2. 회기 평가					
3. 치료사 개입 전략 및 소견					
4. 부모상담					
5. 특이사항 및 다음 회기 계획					

집단미술치료일지

치료사		회기		장소	
일 시	20 년 월 일			시간	
목 표					
활 동					
참석자					
활동내용					
전 반 적 관찰사항					

개 인 별 관찰사항	이름	작품사진	관찰 및 평가

치료사 소 견	
특이사항 및 다음 회기 계획	

사례관리

1. 상담사

2. 상담일시

3. 내담자

4. 내담자 인적사항

5. 의뢰 경위 및 상담배경

6. 내담자 발달사(가족관계, 가계도, 생태도)

7. 내담자 주 호소문제

8. 내담자 행동관찰

9. 치료자가 본 내담자의 문제(사례개념화)

10. 치료목표 및 전략

11. 심리검사 결과 및 해석

12. 치료진행(회기별 프로그램)

13. 회기별 상담내용(축어록 1회기 이상)

14. 치료결과

6

CHAPTER

미술치료의 진단

1. 객관적 검사 2. 투사적 그림검사
3. 투사적 그림검사의 해석방법 4. 집-나무-사람검사(HTP)
5. 동적 집-나무-사람 그림검사(KHTP) 6. 동적 가족화 검사(KFD)
7. 동그라미 중심 가족화(PSCD) 8. 동적 학교 그림검사(KSD)
9. 빗속의 사람 그리기 검사 (PITR) 10. 풍경구성법(LMT)
11. 동물가족화(AFD) 12. 동적 물고기 가족화(KFFD)
13. 자유화

Chapter 6

미술치료의 진단

심리검사는 내담자의 상태를 진단하고 치료하는 데 있어서 중요하며 치료의 목적과 방향을 분명히 제시하는 데 중요한 역할을 한다. 심리검사는 투사되는 방법 면에서 보면 의식 수준의 질문지법과 전의식 수준의 동작성 검사, 그리고 무의식 층에서 의식 수준에 걸쳐진 투사법으로 구분할 수 있다.

일반적으로 심리적인 문제를 진단하고 치료하는 가장 중요한 수단은 언어이다. 그러나 언어로 자신의 문제와 상황을 설명할 때 심리장애가 있는 사람을 진단하고 치료한다는 것은 다양한 어려움에 직면하게 된다. 언어는 개인의 의식을 외부로 전달하는 표현 도구이지만 때로는 심리적 상태를 왜곡하는 경우가 흔하기 때문에 언어를 보완하기 위해 그림으로 진단하는 투사적 검사(projective test)를 실시하게 되었다. 미술은 시각적 이미지를 사용하는 의사소통의 수단으로 사고와 생각 그리고 의도를 나타낼 뿐 아니라 다양한 감정을 드러내고 무의식적인 것을 표현한다. 그 결과 다양한 주제와 방법을 이용한 그림검사들이 개발되었고 현재는 병원, 학교, 상담센터, 복지관, 다양한 상담 프로그램에서도 여러 가지 그림검사가 활용되고 있다.

1. 객관적 검사

심리검사는 성격검사나 적성검사 등 문답형의 검사지가 객관적인 심리검사이며 검사의 내용과 실시 방법, 해석방법이 구조화되어 있어 채점 과정이 표준화되어 있다. 객관적 검사가 구조화되어 있어 간편하기 때문에 상담사들이 선호하는 경향이 있고 검사에 따라 차이가 있으나 일반적으로 시행 시간이 비교적 짧은 장점이 있다. 객관적 검사의 장점은 양적 측정에 따른 개인의 차이가 비교되기 쉽고 기본적 연구에 이용되기 쉬우며 신뢰도와 타당도가 높다. 단점은 내담자가 왜곡된 반응을 하기 쉽고 내담자의 진술이 어렵기 때문에 심층에 내재된 문제가 노출되지 않을 수 있다는 점이다.

2. 투사적 그림검사

그림검사를 진단으로서 임상에서 실시하는 이유는 현실적으로 다른 어떤 검사도구보다 간편하고 경비가 적게 드는 장점이 있으며 무엇보다 그림은 내담자가 쉽게 그릴 수 있고 언어로 표현하는 것보다 훨씬 편하게 다가갈 수 있는 매체이며 내담자에게 다른 진단상황에 비해 이완된 상태가 될 수 있기 때문이다.

투사적 그림검사는 개인의 성격에 따른 해석의 접근이 진술에 따라 다양해질 수 있으며 내담자의 의식적, 무의식적인 내용인 감정, 소망, 충동, 생각이 그림이라는 매체로 투사되기 때문에 진단 도구로 발전되었으며 이러한 의미에서 그림검사가 임상에서 활발하게 사용되고 있다. 그림검사는 내담자가 단순하고 풍부하게 자신을 표현할 수 있으며 언어적 상담 방법을 보완해 주는 도구가 된다. 진단(diagnosis)이란 용어가 환자의 병 상태나 장애 상태를 판단하는 것을 지칭하는 것으로 이러한 것을 분류하고 최종적으로 병명을 판정하는 일은 의사만의 고유한 영역이라 할 수 있다. 따라서 투사적 그림검사를 미술심리평가, 미술치료평가 등의 명칭을 사용하기도 한다.

투사적 그림검사의 장점은 방어가 쉽지 않고 응답의 왜곡을 최소화 할 수 있으며 내담자의 내재된 심리적 문제가 반영이 된다. 단점은 검사자의 주관성이 개입되면 검사의 신뢰도와 타당도가 낮을 수 있다는 것이다. 그림 진단에 대한 근거를 제시할 수 있는 이론적 배경이 결여되어 있는 것이 검사의 타당성과 신뢰성에 문제가 될 수 있다. 미술치료사가 투사검사를 해석하는 방법이 주관적 판단에 의해 해석하지 않기 위해서 고도의 수련과 임상경험이 필수적이다. 투사적 그림검사의 다양한 장점이 있지만 그림평가의 기본원칙에 대해 미술치료사는 주의해야 할 것이다.

주리애(2015)가 제시한 그림평가의 기본원칙은 다음과 같다.

1) 일대일 해석 방식을 지양하라. 그림에 나타난 특징을 가지고 이러한 뜻이라고 단정 지어서는 안 된다. 그림에 나타난 특징이 하나의 해석만 가능한 게 아닌 여러 가지 해석이 가능하기 때문에 한 개의 특징만 가지고 결론을 내려서는 안 된다.
2) 여러 가지 결과를 묶어 종합적 해석을 도출해라.
3) 그림은 심리적인 특성을 반영하지만, 때로는 일시적인 상태를 반영할 때도 있음을 기억해야 한다.
4) 해석하는 사람의 투사를 조심하라. 그림을 평가하는 사람인 치료사의 마음 상태가 건강하고 안정적이어야 한다는 것이다. 그림은 그린 사람의 심리상태가 표현되지만, 감상하는 사람의 마음도 개입이 되어 해석하는 사람의 마음이 투사가 개입될 수 있기 때문이다.
5) 객관적 태도만이 능사는 아니다. 객관적인 태도를 유지하려고 노력하지만 내담자와 대면을 통해 다양한 감정적 변화를 체험할 수 있기 때문에 어떤 면에서는 검사자의 주관적인 체험이 중요할 때도 있다.
6) 의외의 맹점이 있을 가능성이 있다. 피검자가 우리가 잘 모르는 분야나 내용을 그리고 이야기할 때, 피검자를 오해하거나 평가절하할 수 있으므로

검사자는 항상 경계하고 있어야 한다.

7) 사람은 눈에 보이는 대로 그리지 않고 자신의 마음의 어떤 부분을 변형해서 그린다.

8) 그림을 잘 그리고 못 그리는 것은 중요하지 않다. 묘사 능력이 좋아 그림을 잘 그릴지라도 심리적 상태는 그림에 반영된다. 그림을 못 그려서 심리적으로 더 문제가 많이 드러나는 것은 아니다.

9) 그림에는 늘 환상적인 요소가 들어간다. 그러므로 그림을 이해하는 과정에서 부정적인 면만을 부각하지 않아야 한다. 환상적 요소가 두드러진 그림은 자칫하면 부정적으로 치우쳐 해석하기 쉽다.

10) 그림을 이해할 때 중요한 것은 피검자의 말에 귀를 기울이는 것이다. 검사자의 일방적인 해석과 평가는 또 다른 오해가 될 수 있다. 피검자에게 경청하는 것이 가장 중요한 미술치료 평가 기술이다.

11) 그림 중 강조되는 것은 의식적·무의식적인 이유가 있다. 강조된 이유를 알아줘야 한다.

12) 주어진 주제가 다르더라도 마음에서 표현하는 욕구와 내용이 같다면, 결국엔 같은 그림이 나타난다.

13) 사람들은 누구나 자신 나름의 표현 방식을 가지고 있다. 그러므로 피검자의 언어와 방식을 이해하도록 집중하고 기다리면서 표현하게 피검자를 북돋아 주어야 한다.

14) 우리가 배운 그림 해석에 관련된 지식을 너무 완고하게 적용하지 않는다면, 그러한 지식을 상당히 의미 있게 활용할 수 있다.

15) 그림 속 강조는 무엇인가를 보상받기 위함일 수 있다. 그러므로 긍정적, 부정적으로 강조된 것에서도, 나름의 보상적 의미를 가진다.

16) 현실과 반대되는 관계를 그림으로 표현한다면, 마음속으로 그만큼 애쓰고 살아간다는 점을 이해해 줘야 한다.

투사 검사의 종류는 미술치료에서 집-나무-사람 그림검사(HTP), 동적 집-나무-사람 그림검사(KHTP), 동적 가족화 검사(KFD), 동적 학교 그림검사(KSD), 인물화 검사(DAP), 나무그림 검사(Tree test), 빗속의 사람 그림검사(PITR) 등이 있다.

3. 투사적 그림검사의 해석방법

그림검사 해석에 있어서는 인상주의적, 구조적 해석방법이 있으며, 그림 그린 후의 질문을 실시하여 피검자가 말한 그림설명과 연상의 내용분석에 근거하여 해석한다. 그림 그린 후 질문에서 피검자의 침묵, 태도와 시선, 얼굴표정, 지우거나 생략 등 나타난 행동을 자세히 살펴보아야 한다.

1) 인상주의적 해석

인상주의적 해석방법은 검사자에게 주는 주관적인 그림에 근거한 인상의 특성을 해석한다. 전체적 인상과 조화, 이상한 곳은 없는지, 피검자의 수준과 성숙도, 신체상 혼란 정도, 자기와 외계를 인지하고 있는 방법 등이다. 예를 들어, 그림의 인상이 '무엇인가 공허해 보인다.', '외로워 보이고 우울한 느낌이다.', '왠지 스산한 분위기이다.', '이 사람은 허약해 보인다.'와 같은 인상이 들 수도 있으며, 인지적으로 '이 집은 균형 있고 온화해 보인다.'라는 느낌을 받을 수 있고 '이 집은 공중에 떠 있는 것처럼 보인다.'라는 인상을 얻을 수도 있다. 그러나 이러한 인상주의적 해석 방법은 검사자의 풍부한 공감 능력과 직관 등 임상경험이 필요하기 때문에 검사자 자신의 감정과 욕구가 개입되지 않도록 관찰하고 파악하는 능력도 중요하다.

그러나 그림에 대해 인상주의적 해석만으로 심리적 특성과 상태를 정확히 평가할 수는 없으며 전체적이고 종합적으로 이해하기 위해 반드시 구조적 해석을 함께해야 하며, 때에 따라서는 객관적 검사와 함께 실시해야 한다.

2) 구조적 해석

구조적인 해석방법은 그림의 여러 가지 형태와 구조적 요소들에 대해 분석하는 것이다. 그림의 크기, 그림을 그리는 시간, 순서, 위치, 방향, 필압, 대칭성, 음영 등과 같은 요소들이 무엇을 의미하는지 분석하는 방법이다.

구조적 해석을 하는 데 있어 유념해야 할 것은 구조적 해석기준이 있을지라도 'A는 B다.'라는 식으로 획일적인 해석은 안 된다는 것이다. 예를 들어, 아동이 집의 굴뚝에 연기 나는 그림을 그렸을 때 '애정욕구가 강하게 있다.'라고 가설을 세울 수 있을 것이다. 그러나 연기를 그렸다고 해서 반드시 '아동이 애정욕구가 강하다.'고 해석해서는 안된다. 또한 아동이 물그림이 많은 공간을 차지하고 있는 그림을 그렸다고 해서 무조건 우울하거나 슬픈 감정이 있다고 해석해서는 안 되며 검사 당시 가족들이 물놀이를 다녀왔거나 특수한 상황이 있을 수 있으니 피검자와 그림 그린 후 그림 설명과 함께 이를 뒷받침할 수 있는 임상자료가 있는지 반드시 확인해야 한다.

투사적 그림검사에서 제시하고 있는 여러 가지 구조적 해석지침이 여러 가지 가능한 가설을 제시하는 것이기 때문에 피검자를 이해하기 위해서는 검사 당시 내담자의 상황을 파악하고 이해할 필요가 있다. 인상주의적 해석과 구조적 해석과 함께 다양한 임상자료를 참고하고 반드시 내담자의 그림 설명을 듣고 유용하고 올바른 방식으로 해석해야 할 것이다.

(1) 그림을 그린 시간 및 수검 태도

그림을 그리는 피검자의 태도와 행동은 그림을 해석하는 데 있어 중요한 단서를 제공한다. 그림을 그리는 데 2분 이하로 짧을 경우와 30분 이상 지속될 경우는 피검자에게 그 그림에 대해 특별한 의미와 갈등을 가지고 있는 경우가 많다. 그림을 그리는 데 오랜 시간이 소요될 경우 피검자의 완벽성과 강박경향을 나타낸다.

투사진단법 중 HTP 검사를 완성시키는 데 소요되는 시간은 일반적으로 집 그림 5~6분 정도, 나무그림은 3~5분, 인물화는 10분 남짓하게 소요될 수 있다.

(2) 그림을 그린 순서

피검자가 그림을 그릴 때 일반적으로 집 그림의 순서는 지붕, 벽, 문, 창문의 순서로 그리며, 인물화는 머리부터 그리고 얼굴, 눈, 코, 입, 목, 몸, 팔, 다리의 순서로 그린다. 그러나 어떤 피검자가 인물화 검사에서 다리부터 시작하여 몸, 팔, 얼굴, 머리의 순으로 그렸다면 일반적이지 못한 것이기 때문에 피검자의 상태에 대해 살펴보아야 하며, 혹은 현실검증능력의 결여나 사고장애를 의심해 봐야 하며 대인관계에 어려움이 있을 수 있다. 지적장애와 발달장애아동은 비전형적인 순서의 그림이 관찰된다.

(3) 그림의 크기

그림의 크기는 피검자의 자기존중감, 에너지 수준, 충동성, 자기상, 자신감, 자기에 대한 과대평가 여부, 자아 팽창 여부 등을 나타낸다. 적당한 크기의 그림은 종이 크기의 2/3 정도의 공간을 차지한다.

- **큰 그림** : 종이에 꽉 차게 지나치게 크게 그리거나 종이의 크기가 모자랄 정도로 크게 그릴 때는 종이를 적절하게 조절하지 못했다는 점에서 공격성과 충동 조절, 행동화의 가능성 등을 시사할 수 있다. 또한 과장된 경향성, 상당한 과잉행동, 자아 팽창적인 과대 사고를 나타내며 임상으로는 조증과 반사회적 성격, 지적장애와 뇌손상을 의미할 수 있다. 성인의 경우에는 주로 조증 상태와 관련된 경우가 많다.
  종이 크기를 벗어날 정도로 크게 그렸을 경우는 환경이 주는 압박감이 크고 이에 따라 좌절과 실망감을 과잉 보상하려는 욕구가 강하게 내재되어 있는 것을 반영할 수도 있다.
- **작은 그림** : 종이의 크기에 비해 지나치게 그림을 작게 그리는 경우가 있다. 이는 환경에 부적응, 열등감, 무능력감, 억제적, 소심, 낮은 자아 강도, 자신감 낮을 수 있으며 자기효능감이 부족함을 시사할 수 있다. 또 수줍어하거나 사회적 상황에 불안감을 느낄 수 있으며, 우울한 감정을 호소하는 사람들에게서 작은 그림이 나타난다.

- **상부에 위치한 작은 그림** : 낮은 에너지 수준, 낮은 자존감, 현실에 맞지 않는 낙천주의, 통찰력 결여를 나타낼 수도 있다.

지나치게 큰 집 그림(초 5, 남)

지나치게 작은 집 그림(중 2, 여)

그림 6-1 지나치게 크거나 작은 집 그림의 예

(4) 그림의 위치

그림의 위치는 그림의 어느 부분에 그렸는지 여부가 피검자에 대한 성격과 정서, 욕구를 이해하는 데 단서를 제공한다. 대부분 그림의 위치는 보통 중앙에 그려진다. 그러나 그림의 위치는 여러 학자들의 경험적 연구에 기반을 둔 다양한 가설들이 제시되고 있다.

- **용지 중앙에 위치한 그림** : 모든 연령의 사람에게서 흔히 그려지며 정상적이고 안정된 사람이다. 그러나 지나치게 가운데 그리려고 고집했다면 피검자가 지나치게 경직되어 있거나 융통성 부족, 완고함, 지나친 자기중심성을 나타낼 수도 있다.
- **용지 오른쪽에 치우친 그림** : 대부분 자신을 잘 통제하며 욕구 지연 능력을 갖추고 있고 비교적 안정된 사람이 그린다.
- **용지 왼쪽에 치우친 그림** : 내향적인 성향과 충동성, 행동화 경향이 있으며 자의식이 강함을 반영한다.
- **용지 상단에 치우친 그림** : 욕구나 포부 수준이 높아 달성하기 어려운 목표를 설정해 놓고 스트레스와 갈등을 경험하고 있음을 반영한다. 불안정

성, 현실과의 괴리를 나타내며 현실 세계보다는 공상 세계에서 만족감을 추구하려는 경향성이 있음을 나타낸다.

- 용지 하단에 치우친 그림 : 불안감이 내재되어 있으며 낮은 자신감으로 지지에 대한 욕구가 크며 안정감을 강조하고 의존적 경향과 우울한 상태에 있을 수 있다.
- 구석에 그려진 그림 : 그림을 종이의 네 귀퉁이에 그린 것은 일반적으로 위축감과 두려움, 자신감 없음을 나타낼 수 있다.

① **왼쪽 상단 구석** : 피검자 내면의 퇴행적 공상을 의미할 수 있으며, 자폐적 공상이 있을 수 있기 때문에 이를 '정신분열성 구석'이라고 한다. 주로 퇴행적인 불안정감, 위축감, 불안감이 있으며 연령이 높아질수록 점차 왼쪽 상단에 그리는 경향이 감소된다는 연구 결과도 있다.

② **오른쪽 상단 구석** : 불쾌한 과거의 기억을 억압하고 싶은 바람과 미래에 대한 과도한 낙관주의 또는 미래 지향적 환상을 보여주는 것으로 해석될 수 있다.

③ **하단 구석** : 하단 왼쪽 구석 영역은 과거와 관련된 우울감이 있을 수 있으며, 하단 오른쪽 구석은 미래와 관련된 실망감을 나타낼 수 있다.

④ **검사지 밑바닥이나 가장자리** : 자신감 없음, 불안정감, 타인에게 지지받고자 하는 심리적 욕구, 의존적 경향, 독립적 행동에 대한 두려움, 새로운 경험을 회피하고 환상 속에 머무르려는 경향이 있을 수 있다.

(5) 필압

필압은 연필을 가지고 어느 정도 힘을 주어 그림을 그렸는지를 나타낸다. 즉 피검자의 에너지 수준과 긴장 정도, 충동성과 공격성에 대한 정보를 제공한다. 획(strokes)을 힘주어 그리는 아동은 그렇지 않은 아동보다 더 자기주장적이며 충동적일 수 있으나 약하게 그리는 아동은 에너지 수준이 낮거나 억제적이고 억압적일 수 있다.

- 강한 필압 : 현재 강한 긴장감과 불안감을 느끼고 있거나 성격적으로 스트레스 상황에 처하게 되면 쉽게 불안해하고 위축되는 경향이 있을 수 있다.

성격이 단호하거나 자기주장적이 강하고 야심과 포부 수준이 높으며 편집증적인 경향이 있을 수 있다. 또한 공격적이고 그러한 공격성이 외현화되어 나타날 수 있다.

- 약한 필압 : 적응을 잘 못 하거나 부적절하게 대처하고 자신이 없으며 우유부단하고 소심하며 자주 망설여지는 경향을 가진다. 두려움 및 불안정감을 느끼거나 불안과 관련된 증상과 신경증적인 상태에 있을 수 있고 우울증과 의지를 상실한 상태에 있는 경우 약한 필압으로 나타날 수 있다. 불안을 넘어 공포와 두려움과 관련된 신경증, 만성 조현병, 긴장증 동반 조현병 환자들의 경우에도 필압이 아주 약한 경우가 많다.
- 적절한 필압 : 한 장의 그림에도 강하고 약한 필압이 다양하게 사용한다는 것은 더 일반적이며 융통성과 적응 능력 반영할 수 있다.

(6) 획이나 선의 질

- 직선의 긴 획을 많이 사용한 그림 : 안정감, 단호함, 야심에 참, 높은 포부 수준, 행동 억제와 통제 성향
- 획을 짧게 끊어서 그리는 그림 : 충동적, 흥분 잘함
- 선을 스케치하듯 이어 가는 그림 : 신중함, 정확함, 우유부단함, 불안정감, 소심함
- 직선으로 그릴 때 : 자기주장이 강함, 우유부단하지 않은 의사결정 능력, 민첩성, 단호함. 지나칠 경우는 경직성, 융통성 부족, 충동적 경향 반영
- 곡선으로 그린 경우 : 의존성, 불안감, 불확실감, 우울감, 수줍음, 여성성, 우유부단성, 꾸물거림, 사회 불안적 경향, 순종적 경향
- 수평적 움직임을 강조하여 그린 경우 : 자아 보호적 경향성, 연약함, 두려움, 여자다움과 관련됨
- 수직적 움직임을 강조하여 그린 경우 : 남성적 단호함, 결정력 혹은 과잉활동성 암시
- 여러 방향으로 획을 바꾸어 그린 경우 : 불안정감, 정서적 동요, 불안감 암시

- **지그재그로 그린 아동** : 내면에 적대감이 있을 가능성 시사
- **선이 연결되지 않게 그린 경우** : 현실접촉의 문제, 정신증적 혼돈, 사고의 기괴함과 비논리성을 반영할 확률이 매우 높아 이러한 양상은 주로 정신증 내담자 혹은 뇌손상 내담자에게 자주 나타남
- **선을 빽빽이 채워 넣은 그림** : 내적 긴장감이 높거나 공격성
- **원근감, 입체감, 3차원 그림** : 의도적 그림은 적응적 측면을 나타내나 그렇지 않다면 대인관계 불안감, 내적 갈등, 우울감

그림 6-2 누나의 죽음(초 5, 남)

(7) 세부 묘사

그림을 지나치게 자세하게 표현하거나 그림의 어떤 부분을 자세히 표현했을 경우 그 부분과 직접적으로 관련되거나 상징하는 심리적 측면과 관련되어 내적인 갈등이 있음을 암시할 수 있다.

- **부적절한 세부 묘사** : 예를 들어 나무나 굴뚝, 사람의 눈 등과 같이 세부적인 부분을 전체 그림과 조화롭지 못하고 부적절하게 그렸을 경우 내적인 불안감, 위축감, 부적절감을 암시할 수 있다.
- **세부 묘사의 생략** : 적절한 수준의 세부 묘사가 생략되어 있다면, 이는 사회적 위축, 공허감, 에너지 수준 저하와 같은 우울증적인 특성을 암시할 수 있으며 심할 경우 정신병적인 상태를 반영할 수도 있다.
- **지나치게 상세한 세부 묘사** : 강박적 경향, 지나치게 깔끔하고 현학적이며 주지화를 잘하여 과도하게 억제적 경향이 있을 수 있다.

(8) 지우기

그림을 그리면서 자주 지우거나 특히 어떤 부분을 지웠을 경우는 피검자의 내적 갈등이 드러나고 있음을 추론할 수 있다.

- **지나친 지우기** : 내면의 불확신, 자기 불만족, 내적 갈등으로 발생한 우유부단함, 내면의 불안과 초조함 등과 관련될 수 있다.
- **지우고 나서 그린 그림** : 지우고 나서 다시 그린 그림이 나아진다면 적응적인 상태를 잘 나타낼 수 있다. 그러나 오히려 더 나빠졌다면 그림을 그린 대상이 상징하는 대상과 관련된 강한 정서적인 갈등을 느낌을 암시할 수 있다.

(9) 대칭

지나치게 강조한 대칭은 융통성 부족, 경직성, 지나친 억제와 억압, 강박적 성향 일 수 있다. 반면에 지나치게 부족한 대칭은 뇌손상이나 지적장애, 정신증적 상태를 암시할 가능성이 높다.

(10) 생략과 왜곡

그림의 어떤 부분을 생략했다는 것은 내적인 갈등과 불안을 암시할 가능성이 높다. 특히 특정 부분을 생략하거나 왜곡하는 것은 내담자의 내적 갈등이 어떤 것과 관련된 것인지 추론하는 단서가 될 수 있다. 일반적 형태로 그리지 않은 그림을 왜곡되었다고 말한다. 심하게 왜곡된 그림은 현실 검증 능력의 장애를 암시할 수 있으며 뇌 손상, 지적장애 등에서 이러한 현상이 나타난다. 드물기는 하지만 부정적인 자기 개념을 반영할 수도 있다.

(11) 투명성(투시화)

현실에서는 보이지 않는 내부가 보이게 그리는 투시화는 일반적이지 않는 것으로 사람 그림에서 내장이 보이게 그리거나 유방이나 배꼽 등을 보이게 그리는 경우이다. 투시화로 그린 그림에서 6세 미만인 경우는 발단 단계상 흔하게 나타날 수 있으며, 학령기의 아동과 청소년, 성인에게서 투시화는 심리적 미숙함, 현실검증능력의 문제가 있을 수 있고 정신증적 상태, 뇌손상 환자, 지적장애에서 많이 나타난다.

(12) 움직임

움직임이 있는 그림은 걷거나 뛰는 사람을 그리는 등 그림에 움직임이 표현된 경우 지나치지 않다면 이는 내적 유능감을 반영할 가능성이 높다. 그러나 지나친 움직임은 ADHD 아동에게서 많이 나타난다. 우울한 상태의 피검자는 움직임이 거의 없는 그림을 그린다.

(13) 종이를 돌리는 경우

투사적 진단 검사는 그림의 주제에 따라 제시된 종이의 방향이 다르다. 검사자가 제시된 종이를 회전해서 그림을 그리는 경우는 부정적이거나 반항성이 있을 수 있다. 그러나 지나치게 종이를 같은 방향으로 돌린다면 보속성(Perseveration : 과거 경험의 무의식적 반복)을 나타낼 수 있다. 한편, 시각-운동 협응력의 어려움이 있을 때 종이를 자주 돌린다는 견해도 있다.

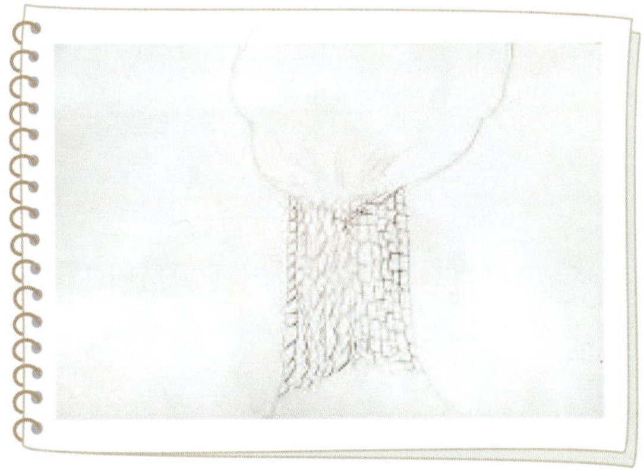

그림 6-3 부모의 이혼으로 우울감 높음(중 2, 남)

(14) 그림에 다른 것을 부가해서 그린 경우

예컨대 집을 그리라고 했는데 산이나 해를 덧붙여 그렸을 경우 이는 부가된 사물이 지니는 상징적 의미와 관련하여 여러 가능성을 생각하게 한다.

4. 집-나무-사람검사(HTP)

1948년 벅(Buck)에 의해 개발된 집-나무-사람검사는 House-Tree-Person test로 줄여서 HTP 검사라고 한다. HTP검사는 지능검사의 보조적 수단으로 고안되었으나 지능과 성격을 측정하는 수단으로 발전하였다. 벅이 개발한 HTP검사에서 집, 나무, 사람의 과제를 사용한 것은 누구에게나 친밀감을 주는 소재이며 모든 연령의 사람이 그림 대상으로 기꺼이 받아들이고, 다른 과제보다 자유스럽고 솔직한 언어 표현을 할 수 있는 자극으로 이용하며 무의식 활동과 연상적 작용을 활성화하는 상징성이 풍부한 소재이기 때문이다. 우리는 이러한 상을 그려 보게 하면서 피검자의 경험을 '투사'로 만날 수 있게 된다.

1) 실시 방법

준비물은 A4용지, 연필(2B, 4B), 지우개 등이 필요하며 다음과 같이 지시한다.

① 우측 상단에 1~4까지 번호를 적는다.
그림을 그리기 전에 "지금부터 그림을 그립니다. 그림을 잘 그리고 못 그리는 것을 평가하는 것이 아니므로 편하고 즐거운 마음으로 그리세요."라고 말하여 피검자에게 그림 그리는 부담감이 없도록 한다.

② 1번 종이를 가로로 제시하며 여기에 "집을 그리세요."라고 지시한다.

③ 2번 종이를 세로로 제시하며 여기에 “나무를 그리세요.”라고 지시한다.
④ 3번 종이를 세로로 제시하며 여기에 “사람을 그리세요. 사람은 만화나 막대기로 그리지 말고 전신으로 그려 주세요.”라고 한다.
⑤ 4번 종이를 세로로 제시하며 여기에 “반대되는 성의 사람을 그려 주세요.”라고 한다.
⑥ 그림을 모두 그리면 질문을 한다.

2) 질문

그림 그리기를 마친 후 그림을 차례대로 보여주며 그림 그린 후의 질문을 한다. 피검자의 특성을 고려하여 질문을 하는 것이 좋으며 일반적으로 다음과 같은 질문을 하며 피검자의 상태에 따라 몇 가지 질문만 한다.

(1) 집 그림

- 이 집은 어디에 있는 집입니까(도심, 교외)?
- 이 집 가까이에 다른 집이 있습니까?
- 이 그림에서 날씨는 어떠합니까?
- 이 집은 당신에게서 멀리 있는 집입니까? 가까이 있는 집입니까?
- 이 집에 살고 있는 가족은 몇 사람이며 어떤 사람들입니까?
- 가정의 분위기는 어떠합니까?
- 이 집을 보면 무엇이 생각납니까?
- 이 집을 보면 누가 생각납니까?
- 당신은 어떤 집에 살고 싶습니까?
- 당신은 이 집의 어느 방에 살고 싶습니까?
- 당신은 누구와 이 집에 살고 싶습니까?
- 당신의 집은 이 집보다 큽니까? 작습니까?
- 이 집은 당신의 집을 그렸습니까?
- 이 그림에 더 첨가해서 그리고 싶은 것이 있습니까?

(2) 나무 그림

- 이 나무는 어떤 나무입니까(예, 상록수 혹은 낙엽수)?
- 이 나무는 어디에 있는 나무입니까?
- 한 그루만이 있습니까? 숲속에 있나요?
- 이 그림의 날씨는 어떠합니까?
- 바람이 불고 있습니까? 그렇다면 어떤 바람이 어느 방향으로 불고 있습니까?
- 이 나무는 몇 년쯤 된 나무입니까?
- 이 나무는 살아 있나요? 말라 죽었다면 언제쯤 어떻게 말라 죽었습니까?
- 이 나무는 강한 나무입니까? 약한 나무입니까?
- 해가 떠 있습니까? 떠 있다면 어느 쪽에 떠 있습니까?
- 이 나무는 당신에게 누구를 생각나게 합니까?
- 이 나무는 남자와 여자 중 어느 쪽을 닮았다고 봅니까?
- 이 나무는 당신에게 어떤 사람을 느끼게 합니까?
- 이 나무는 당신에게서 멀리 있는 나무입니까? 가까이 있는 나무입니까?
- 이 나무에게 필요한 것은 무엇입니까?
- 이 나무는 당신보다 큽니까? 작습니까?
- 이 나무는 앞으로 어떻게 될 것 같습니까?
- (상흔이 있다면) 이것은 무엇입니까?
- (특수한 나무인 경우) 이 나무를 그린 이유는 무엇입니까?
- 이 그림에 더 첨가해서 그리고 싶은 것이 있습니까?

(3) 사람 그림

- 이 사람의 나이는 어떻게 됩니까?
- 이 사람의 직업은 무엇입니까?
- 이 사람은 결혼을 했나요? 가족은 몇 명이며 어떤 사람입니까?
- 이 사람은 지금 무엇을 하고 있습니까?
- 이 사람은 지금 무슨 생각을 하며 어떻게 느끼고 있습니까?

- 이 사람의 건강상태는 어떠합니까?
- 이 사람의 친구관계는 어떻습니까?
- 이 사람의 성격은 어떠합니까? 장단점은 무엇입니까?
- 이 사람은 행복합니까? 불행합니까?
- 이 사람에게는 무엇이 필요합니까?
- 당신은 이 사람을 어떻게 생각합니까? 좋습니까? 싫습니까?
- 당신은 이 사람처럼 되고 싶습니까?
- 당신은 이 사람과 함께 생활하고 친구가 되고 싶습니까?
- 이 사람을 그릴 때 누구를 생각하고 있었습니까?
- 이 사람은 당신을 닮았습니까?
- (특수한 인물인 경우) 이 사람을 그린 이유는 무엇입니까?
- (그림에서 이해하기 곤란한 부분인 경우) 이것은 무엇입니까? 왜 그렸습니까?
- 이 그림에 더 첨가해서 그리고 싶은 것이 있습니까?
- 당신이 그리고자 한 만큼 잘 그려졌습니까? 어떤 부분이 그리기 어려웠고 마음에 들지 않습니까?

3) HTP 구조적 해석

HTP 해석은 앞에서 제시한 투사검사의 해석을 참고로 하여 검사자의 인상주의적, 구조적 해석, 그림에서 강조하는 부분이 상징하는 것, 그림 그린 후의 질문과 그에 따른 연상을 충분히 대화한 후 종합적으로 살펴보고 해석해야 한다. 또한 일상적인 것부터 민담, 신화, 종교 등까지 그것이 본래 가지는 상징적 의미와 서로의 관계를 맺어가는 내용의 뜻을 알아야 한다.

(1) 집 그림

집 그림은 피검자의 가족, 가족관계, 가정생활과 상황, 가족원에 대한 표상과 생각, 그와 관련된 감정과 소망이 투영되어 나타나게 된다.

① 지붕

사람으로 보면 머리에 해당하는 부분이며, 내적인 공상 영역과 생각, 관념, 내적 인지과정을 가정할 수 있다.

- **큰 지붕과 지나친 강조** : 내적 인지 활동과 공상 강조와 과도하게 몰두
- **작은 지붕** : 공상 활동, 인지과정에서 회피와 억제, 억압하는 경향
- **지붕 생략** : 매우 드문 경우이며 내적 공상활동, 내적 인지과정 표현하지 못해 사고장애, 현실검증력 장애 시사함
- **지붕에 첨가된 창** : 내적 사고 활동으로 세상과 소통, 위축된 정도 심함. 주로 자신의 자폐적 공상 세계 속에 몰두해 있는 조현병, 혹은 조현형 성격장애 환자에게 나타나며 단순히 지붕을 크게 그린 것보다 자폐적 공상이 활발하고 위축된 정도가 더욱 심함
- **기와와 널빤지 강조** : 강박적 경향, 통제하고자 하는 대상이 내적 인지과정, 내적 공상과 관련된 불안감을 가정할 수 있음

② 굴뚝과 연기

굴뚝은 가족 내 관계와 분위기, 가족들 간 애정 교류에 대한 정보를 제공한다. 연기 등은 이런 애정 욕구와 관련된 좌절감, 상실감, 우울감 등에 대해 암시할 수 있다. 외국은 굴뚝과 벽난로가 있는 것이 일반적이어서 적절하게 해석하나 우리나라에서는 그 의미가 다를 수 있다. 즉 따뜻한 인간관계, 가족 간의 관계 또는 애정을 상징할 수 있다.

- **많은 연기와 진하게 그림** : 가정 내 불화, 정서적 긴장, 가정환경 갈등, 정서혼란
- **지나치게 큰 굴뚝** : 성적 관심 강조, 따뜻한 가정을 위한 지나친 걱정, 힘에 대한 관심
- **굴뚝의 벽무늬 첨가** : 상세한 그림은 강박적 성격 경향 반영. 가족의 따뜻한 교류와 상호작용, 애정 교환에 대해 강박적으로 집착할 가능성 암시할 수 있음
- **굴뚝 옆쪽, 앞쪽 벽 모두 2차원적으로 그린 벽 무늬** : 신경학적 손상, 사고장애, 현실 검증 능력 장애 등을 암시할 수 있음

③ 벽

집을 견고하게 지탱하며 외부와 내부를 분리하고 외적인 환경에서 집의 내부를 보호하는 역할을 한다. 그러므로 집 그림에서 벽은 외적 위협과 정신증으로 자아가 붕괴하는 것에서 자신을 보호하는 역할을 하기 때문에 자아강도와 자아 통제력을 나타낸다.

- 튼튼한 벽 : 자아 강도가 강함
- 허술한 벽 : 자아 강도 약하고 자아 통제력 취약
- 2차원 적인 벽 : 사고장애, 현실 검증 능력의 장애 암시
- 투명성 : 매우 드물지만 방안의 모습을 그리는 투명성은 대개 자아통제력 상실, 현실 검증 능력 문제를 시사함. 그러나 5세 이하 아동은 인지발달 수준상 정상적인 현상

그림 6-4 집 그림 투시화(고 2, 지적장애 여)

- 벽의 개수와 위치
- 집을 2차원으로 그려 벽을 하나만 보이게 하는 경우 : 자신에 대해 표현되는 것, 즉 남에게 보이는 자신에 부분에 대해 통제, 자신에 대해 제한하고 피상적 부분만 드러내고자 하는 욕구임
- 옆쪽과 앞쪽 벽 모두를 2차원적으로 그린 벽 : 신경학적 손상, 사고장애, 현실 검증 능력 장애를 암시함

- **벽 생략** : 매우 드문 경우로 심한 현실 왜곡, 자아 붕괴, 자아 통제력 와해, 현실 검증 능력 손상을 의미함. 주로 정신분열증 환자에게 나타남
- **연결되어 있지 않은 벽** : 자아 통제력이 약화되어 있거나 자아의 힘이 고갈되어 있음을 의미할 수 있음
- **무늬 등을 그린 그림** : 정교하고 자세하게 그린 것은 사소한 것에 대해 과도하게 집착하거나 자기 통제감을 유지하려는 완벽주의적, 강박적 성격 경향을 암시하는 경우가 많음. 종종 자폐 아동 그림에서도 이러한 양상이 나타나는데 주로 기계적인 자극 처리 경향 반영

④ 문

집과 외부세계를 연결하는 통로이며 타인이 본인의 삶에 들어오도록 허용하는 것과 자신이 세상으로 나가는 통로를 의미하므로 세상과 자신과의 접근 가능성을 시사한다. 즉 환경과의 직접적인 상호작용과 대인관계를 나타낸다.

- **문, 문의 손잡이 생략** : 외부와의 접근 가능 통로를 그리지 않은 경우는 다른 사람이 자기의 삶과 세계 안에 들어오는 것에 대해 불안감과 저항감을 느끼며 자신만의 세계에 위축되고 고립되어 있음을 의미함
- **문의 크기**
  - 지나치게 큰문 : 사회적 접근 가능성이 과다함을 의미, 사회적 인정이나 수용에 지나치게 의존적이거나 타인과 친밀한 관계에 지나친 비중을 두고 과도하게 예민하게 반응함
  - 작은 문 : 다른 사람과 관계를 맺고 싶은 욕구가 있고 다른 한편으로는 이에 대한 불편감, 거부감, 두려움 등의 양가감정을 느낄 가능성이 있음
- **장식** : 문의 손잡이 외에 초인종, 우편함 등과 같은 세부적인 것은 타인과 관계, 세상과 접근하는 가능성에 과도한 집착을 의미. 자세하게 그릴 경우는 욕구와 관심의 강박적 보상
- **가려진 문** : 세상과 타인과의 접근 가능성에 대한 부정적 감정, 양가감정
- **자물쇠와 문고리 강조** : 대인관계의 과도한 집착, 편집성, 방어적 민감성
- **문 개수 및 위치**

- 대문 혹은 현관문 외에 옆쪽에 하나 이상 그리는 경우 : 세상과의 접근 가능성에 불편함을 반영한 것이라 볼 수 있음
- 대문을 그리지 않고 옆의 쪽문이 그려진 그림 : 세상과의 관계 맺음에 양가감정을 느끼는 것으로 볼 수 있음
- 그림에는 없지만 뒤에 뒷문이 있다고 말하는 내담자는 거부감, 두려움, 방어적 경향
- 문이 벽 안쪽에 숨겨진 그림 : 다른 사람들이 자신에게 다가오는데 불편감을 느끼고 지나치게 신중함을 보이거나 사람을 쉽게 믿지 못하고 시험하는 경향을 의미함

- **계단과 출입문** : 세상과 문과의 직접적 연결통로를 그렸다는 것에서 타인과 접촉하고 관계를 형성하고 있다는 느낌으로 근접성을 의미함
  - 종이 밑쪽 직선 모양 그림은 근접성이 적절한 수준임을 나타냄
  - 집의 입구에서 길이 넓게 그리다가 좁게 그릴 경우는 처음에 대인관계에 개방적이나 다른 사람과 가까워질수록 주저함을 나타냄
  - 반대로 현관문 부분을 좁게 그리다가 점차 넓게 그리면 관계 초기는 다소 주저할 수도 있지만 점차 편해지고 타인을 수용하는 폭이 넓어짐을 의미함
  - 우리나라에서는 생략된 계단과 출입로가 있는 집을 흔히 볼 수 없으므로 오히려 안 그리는 경우가 보통이며 별다른 임상적인 의미를 부여하지 않음
- **집과 땅이 맞닿은 선** : 사람과 현실과의 접촉과 그 접촉의 안정성을 보이는 것으로 가정할 수 있음. 현실에서 떨어져 공상에 몰입해 있는 정신분열증 피험자는 땅에 닿지 않고 안정감 없이 공중에 떠 있는 듯한 그림을 그림

⑤ 창문

세상을 보고 세상과 타인이 집을 들여다볼 수 있는 통로이다. 집의 구조 중 작고 직접 드나들 수는 없지만 매우 중요한 상징이 있는 부분으로 대인관계와

관계된 피검자의 경험 혹은 자기대상이 환경과의 수동적인 접촉, 상호작용 능력에 대해 느끼는 감정과 관련된다. 일반적으로 창문을 적당한 크기의 두세 개 정도 그리고 집의 벽에 위치하며 화분과 커튼으로 창문이 많이 가려지지 않는 것이 적절하다고 간주된다.

- **지나치게 많은 창문** : 환경과 상호작용에 대한 개방성, 지나친 관심. 과도하게 자신을 개방하여 타인과 관계를 맺고자 하는 욕구, 타인이 수용하는 것 이상으로 가까워지고 싶어 하는 소망 반영
- **생략된 창** : 대인관계에 있어 주관적 불편감과 위축을 반영
- **창이 가려질 정도의 장식** : 대인관계에서 자신이 상처받지 않도록 보호하는 방어적 태도와 감정이 있음
- **두 개 이상의 가로, 세로 창살** : 가정의 내적 울타리가 안정적이길 바라거나 혹은 가정을 감옥과 같이 답답하게 느낌을 반영
- **커튼이 닫혀 있는 창문** : 타인과의 상호관계 피함, 의심, 강박관념
- **커튼이 있으나 전혀 닫혀 있지 않은 창문** : 가정에서의 아름다운 관심, 환경과 상호작용 불안
- **창의 위치** : 문 높이보다 위에 그리는 것이 일반적임
  - 지붕에 그린 창 : 자신의 모습 드러나는 것 감추고 싶어 함을 의미, 내적인 고립감과 위축감 암시할 수 있음
  - 배열해서 그리지 못한 창 : 시 · 공간적 조직 능력의 어려움이 반영되어 있는 것으로 볼 수 있고 초기 정신분열증 환자가 보이는 징후로 해석할 수도 있음

⑥ 담장과 울타리

담장과 울타리는 집 주변의 경계로 외부로부터 침입을 막고 집을 보호하거나 경계로써의 기능을 한다. 집 그림을 그렸을 때 담장까지 그리는 경우는 외부 환경과의 방어적인 행동으로 심리적으로 조심성이 높은 사람, 모험보다 안전을 추구하는 사람, 비밀이 많거나 신중한 사람 등 다양한 심리적 특성이 있을 수 있다.

⑦ 아파트나 빌딩으로 그린 집

집 그림에서 일반적으로 단독 주택을 많이 그린다. 도시에 사는 사람들은 아파트가 일반화되어 있어도 단독 주택을 떠올려 그리지만 간혹 아파트나 빌딩을 그리는 경우도 있다. 실제 아파트나 빌딩에 살아서 그릴 수는 있으나 큰 집을 갖고 싶거나 지금 살고 있는 집과 다른 곳에서 살고 싶은 보상적 욕구가 반영된 것으로, 강하고 강력한 힘의 소망을 반영한 것이다. 그러나 일반적인 집 외에 특수한 집을 그리는 경우, 예를 들어 아파트, 빌딩, 절, 교회, 특수한 집 등은 가정에 어떤 갈등이나 불편감이 있음을 시사하는 것일 수 있기 때문에 반드시 질문이 필요하다.

⑧ 집을 바라보는 관점

집을 그릴 때 바라보는 관점에 따라 가정에 대한 심리적 상태가 반영될 수 있다.

- **위에서 내려다보는 관점**(조감도) : 가정형편과 상황에 대한 불만감, 벗어나고자 하는 욕구를 느낌을 암시할 수 있음. 사회적 가치 규준에 대해 거부적 태도가 있음을 나타낼 수 있음
- **아래에서 위로 올려다보는 관점**(와감도) : 가족관계에서 수용되지 못하며 거부당하는 느낌 및 애정욕구에 대한 좌절, 열등감, 부적절함, 자기 존중감과 자기 가치감 결여를 암시할 수 있음
- **멀리 떨어져 있는 듯한 집** : 본인과 집이 멀리 떨어지고자 하는 소망과 관련될 수 있으므로 현재 가족 상황에 대해 대처 불가능한 무력감을 느끼고 있음을 암시할 수 있음

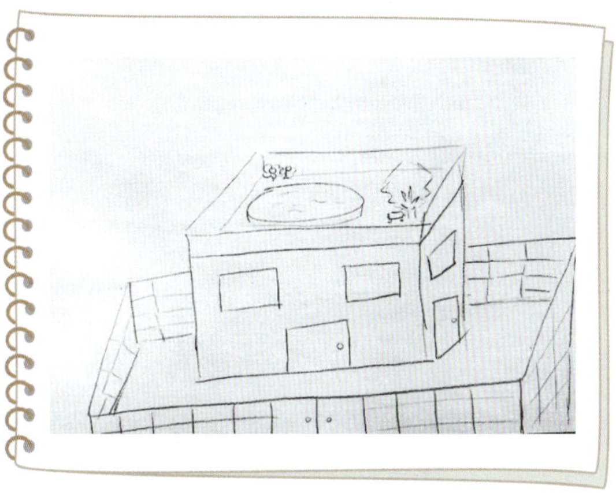

그림 6-5 조감도의 집 그림(40대, 여)

⑨ 부수적인 사물

집 외의 울타리, 담장, 산, 나무, 태양 같은 것을 더 그리는 경우가 있다. 이때는 추가된 사물이 피검자의 심리적 상태를 반영한 것을 수 있으므로 의미를 잘 살펴보아야 한다.

- **태양** : 적절한 경우는 별 의미가 없을 수 있으나 태양을 지나치게 강조해서 그리는 경우는 강한 애정욕구와 이에 대한 좌절감을 암시할 수 있음. 강력한 부모와 같은 대상의 존재를 갈망함을 암시할 수 있음
- **잔디, 나무** : 강조되지 않고 일반적인 경우는 문제가 없을 수 있으나 나무를 너무 크게 그렸거나 지붕을 덮을 정도로 그렸다면 자기를 돌보거나 지배하려는 강력한 부모와 같은 대상을 경험하고 있음을 의미할 수 있음

(2) 나무 그림

나무는 좀 더 깊고 무의식적인 핵심적 감정이 드러나며 심층적 수준에서 자기와 자기 개념에 부여된 내면의 감정이 투영된다. 나무그림은 자기상, 무의식적인 핵심 감정, 성장에 대한 상징, 인생의 열망을 상징한다.

① 주제

- **고목 나무, 그루터기** : 열등감, 무력감, 우울감, 죄책감, 부적응감, 실망감
  - 고목 나무에 몇 개의 나뭇잎은 환경의 힘에 자기 통제력이 남아 있음을 의미함
- **소나무와 상록수** : 불사의 상징, 활력이 넘치는 존재의 소망
- **삼목** : 강한 달성 욕구, 자기 통제
- **낙엽수** : 외계에 의해 움직이고 있다는 감정
- **나무에 개가 오줌싸는 것을 그린 경우** : 본인을 상징하는 나무에 오물이 묻은 것을 그렸다는 것에서 자신에 대한 가치감, 자기존중감의 결여, 부적절감 등을 나타낼 수 있음
- **나무를 베는 남자를 함께 그린 경우** : 매우 드물게 나타나는 그림이나, 상징적으로 나무를 베는 남자에 아버지상이 투사된 것으로 해석함. 아버지와의 관계의 단절감, 억압된 분노, 거세불안, 손상된 감정 등을 시사하기도 함

그림 6-6 나무를 베는 남자 그림(초 3, 초 4, 남)

- **버드나무를 그린 경우** : 버드나무는 가지가 약하며 가지 끝이 아래로 축축 늘어져 있는 나무. 대개 우울한 피검자들이 그리는 경향이 많음
- **사과나무를 그린 경우** : 사과나무는 피검자가 자기 자신을, 나무에는 어머니를 투사한다고 봄
  - 애정욕구와 관련하여 어머니로부터 거절당했던 느낌과 좌절감을 경험한 아동이 과일이 모두 땅 아래로 떨어지거나 과일을 다른 사람이 모두 따간 그림을 그릴 수 있음
  - 7세 이하의 아동이라면 사과나무는 일반적으로 자주 그리는 그림으로 해석할 필요가 없지만, 청소년이나 성인이 사과나무를 그렸다면 애정욕구와 의존욕구가 매우 높고 다른 사람의 사랑에 목말라 있는 상태를 나타낸 것이라고 할 수 있음
  - 어떤 연구자는 임신한 여성이 사과나무를 그린 경우 출산에 대한 기대를 반영할 수 있다고 함
  - 열매를 많이 그린 것이 결실을 맺고자 하는 소망을 의미할 수 있다는 점에서 강한 성취욕구, 포부수준을 반영할 수 있음
- **죽은 나무를 그린 경우** : 그림 그린 후 질문(Post Drawing Inquiry : PDI)에서 나무가 죽었다고 대답한다면 '나는 죽은 것과 다름없는 상태'를 상징할 수 있는 것으로 대부분 상당한 부적응 양상 또는 정신병리적 특성이 있음을

의미함. 사회적으로 매우 위축되어 있는 조현병 환자, 우울증 등 다른 신경증 환자에게서 나타날 수 있고 치료 예후가 부정적일 가능성이 크다.

- 검사자는 이런 경우에 나무가 죽었다고 지각할 만한 외적 · 내적 사건이 있는지, 나무가 왜 죽었는지 반드시 질문해야 함. 외적인 요인 중 '사람들이 베어가 버렸다.', '벼락 맞아 죽었다.', '사람들이 관심 갖지 않고 돌봐주지 않아 죽었다.', '물을 주지 않아 죽었다.', '환경이 오염되었다.' 등으로 대답한다면 이는 피검자가 심리적 어려움이 외부의 환경적인 요인과 스트레스 사건 때문에 유발되었을 가능성이 있음. 반대로 '안에서 썩었다.', '원래 약한 나무이다.'와 같이 내적인 요인으로 대답한다면, 심리적 어려움이 피검자의 성격구조적 취약성과 관련된 것일 수 있음. 그러나 이 둘을 명확하게 분리한다는 것이 어려운 일일 수 있음
- 나무가 죽은 지 얼마나 되었는지 질문해 보면, 피검자의 정신병리적 특성, 혹은 무망감 상태가 얼마나 지속되어 온 것인지 추정해 볼 수 있음

• **열쇠 구멍 모양으로 그린 경우** : 선을 하나로 그어 나무 기둥부터 잎까지 마치 열쇠를 집어넣는 구멍 모양으로 그렸다면 저항적이며 부정적 태도를 보이는 피검자들이 종종 그림
  - 검사자가 지시하는 대로 그리기는 하지만 최소한 노력만을 들이려고 하며, 면담이나 다른 검사에서도 저항적, 반항적인 태도를 보임
  - 때때로 우울하고 위축된 아동의 경우, 열쇠 구멍을 아주 작은 크기로 그리기도 함

• **나무 대신 열매, 풀, 채소 등을 그린 경우** : 다시 그리도록 한 후 두 번째 지시에도 같은 그림을 그리면 대부분 정신증적 상태를 시사함. 현실검증능력이 손상되어 있고 감정 경험 부적절, 사회적으로 위축되어 있는 조현병 환자일 가능성 큼

② 나무의 나이

피검자의 심리 · 정서 · 성격적 성숙도의 지표가 될 수 있다. 자신보다 어린 나이의 나무를 그렸을 경우 피검자가 미성숙한 상태임을 표현할 수 있으며, 나이

가 너무 많다고 대답한 경우는 이런 내적인 미성숙함을 부인하거나 과시적인 태도를 보상하고자 할 가능성을 시사한다. 그러나 나무의 나이가 피검자의 특별한 의미가 있을 수 있으니 단정적으로 해석하지 말고 그림 그린 후의 질문이 필요하다.

③ 줄기(기둥)

나무 줄기는 집 그림에서 벽에 해당한다. 나무를 지탱하고 개체를 유지하는 힘이 된다. 피검자의 성격 구조가 얼마나 견고한지 자기개념, 자아강도, 혹은 내면화된 자기대상의 힘, 성장 에너지를 나타낸다.

- **두껍고 큰 줄기** : 내적 에너지 수준 높음, 자아 강도 강함
- **줄기의 강한 윤곽선** : 위협에 지나치게 방어, 혼란스러운 자아 분열의 두려움의 방어적 경향
  - 너무 약하고 연한 윤곽선 : 정체성 상실, 성격구조, 자아붕괴의 긴박감, 강한 불안감
- **얇고 가느다란 줄기** : 심리적 힘 미약, 위축감, 무력감, 의존적 경향
- **휘어지거나 기울어진 줄기** : 내적 자아의 힘이 외적인 요인에 손상되거나 압박을 받고 있음을 나타낼 수 있음
- **짙은 음영** : 불안감, 자신감이 없는 상태
- **상흔, 옹이구멍, 나이테** : 장식적 요소인 학습 또는 외상 경험, 자아 상처
  - 나무뿌리 부분에 가까울수록 어린 시절에 상처받은 것을 반영함
  - 기둥 옆을 파먹은 옹이 : 신체적 손상감과 관련 있을 수 있음
- **옹이구멍 속 동물** : 상징적으로 좀 더 안전한 장소, 위축되어 있는 상태에서 숨고 싶은 장소의 소망을 의미. 자아 동일시, 모성애로의 회귀, 보상 욕구
- **일차원적인 나무줄기와 가지** : 흔하지 않으나 지능이 낮은 경우, 기질적인 손상 의심

④ 가지

나무가 양분을 흡수하고 성장하여 세상을 향해 뻗어 나가는 부분이다. 나뭇가지는 환경에서 만족을 느낄 수 있는 자원, 다른 사람과 접촉하는 데 필요한 자원, 지금보다 나아질 수 있는 자원, 현재 상황을 대처할 수 있는 능력, 자신의 소망과 성취하고자 노력하는 태도 등을 반영한다. 무의식적 의미에서 사람의 팔과 유사하다.

- 크고 굵은 가지 : 성취동기, 포부 수준 매우 높은 상태. 지나치게 크면 자신감 없고, 환경과 상호작용에 자신 없고 불안함, 과잉보상 욕구, 적응상의 문제
- 가늘고 빈약한 가지 : 목표 추구 두려움, 자신감 부족, 소극적이고 수동적, 세상과 환경에 나아가는 태도 억제 의미
- 가지 생략 : 억제와 위축
- 일차원적인 가지 : 대인관계의 상호작용에 대한 심한 부적절감, 기질적 손상 의심, 지적장애 또는 정신병적 상태 의심
- 화살촉 같은 날카로운 나뭇가지 : 내면의 적대감, 공격성이 내재됨을 시사함. 나무를 크고 진하게 그린 경우는 내적 공격성을 행동화할 소지가 있음
- 나뭇가지와 잎이 땅에 닿을 정도로 휘게 그린 경우 : 무기력감, 심한 우울감, 상호작용 능력 매우 억제됨
- 나뭇잎이나 열매가 땅으로 떨어지고 있거나 떨어지진 것을 그린 경우 : 나뭇잎과 열매는 나무의 가장 최종 산물이므로 타인과 상호작용에 좌절감, 정서적 어려움을 느끼고 있음을 의미
- 굵기는 얇으나 키 큰 줄기에 지나친 크기의 가지 : 두려움, 만족 추구 원천인 공상세계에서 찾고자 함을 의미
- 완벽한 대칭의 나뭇가지 : 상호작용의 두려움, 불확실감, 양가감정을 느낌. 완벽한 균형을 유지하고자 애씀으로 두려움을 보상, 통제감 획득. 융통성 부족, 경직됨, 스스로 실수 용납 못 하고 늘 주변을 경계하는 경향

⑤ 뿌리

뿌리는 땅에 나무가 설 수 있는 근원으로 땅에 든든히 기반하도록 하는 부분이다. 나무 그림에서 뿌리는 자신에 대한 자신의 근본적 모습에 대한 이해, 안정감, 현실접촉 정도를 반영한다고 볼 수 있다.

- **뿌리 생략** : 현실과 세상에 안정되게 설 수 있는 기반을 그리지 못했다는 점에서 자신에 대한 불안정감과 자신 없음을 나타냄
- **뿌리는 그리지 않고 땅을 그린 경우** : 상징적으로 자신과 단절감을 느끼고는 있지만 어느 정도 내적인 안정감을 느낌을 의미
- **붕 떠 있는듯한 인상의 나무** : 현실과 접촉, 현실검증력이 불안정, 내적 불안정감
- **나무 기둥을 밑면까지 그린 경우** : 외적 자원 통해 안정감 얻고자 하는 욕구, 좀 더 미숙하고 퇴행적, 의존적 성향, 상당한 자기부적절감, 이와 관련된 우울감을 시사
- **지나친 강조** : 불안정감 과잉보상
- **발톱 모양** : 초기 정신증적 상태, 현실접촉 능력 상실, 공포감, 위기의식
- **땅 밑 투시화된 뿌리** : 5세 이하의 아동은 정상적인 현상. 그러나 그 이상은 현실검증력의 손상 시사

⑥ 수관

내적인 공상, 사고 활동 반영한다.

- **큰 수관** : 적극적인 공상 활동, 현실 불만족감, 공상 몰두
- **뒤죽박죽인 수관** : 불안정성, 혼란스러운 내적 상태, 충동성
- **잎이 무성함** : 생산성, 유능함 강조, 강박적 경향, 부적절감 과잉 보상
- **열매, 나뭇잎이 땅에 떨어진 그림** : 좌절감, 상실감, 고통감 반영

⑦ 나무 그림에 열매, 새 둥지, 꽃, 그네, 동물 등을 추가로 그리는 경우

종이 안에 다른 부가적인 것을 그리므로 세상과 상호작용 하는 것에 대한 불안을 보상하려는 욕구가 반영될 수 있다. 부가적인 것들을 자신의 주변에 둠으

로 심리적 든든함을 얻을 수 있다. 성인보다 아동의 그림에서 더 많이 보이며, 특히 과일은 관심과 사랑을 받거나 주고 싶어 함을 의미할 수 있다.

(3) 사람 그림

사람은 의식적인 수준에서 갖는 자기 개념, 표상, 자신에 대한 태도, 여러 감정, 이상적인 자기상 등을 반영한다. 자기뿐 아니라 자신에게 충족을 주는 여러 유의미한 자기 대상적인 인물, 중요한 타인의 표상과 그에 부여된 감정들이 투사되어 나타난다. 특히 아동의 인물화는 자기개념적 요소, 다양한 정서적 측면, 발달적 성숙 징후들이 반영되어 나타나므로 모든 측면들을 잘 고려해야 한다. 아동은 인지발달의 수준상 자기중심성이 현저한 상태이므로 부모와 같이 중요한 사람을 그리는 경향이 강하며, 자신을 그리는 경우도 많다.

① 처음에 그리는 성

대부분 피검자 자신과 동성 인물을 그린다. 이성상을 먼저 그리는 경우는 성적 관심이 있는 사람, 의미 있는 이성, 심리적으로 밀착된 경우는 성의 동일시가 혼란되거나, 성적 역할을 심리적으로 받아들이지 못함, 동성애 가능성이 있다.

② 인물화의 크기

내담자의 자존감과 활동성을 의미한다. 피검자의 성별에 관계 없이 약 반수는 남성상을 여성상보다 크게 그리는 경향이 있다. 이성상을 지나치게 크게 그리거나 작게 그리는 것은 어떤 의미에서 성적 역할에 혼란이 있을 수 있다.

③ 만화나 추상적 인물

검사에 대한 자기방어적 태도, 경계심을 갖거나 인간관계에 불만이 있으며, 자기개념이 확립되지 않고 남을 해하려는 감정을 가지며 인간관계를 피하고자 하는 것을 나타낸다. 동성상, 이성상의 하나만 만화적, 추상적으로 그리는 것은 자기를 드러내려 하지 않거나 이성에 대한 거부적 태도를 보이고 성적인 관심을 숨기려는 사람에게 자주 보여진다.

④ 머리

상징적으로 피검자의 지적 능력, 공상, 충동, 정서, 지적 통제 정도 등에 대한 단서를 제공한다.

- 머리 생략 : 매우 드문 경우로 사고장애, 신경학적 장애 가능성 매우 높음
  - 물건, 모자 등에 머리가 모두 가려지게 그리는 경우 : 자신의 지적 능력이 자신 없고 불안감을 느끼거나 공상 세계몰입, 세상에 적극적 개입과 나아가기를 회피하고 있음을 반영
- 머리 크기
  - 큰 머리 : 지적 능력 불안에 대한 과도한 보상 욕구, 지적 능력 관심, 과시, 지적인 성취 욕구, 내적 소망 충족적 공상에 과도한 몰두. 단, 6세 이하 아동은 몸보다 머리의 비율을 크게 그리는 것이 정상이며 이는 인지적 · 정서적 수준을 반영함
  - 지나치게 작은 머리 : 공상 세계와 관련된 부적절감, 지적 능력, 무능감, 열등감, 지적 능력, 수동적 태도, 위축된 태도
  - 둥글지 않은 네모, 세모와 같은 도형의 머리 형태 : 지적능력 장애, 사고장애, 신경학적 장애 여부 의심
- 머리와 몸의 연결되지 않고 떨어져 있는 그림 : 생각, 인지 같은 지적 능력과 몸의 다른 부분이 서로 적절한 관련을 맺지 못하고 있음을 의미. 신체와 정신의 통합이 힘든 사고장애, 신경학적 장애 가능성 시사

⑤ 얼굴

얼굴은 감정 상태, 욕구, 표현 등 의사 전달의 주요 수단이다.

- 정면을 향한 얼굴 : 정상적
- 뒷모습 : 회피적인 태도, 자신에 대한 적개심과 억압된 분노감, 거부적인 태도
- 측면 : 양가감정, 외모에 대한 자신감 부족, 사회적 접촉 회피

⑥ 눈

눈은 외부와 접촉하는 기관으로 세상을 향한 마음의 창, 사회적 관계의 관심, 욕구에 민감한 정도를 반영한다. 집 그림에서 창문처럼 눈은 다른 사람들과 어떠한 관계를 맺는지에 대한 정보를 제공해주며, 정서적 자극을 어떻게 받아들이고 반응하는지, 자신의 감정을 어떻게 표현하며 어떻게 느끼고 있는지를 파악하게 해준다.

- 눈 진하게 강조 : 의심, 경계적, 편집증적 경향, 공격성
- 눈 강조된 진한 음영 : 감정적 교류에 있어 불안감, 긴장감, 타인과 상호작용에서 의심, 방어적 태도, 편집증적 경향성 의미
- 지나치게 큰 눈 : 타인과 정서적 교류에 지나치게 예민함
- 지나치게 작은 눈 : 사회적 상호작용에 위축, 회피하고자 함을 나타냄
- 모자, 머리카락 등으로 눈가림 : 회피, 양가감정, 사회적 불안으로 감정표현, 타인의 감정을 수용하는 데 매우 위축되어 있음을 반영함
- 눈 생략 : 사회적 교류 극심한 불안, 회피적인 태도
- 눈 모양
  - 눈동자를 그리지 않고 윤곽만 그린 경우 : 상징적으로 내적 공허감 반영, 타인의 감정을 알고 싶지도 자신의 감정을 보이고 싶지 않음을 나타냄
  - 눈을 점으로 찍거나 가느다란 선, 아주 가늘게 뜨거나 눈을 감은 것 : 감정 교류 소통의 채널을 좁혀 버린 것으로 자신의 감정을 표현하고 타인의 감정을 공유하는 것에 있어 어떠한 제약이나 스스로 한계를 느끼고 있음을 의미함
  - 눈썹 : 눈 외 눈썹을 그리는 경우 이 모양이 코를 향해 기울여진 모습으로 그렸다면 내면의 적대적 태도, 반원의 아치 모양은 경멸적인 태도, 진하게 그렸다면 공격적 태도를 의미함. 그러나 지나친 해석은 위험할 수 있음

⑦ 귀

귀는 타인의 정보를 받아들이는 통로이며, 귀를 어떻게 그렸는가에 따라 피검자가 정서의 자극을 수용하고 반응하는 방식을 알 수 있다.

- **귀 생략** : 아동은 종종 귀를 그리지 않는 경우가 있기 때문에 꼭 정서적 문제를 의미한다고 단정하기는 어려움. 그러나 때로 귀 생략은 정서적 자극을 받아들이고 느끼고 자신의 감정을 표현하는 데 불안함, 자신이 없어 사회적 상황과 감정교류 상황을 회피, 위축되는 경향을 반영함. 머리카락과 모자에 귀를 가리는 경우 이런 가능성 시사
- **귀의 크기**
  - 큰 귀 : 정보를 지나치게 받아들이려 하는 것으로 사회적 평가에 대한 민감성, 긴장감, 불신과 의심, 예민함을 의미함
  - 너무 작게 그린 귀 : 피하고 싶은 정서적 자극, 위축됨을 의미
  - 강조한 귀 : 감정교류의 긴장감, 다른 사람이 어떻게 생각하는가에 대한 예민함, 타인 의도 불신과 의심, 스스로 방어하고자 하는 욕구, 편집증적 경향을 시사함
- **귀걸이를 그린 경우** : 외모에 관심이 많음을 의미, 강조된 귀걸이는 타인에게 자신을 과시하고 드러내 보이고 싶어 하는 자기애적 욕구, 대인관계 불안감 강박적 보상 욕구 시사함. 남자 그림의 귀걸이는 다소 반항적이거나 거부적인 태도를 시사할 수 있으므로 주의하여 살펴봐야 함

⑧ 코

후각이라는 통로를 활용해 외부의 세계 정보를 받아들이고 얼굴의 중앙에 위치하여 눈 다음으로 가장 눈에 띄기 쉽다. 그러므로 코를 어떻게 그렸는가는 역시 환경으로부터 정서적인 자극을 어떤 식으로 받아들이고 반응하는지와 외모에 대한 관심 여부나 정보를 알게 해준다. 그러나 아동의 인물화에서 코가 생략되는 것은 대체로 흔한 편으로, 그림을 순정만화처럼 예쁘게 그리려고 하는 여자 아동의 경우 코를 그릴 자신이 없어 생략하는 경우가 더러 있다.

- **코 생략** : 자신이 타인에게 어떻게 보이는지 매우 예민하며 두려워함을 의미함. 사회적 상황에서 위축되며 지나치게 회피적일 수도 있음
- **코의 크기**
  - 큰 코 : 주변 사람과의 관계에서 정서적 자극에 대한 예민함, 외모에 지나친 관심을 가지고 있음을 의미함

- 너무 작은 코 : 외모에 대한 자신감 부족, 위축, 타인과 감정교류에 수동적이고 회피적 태도를 의심
- 콧구멍 강조한 그림 : 비염과 천식 등 코 질환과 관련된 것이 있는지 살펴보고, 그렇지 않은 경우는 대인관계와 상호작용에서 미성숙한 태도, 공격적 행동을 보일 소지도 있음

⑨ 입

입은 세상과 의사소통하는 표현의 수단이며, 음식을 먹음으로 사람이 살아갈 수 있도록 해주는 기관으로 입은 심리적 욕구 충족과 정서적 상태를 나타낸다.

- **입 생략** : 음식은 상징적으로 그 사람의 존재감과 가치감을 느낄 수 있게 해주는 타인의 애정을 의미할 수 있음. 입의 생략은 애정교류의 심한 좌절감, 무능력감, 위축감, 양가감정을 느끼고 있음을 시사함
- **지나친 큰 입** : 타인과 정서적 교류, 애정의 교류에 있어 불안감, 과도하게 적극적이고 주장적이며 심지어 공격적 태도와 불안감을 보상하고자 함을 의미
- **지나치게 작은 입** : 내적 상처를 받지 않으려고 정서적 상호작용 회피, 타인의 애정 어린 태도 거절하고자 함, 과거에 이와 관련된 절망감, 우울감을 느꼈던 적이 있음을 시사함
- **입 모양**
  - 가로선 하나로 전혀 웃지 않는 모양으로 표현한 경우 : 타인과 정서적 교류에서 무감각하고 냉정한 태도를 취함을 의미
  - 냉소적 비웃음을 띤 것처럼 보임 : 성격적으로 적대감, 공격성이 내재되어 있음
  - 환하게 웃고 있는 모습 : 타인의 애정을 원하며 친밀한 관계에 너무 몰두하고자 함을 의미할 수 있음
  - '헤' 하고 벌린 입 : 대인관계 상호작용에서 무기력감, 수동적 태도 반영함
- **입에 물건을 물고 있는 것을 그린 경우**
  - 담배, 파이프 등을 입에 물고 있는 모습 : 타인으로부터 애정과 정서적

지원을 받는 것이 아닌 자기 스스로 입에 무언가 물려 놓았음을 의미할 수 있음. 스스로 혼자서 충분히 내적인 충족감을 가진다는 것을 과시함으로 타인의 거절에 대한 불안감을 보상하려고 하고 있음을 가설로 생각해 볼 수 있음

– 치아가 그려진 경우 : 5세 이하의 경우 행복감, 기쁨의 표현일 수 있으나 6세 이상의 아동이 이를 그린 경우는 공격성 또는 정서적 욕구 충족, 애정욕구 충족에 있어 심한 좌절감 느낌, 상처받지 않으려는 불안감을 느끼고 있음을 시사함

⑩ 머리카락

머리카락은 인물화 검사에서 중요하지 않은 세부 특징일 수 있으나 간혹 상당한 의미를 지니기도 한다. 머리카락은 따뜻함을 유지하는 보온의 기능, 길고 풍성한 머리카락은 여성적인 매력을 상징하기도 한다.

- 머리카락 생략 : 아동의 그림에서 가끔 머리카락을 그리지 않는 경우도 있기 때문에 별 의미가 없을 수 있으나 때로 외모에 대해 자신이 없거나 위축감을 느끼고 있음을 의미함
- 머리숱의 정도 : 머리숱이 지나치게 많으면 성격적으로 지나치게 자신 있거나 적극적이고 자기주장적으로 행동하며, 때로 공격적 태도를 보일 수도 있음을 시사함. 머리숱을 너무 적게 그리면 성적인 면에서 지나치게 수동적이거나 억제적 태도를 가지고 있음을 시사함

⑪ 목

목은 머리와 몸통을 연결하는 신체 기관으로 인지적 활동인 사고, 감정, 공상과 신체에서 일어나는 반응을 연결하는 통로이다. 적절하게 통합된다면 마음과 몸에서 일어나는 경험을 스스로 통제함을 느끼거나 편안해짐을 의미할 수 있다.

- 너무 긴 목 : 행동과 생각 간 거리를 두고자 함을 의미. 자신 행동 조절, 충동통제에 대한 자신감 부족, 과도한 행동 억제, 통제된 삶 강조하는 태도, 억제된 욕구를 혼자만의 공상에 몰두함으로 해결하고 싶어 함을 의미함

- 너무 가늘고 긴 목 : 자기 행동에 대한 통제력을 상실할 상황에서 지나치게 위축되고 억제됨을 의미함.
- 너무 굵은 목 : 심신 통합, 행동과 생각을 통제하는 것에 강하게 집착할 가능성을 시사함. 경직되고 융통성 없이 억제되고 완고한 행동을 보일 소지가 큼
- 굵고 짧은 목 : 때때로 통제력이 부족하여 충동적으로 행동하거나 감정을 표출할 가능성이 있음을 시사함
- 너무 작게 그린 목 : 스스로 통제해야겠다는 생각은 있으나 이런 의지에 너무 압도되어 매우 억제되고 위축됨을 의미함
- 선 하나로 표현된 목 : 충동을 스스로 통제하지 못한다는 부적절감, 자괴감을 느끼고 있음을 시사함
- 생략된 목 : 인지적 활동, 신체적 반응에 대한 통제력 모두 약화되어 신체적 행동 통합, 조절이 부족한 상태, 즉 뇌기능장애, 해리장애, 사고장애 가능성을 시사함. 그러나 아동은 목을 생략하는 경우가 있기 때문에 지나친 해석은 위험함

⑫ 어깨

어깨는 짐을 지고 무게를 버티는 능력을 나타내므로, 상징적으로는 책임을 지는 능력과 관계될 수 있다.

- 생략된 어깨 : 5~6세 아동은 종종 생략하나 그렇지 않은 경우 신경학적 장애, 지적장애 가능성 의심. 어깨를 그리지 않고 몸과 목, 팔을 연결해서 그린 경우 책임을 지는 것이 매우 자신 없고 부적절감을 느끼며 책임지는 상황을 회피하고자 함을 시사함
- 너무 큰 어깨 : 상징적으로 책임감이 너무 강하며 너무 책임을 지고자 한다는 의미에서 상황을 지배하고 과도하게 권위를 내세우는 태도가 있음을 나타냄
- 너무 작게 그린 어깨 : 스스로 책임 있게 완수하는 능력에 대해 자신 없고 부적절감을 느끼며 책임감을 가져야 하는 상황에서 위축되고 수동적 자세를 취하려는 경향을 의미함

- **날카롭고 각진 모양** : 책임 행동과 관련된 상황에서 경직되며 확고한 태도를 보임을 의미함
- **너무 축 처지게 그렸을 경우** : 책임이라는 부담 지는 것과 관련된 우울감을 나타냄

⑬ 몸통

사람의 내적인 힘을 보유하는 부분으로 세상에서 기능하는 내적 힘을 가졌는지의 관점에서 스스로 유용하다고 생각하는 여부와 스스로 적절하다고 경험하는가를 나타낼 수 있다.

- **몸통의 생략** : 매우 드문 경우로 머리에서 바로 팔과 다리를 그렸다면 퇴행이 매우 심하거나 사고장애, 지적장애, 신경학적 장애가 있음을 시사함
- **너무 길게 그린 몸통** : 지나친 행동성을 보임으로 스스로의 내적 힘이 부족하다는 느낌을 과잉보상하려 함을 의미함
- **너무 넓게 그린 몸통** : 주변 사람들에게 요구를 많이 하거나 권위적 태도를 취함으로 내적 힘의 결핍감을 과잉보상하려 함을 의미함
- **너무 작게 그린 몸통** : 스스로의 힘과 관련해 부적절감을 느끼며 수동적이고 억제된 행동을 보일 수 있음을 시사함
- **몸통이 길며 필압이 낮고 흐린 그림** : 부적절감으로 위축된 대인관계를 의미함
- **너무 짧고 굵은 몸통** : 화가 나면 매우 난폭해질 가능성을 시사함

⑭ 가슴

남자 그림에서 가슴은 자기 자신의 능력이나 힘에 대해 주관적으로 어떻게 느끼고 있는지를 반영할 수 있으며, 피검자의 성별과 그린 대상이 누구인지에 따라 해석이 달라질 수 있다.

- **너무 큰 가슴** : 타인에게 요구적이고 권위적 태도를 취함으로 결핍감, 무능력감을 과잉보상하려 함을 의미함
- **너무 좁은 가슴** : 스스로에 대한 부적절감으로 순종적인 행동을 할 가능성

을 시사함

- 웃옷을 입지 않고 웃통을 벗은 그림 : 무능력감을 과시적 방식을 통해 보상하려 함을 시사함
- 남자 아동의 경우 그림 속 남자는 자기나 자기대상 모두를 나타낼 수 있으며, 여자 아동이라면 주로 자기대상에 대한 표상을 나타낸다.

⑮ 유방

여자 그림은 성적 매력과 관련되어 있으며, 모유를 공급하는 부분이라는 점에서 의존욕구 및 애정욕구과 관련될 수 있다. 여자 그림에서 유방을 어떻게 그렸느냐에 따라 자기대상적 충족과 관련해 얼마나 성격적으로 성숙했는가에 대한 지표를 제공한다.

- 여자 그림 : 성적욕구, 성적 매력 과시, 의존욕구, 애정욕구 반영
- 남자 그림 : 능력이나 힘에 대한 주관적 지각 반영

⑯ 팔

우리가 하고자 하는 바를 수행해 주며 외부 환경과 접촉을 하는 신체 부위이다. 팔을 어떻게 그렸는가에 따라 환경과 상호작용하는 여부, 현실 속에서 대처하고 자신의 욕구를 충족하는가에 대한 문제해결 능력을 나타내는 중요한 지표가 될 수 있다.

- 길고 굵은 팔 : 강한 성취 욕구, 자율성의 욕구, 무능력감, 세상과 교류하는 능력의 부적절감을 과잉 보상하고자 함. 근육질 팔은 주장적 혹은 공격적 태도를 통해 자신의 힘과 환경과 교류능력을 과시적으로 강조하려 함
- 짧고 약한 팔 : 스스로 대처능력, 상호작용과 대인관계 부적절감, 행동에서의 억제 및 수동적 대처 경향
- 뒤로 숨긴 팔 : 대인관계 욕구와 부적절감을 경험하는 양가감정, 사회적 위축
- 팔짱 낀 자세 : 외부 환경 및 대인관계 의심, 적대감, 공격적, 방어적 태도
- 몸에 딱 붙여 그린 팔 그림 : 경직성, 억제 경향성

- **두 팔 생략** : 매우 드물게 나타나는 그림. 환경과 세상과 관계를 맺고 싶어하지만 내적 갈등, 양가감정으로 부분적 억압이 있음을 의미함. 무력감, 우울감, 위축감, 철수적 태도, 정신증적 상태, 지각적 왜곡
- **길이가 다른 두 팔** : 세상과 교류능력, 대처능력에 대한 양가감정, 너무 심한 차이의 팔은 신경학적 장애, 지적장애, 정신증적 상태 여부를 의심

⑰ 손

손은 팔보다 정교한 세상과의 교류와 자신의 욕구 충족을 위한 행동, 문제 해결해갈 수 있는 신체 부위이다. 손은 그림을 통해 환경을 통제하는 능력과 방식을 좀 더 구체적으로 알 수 있다.

- **생략된 손** : 세상과 타인과 교류하고 싶은 소망은 있으나 스스로 교류에 대한 통제감과 효능감이 없고 불안하며 부적절감을 느끼고 있음을 시사함. 대처기술 자체가 비효율적이고 부적절할 가능성을 시사할 수 있음
- **너무 큰 손** : 환경을 통제하고 대처하는 능력에 대한 부적절감을 과행동성이나 주장성을 통해 과잉보상하고자 함
- **음영 진 손** : 공격적 충동, 부적절감 과잉보상
- **너무 작은 손** : 대인관계 및 상호작용과 생산적 활동에 대한 자신감 부족, 정서적 불안정감, 무력감을 의미함
- **원 모양으로 그린 손** : 교류나 통제, 대처와 관련한 부적절감, 무력감, 강한 필압으로 그려진 원 모양의 손은 내적 분노감과 공격성을 의미함
- **뾰족하고 크게 그린 손가락** : 적대적, 공격적인 행동, 불안과 강박적 통제 시도
- **주먹 쥔 손** : 분노감, 반항심, 억압된 공격성
- **장갑을 낀 손** : 세상과 직접적으로 교류하거나 대처하지 못하고 간접적인 방식으로 상호작용하고 싶어하는 욕구를 반영함. 벙어리장갑은 이러한 욕구에도 매우 미숙하고 단순한 수준임을 의미할 수 있음
- **주머니에 손을 넣음** : 회피적 태도
- **손에 무언가를 잡고 있는 모습** : 환경에 대한 통제를 못 할지도 모른다는

불안감을 외적인 것을 잡아 지탱하면서 보상받고자 함을 의미함. 무슨 물건을 잡고 있느냐에 따라 해석이 달라질 수 있음

- **손가락의 수와 손톱** : 다섯 개보다 더 적게 그리면 세상에 대한 통제에 부적절감을 느끼고 있음을 의미하며, 다섯 개 이상으로 그리면 이런 통제감을 얻기 위해 과행동성을 보이고 충동적으로 행동할 수 있음을 의미할 수 있음
  - 상세히 그린 손가락 관절, 손톱 : 통제와 관련된 불안을 강박적으로 보상하려 함을 나타낼 수 있음

⑱ 다리

원하는 목표를 향해서 자기의 위치를 옮기고 충족감을 높일 수 있는 원천으로 나아갈 수 있게 하며, 환경의 위험으로부터 도피하게 해주고 현실 상황에서 지탱해서 서게 해주는 역할을 한다.

- **한쪽 다리 생략** : 자신감 부족, 부적절감, 양가감정, 회피적, 억제적 행동을 시사할 수 있음
- **두 다리 생략** : 무력감, 부적절감이 매우 심하여 우울한 상태, 과도하게 위축되어 있음을 시사함
- **너무 굵은 다리** : 세상을 지나치게 통제함으로 내적 부적절감 과잉보상함
- **너무 짧고 가는 다리** : 세상을 대처하는 데 부적절감, 억제 경향성, 수동적 태도
- **흔들리는 모양 또는 선 하나로만 된 다리** : 대처 및 통제와 관련해 부적절감 매우 심하고 수동적인 태도 취함
- **크기가 너무 다른 다리** : 신경학적 장애, 정신증적 상태, 지적장애 의심
- **다리를 딱 붙인 모습** : 융통성 부족, 경직된 성격 성향
- **교차된 두 다리** : 성적 불안감과 억제 경향성
- **넓게 벌린 다리** : 반항적 자세를 취함으로 내면의 불안정감 과잉보상함
- **종이 밑바닥에 거의 닿는 다리** : 내면의 불안정감이 심함을 의미
- **몸통에서 다리가 완전히 떨어지게 그려진 다리** : 현실지각 왜곡, 정신증

적 상태, 해리장애의 가능성 시사함

- **길게 그린 다리** : 자율성, 독립성의 강한 욕구, 부적절감, 무력감 과잉보상 경향

⑲ 발

발은 땅과 직접적 접촉을 하는 부분이며 사람을 세상에 위치시키는 가장 일차적인 부분이다. 스스로 균형을 잡게 해주고 앞뒤로 움직일 수 있게 해주는 기능을 하기 때문에 욕구를 충족시켜 줄 수 있는 원천으로 자율성을 적절하게 성취하게 해준다. 발은 자기 대상과의 경험에서 볼 때 의존성과 독립성의 연속선상에서 내담자가 어느 위치에 있는가를 알 수 있게 해준다.

- **생략된 발** : 세상에 독립적으로 서는 것을 두려워 함. 때로는 현실지각의 왜곡 가능성 의심
- **한쪽 발만 생략된 발** : 자율성, 독립성을 성취해 가는 데 내적으로 양가감정 느낌
- **한쪽 발 등을 옷 등으로 완전히 가려지게 그린 경우** : 의존과 독립의 갈등에서 회피, 두 발을 모두 가려지게 그린 경우는 실제로 과도하게 회피하고 억제하고 있음을 의미함
- **지나치게 큰 발** : 독립성을 지나치게 강조함으로 부적절감 과잉보상, 안정감 과도하게 추구
- **지나치게 작은 발** : 자율성에 대한 부적절감, 두려움을 느낌, 불안정감, 위축감, 무기력감
- **발이나 신발을 단순하게 둥그스름한 모양으로 그린 경우** : 자율성 발달이 미숙한 수준일 수 있음
- **뾰족뾰족한 발가락 또는 하나의 선으로 된 발가락** : 현실지각의 심한 왜곡, 사고장애, 신경학적 장애, 지적장애를 나타낼 소지가 큼
- **정반대 방향의 두 발** : 성격적으로 매우 우유부단하고 자신감 없음을 의미함
- **발이 종이 모서리에 거의 닿도록 그린 그림** : 내적인 부적절감, 불안정감,

이를 보상하기 위해 타인으로부터 지지와 격려를 구하고 싶은 욕구를 나타냄

- 다리에서 완전히 떨어지게 그려진 발 : 매우 드물며, 현실 왜곡, 정신증적 상태, 해리 상태에 있음을 시사함
- 자세하고 정교하게 그린 발 : 독립의 갈등, 의존, 자율성 문제에 대해 강박과 집착, 부적절감을 과시적 보상하고자 함을 시사함
- 부츠를 신은 모습 : 자율성을 성취하는 데 타인의 보호와 격려를 받고자 하는 욕구를 시사함. 그러나 카우보이 또는 낚시꾼이 부츠를 신은 그림은 적용하지 않음

⑳ 이외의 상징

- 허리 : 남성의 몸통의 하부는 성적 기능을 상징, 여성의 몸통 하부는 성적 혹은 생산적 기능을 상징함. 벨트와 허리선을 강조한 그림은 성적 충동에 대한 억제와 갈등, 불안감을 시사함
- 의상 : 자기방어, 자기과시를 나타냄
  - 화려하고 장식이 많은 옷 : 주목받고 싶은 욕구, 자기 과시적 태도, 두려움
  - 정교하게 묘사한 옷 : 강박적 성향
  - 옷을 입히지 않은 그림 : 사회규범에 대한 반항, 자기방어 취약, 관음증, 노출증과 같은 성적 문제행동을 시사할 수 있음
- 단추 : 모친에 대한 의존성을 나타낼 수 있음
- 주머니 : 유아적 의존적 경향을 나타낼 수 있음

집 그림

이 집은 실험실이에요. 이곳에서 세상을 공격할 수 있는 무기를 만들고 있죠. 무기를 만드는 사람 혼자 살기 때문에 외로워요.

나무그림

저는 나무 안에 집을 짓고 싶어요. 나무 안에 문이 있어요. 나무는 당연히 건강하고요. 문이고 올라가는 사다리에요. 그리고 사과 열매가 하나 달려있어요.

사람 그림 1(남자 그림)

얘는 키가 크다고 자랑하고 있어요. 이것은 병원에 가면 키 재는 거예요. 동생이 아팠을 때 쟀던 건데요. 동생은 자기가 아주 잘난 줄 알아요. 바보같이 매일 아프기만 하고, 맘에 안 들어요. 엄마가 얘만 예뻐해요.

사람 그림 2(여자 그림)

이 여자는 바보같이 울고 있어요. 동생보다 키가 더 큰데 사람들이 아니라고 해서 울고 있는 거예요. 저는 아니예요. 저는 동생보다 키가 더 크잖아요.

그림 6-7 HTP 그림검사, 부모갈등으로 학교부적응 경험(초 3, 여)

5. 동적 집-나무-사람 그림검사(KHTP)

번스(Burns)는 HTP의 단점을 보완하기 위해 HTP에 동적 차원을 가미시켜 KHTP(Kinetic House-Tree-Person : KHTP)를 고안하였다. KTHP는 한 장의 종이에 집, 나무, 사람을 함께 그리는 것이며, 내담자의 성격을 더욱 역동적이고 효과적으로 파악하여 내면세계에 대해 더 많은 정보를 얻게 된다.

1) 준비물

A4용지, 연필(2B, 4B), 지우개를 준비한다.

2) 실시 방법

"한 장의 종이 위에 집, 나무 그리고 어떤 행동을 하는 사람의 전체 모습을 그리세요. 사람의 전체 모습을 그릴 때 만화나 혹은 막대기와 같은 모양의 사람은 그리지 마세요. 그림 실력은 중요하지 않습니다."라고 지시한다.

3) KHTP 분석 시 고려해야 할 사항

KHTP를 해석할 때 가장 먼저 고려해야 할 것은 그림에 대한 전체적 느낌이다. 그리고 HTP 각각 그림에서 어떤 느낌을 받는가를 살펴보아야 한다. HTP 검사와 마찬가지로 그림을 그리고 피검자와 질의응답을 통해 피검자가 그림으로 나타내고자 하는 것에 대해 파악한다. 또한 집, 나무, 사람 중에 가장 큰 영향을 나타내는 것, 각 대상의 거리와 HTP의 상징과 상호작용은 어떠한가를 살펴봐야 한다. 예를 들면, 해와 달 등이 집과 나무 위에 그려져 있는지에 대한 전체적 분석을 통해 진단할 수 있다. HTP의 해석방법은 앞에서 제시된 방법으로 해석한다.

4) KHTP에서 그림의 해석

K-HTP의 해석은 HTP 해석의 바탕을 두고 있는 정신분석학적 관심과 달리 발달적인 체계를 적용하였다. HTP의 해석은 주로 프로이트학파의 '정신 병리적' 집단에 대한 이론적 기반에 의해 이뤄졌으며, 프로이트학파의 사고는 우리에게 통찰을 부여하였다. 인간의 건강한 면보다 병리적인 면이 더 강조되었다는 것도 사실이다. 이러한 HTP검사의 단점과 문제점들을 보완하기 위해 번스는 정상과 성장을 추구한다면, 우리는 이것을 발견할 수 있다는 전제에서 HTP의 역동성과 상호작용을 첨가하여 KHTP기법을 발전시켰다. 또한 KHTP 해석에 매슬로우(Maslow)의 발달적 관점을 도입해 인간의 성장과 잠재력을 함께 고찰하여 이해하도록 하였다.

아브라함 매슬로우(Abraham Maslow, 1908~1970)는 전체적으로 인간을 본 심리학자로, 건강하지 못한 면뿐만 아니라 건강한 면도 보고, 한계성과 잠재력도 함께 고려하였다. 매슬로우는 성장의 수준을 정의하는 발달적 모델을 제시하였다. 매슬로우의 모델을 투사적 그림에 적용시킬 때는 단계들 혹은 '욕구 체계'를 포함한다.

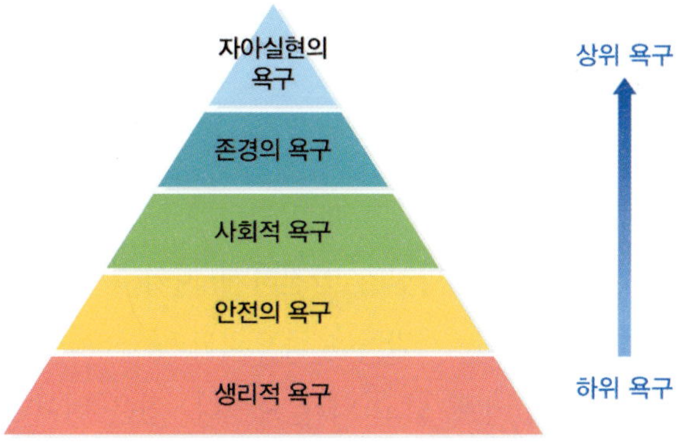

그림 6-8 매슬로우의 욕구체계 5단계

- 1단계 : 생활에 대한 소속감 - 생활, 일상, 생존, 안전에 대한 욕구
- 2단계 : 신체에 대한 소속감 - 신체 수용, 신체 탐닉 및 잠재성에 대한 통제력 추구
- 3단계 : 사회에 대한 소속감 - 성공, 지위, 존경 그리고 힘에 대한 추구
- 4단계 : 자기와 자기가 아닌 것에 대한 소속감 - 사랑을 주는 것, 동정심, 양육, 변화된 동기
- 5단계 : 모든 생명체에 대한 소속감 - 자아실현, 사랑을 주고받기, 창조성, 좋은 기회와 행운, 생활에 대한 찬양

매슬로우의 체계는 새로운 것에 대해 수용하고 변화하는 개방체계이다. 폐쇄체계의 사용은 인간의 잠재력과 성장을 이해하고 고찰하는 것을 지연시켰다.

일반적으로 K-HTP에 대한 발달적 분석에서 집은 생활의 물리적 측면, 나무는 생활의 에너지와 에너지의 방향, 사람은 감독자를 상징한다. 매슬로우의 '욕구체계' 6단계는 자아 초월 욕구로, 5단계만 사용하였다. 처음 3단계들은 접근형-회피형(혹은 공격과 수동)으로 구분된다. 김동현 외(2002)에서는 집-나무-사람 그림에의 발달적 단계에 대해 다음과 같이 설명한다.

(1) 집-나무-사람 그림에서의 발달적 단계

① 집 그림에서의 발달적 단계들

- 1단계 : 생활에 대한 소속감

  이 단계에서 그림을 그리는 사람은 생존에 대한 회의나 혹은 죽고 싶은 욕망에 사로잡혀 있다.

  - 접근형 : 집은 보호와 안전을 위한 장소이다. 요새나 감옥과 같은 구조를 흔히 볼 수 있다. 보통 접근이 제한되면 문 혹은 손잡이가 생략되어 있다. 집은 사람들로부터 당신을 안전하게 지켜주는 성역이다.
  - 회피형 : 여기에 속하는 사람들은 죽으려고 생각하고 있다. 집은 부서지기 쉽고, 붕괴 직전이며, 낡고 약해 보인다. 집은 비어있고 오래가지 못할 것처럼 보인다.

- 2단계 : 신체에 대한 소속감

집과 집의 개방과 돌출, 벽 등은 신체를 나타내는 경우가 있다. 프로이트(Freud)적인 상징은 여기에 적합하다.

- 접근형 : 부분들이 강조되어 있다. 굴뚝은 문이나 창문들이 그려져 있는 것과 같이 분명하면서도 정밀하게 그려져 있다. 집에는 촛불, 동그라미, 혹은 남성 성기의 상징들을 포함한 성적상징들이 장식되어 있을 수 있다. 집은 감각적이며 쾌락주의를 반영한다.
- 회피형 : 부분들이 생략되어 있거나 지워져 있거나 혹은 감춰져 있다. 또한 부분들에 음영이 있거나 지워져 있다. 집을 그리는 것을 싫어하며 집이 심미적이지 못하고 거부가 나타난다. 'x'표 상징은 신체의 갈등 부분을 반영할 수도 있다. 집이 타인의 침입을 받지 않는 '신성한 장소'를 반영하는 경우도 있다.

- 3단계 : 사회에 대한 소속감

- 접근형 : 집은 성공, 지위, 권력과 존경에 대한 욕구를 반영한다. 이 단계에서 집은 현대적이며 값비싸 보인다. 만약 풍경화가 그려진다면, 그것은 정형적이고 윤택해 보일 것이다.
- 회피형 : 집은 성공하지 못했다는 것을 나타낸다. 집이 비싸 보이거나 현대적이지 못하다. 누추한 집의 형태이다.

- 4단계 : 자기와 자기가 아닌 것에 대한 소속감

이 단계에서 분열은 숨어 있다. 접근형이나 회피형은 없고 다만 통일된 조화가 있다. 집은 가정이 된다. 보다 많은 색채들이 따뜻함과 보호적인 느낌으로 사용되어 진다. 커튼은 숨기 위한 것이 아니라 따뜻함과 아름다움을 나타낸다. 꽃, 관목, 나무들이 첨가될 것이다. 그림에 따뜻한 양육적인 특성이 나타난다. 문과 문에 있는 손잡이를 이용하여 출입할 수 있다. 때때로 집에서 빛이 비쳐 나온다. 가정은 따뜻한 분위기 속에서 다른 사람과 공유할 수 있는 곳이다. 장난감들, 원예 도구들, 그리고 꽃들이 가족과 보호의 상징으로 나타난다.

- **5단계 : 자신과 자신이 아닌 더욱 확장된 것에 대한 소속감**

  가정은 행복과 환영을 발산하는 창조적인 것이다. 이 단계에서 그림을 그리는 사람을 자신과 자신이 아닌 것도 수용한다. 가정은 따뜻하고 자연스럽게 조화를 이루고 있다. 나무, 꽃, 새, 태양, 산들이 하나의 생활의 향연으로서 사랑스럽게 포함될 것이다. 가정은 신체, 자기, 기타, 다른 것들과 정신적인 것을 위해 가정을 확립하려는 창조적인 노력과 완전성을 반영할 것이다.

② 나무 그림에 있어서 발달적 단계

나무는 신화, 관습, 전설, 종교적 문헌, 미술, 시, 그리고 분석에서 묘사되는 것처럼 옛날부터 세계 여러 곳에서 생활과 자기 성장의 상징으로 여겨왔다. 나무의 가지는 방어, 슬픔, 양육, 성장, 재활과 결심을 상징해 왔다. 씨앗들로부터 꽃이 피고 열매를 맺어 또다시 씨앗이 되는 나무의 기지적인 재생은 인간 성장과 발달에 대한 은유로서 보인다. 나무는 땅에서부터 하늘까지 성장하고 움직이려 하는 인생의 열망을 반영한다. 따라서 그것은 가장 보편적인 상징으로서, 그리고 정신과 지기 확장의 은유를 나타내고 있다. 나무는 하나 된 영상으로서 사람의 모습이다. 융(Carl Gustav Jung, 1875~1961)은 "만일 만다라가 교차 부분에서 보이는 자기(Self)의 상징으로서 묘사될 수 있다면, 나무는 성장의 과정으로 묘사된 자기(Self)의 단면을 나타낼 것이다."라고 말했다. 융은 그의 환자들로부터 많은 나무 그림을 모았다.

생활의 힘, 창조적 생명력, 생기(生氣)는 나무 상징과 관련된 극소수의 용어들이다. K-HTP에서 죽은 나무는 그림을 그린 사람이 생활할 의지를 잃은 것을 반영해 준다. 성장이 저지된 나무는 차단된 성장을 말한다. 가느다란 줄기도 흥미 분야가 좁은 것과 생활에 대한 좁은 견해를 보여준다. 줄기가 아주 좁아지는 것처럼 인생도 한 가닥 실에 걸려 있다. 수령은 그림 그린 사람의 발달적 혹은 에너지 수준에 대한 단서를 줄 수 있다. 나무는 성장의 방향은 위와 밖, 혹은 아래와 안이다. 줄기의 옹이구멍은 보통 "혼란된 마음"속에 있는 고착이나 외상들을 반영한다.

- 1단계 : 생활력과 에너지에 대한 삶의 수용에 대한 소속감
  - 접근형 : 나무가 갈퀴 같은 손톱 모양의 뿌리를 가지고 있거나 혹은 파묻혀 있다. 나무가 친숙하지 못하다. 가시나 혹은 '가까이 오지 못하게 하는' 특성을 가질 것이다. 기어오를 수 없다.
  - 회피형 : 나무가 죽어가고 있거나 죽어 있다. 줄기는 좁고 잎이 없거나 혹은 드문드문 나 있다. 나무가 비틀려 발육이 방해받고 있다. 가지와 잎은 흐느끼는 버드나무의 가지처럼 아래로 처져 있다. 가지들은 부러져 있거나 말라 죽어 있다.

- 2단계 : 신체에 대한 소속감
  - 접근형 : 나무는 감각적 특성을 가지고 있으며, 나무껍질 혹은 잎을 강조할 것이다. 잎들이나 가지들이 남근 모양일 수 있을 것이다. 감각적인 색채들. 나무들은 줄기에 비해 작은 가지 구조이기 때문에 남근을 닮았다.
  - 회피형 : 나무들이 생략되어 있거나 부분이 감춰져 있거나 음영이 져 있다. 칙칙한 색채를 띤다.

- 3단계 : 사회에 대한 소속감
  - 접근형 : 강한 나무. 크고, 화려하며 외관적임. 가지들이 소유하려는 듯이 움켜잡는 식으로 밖으로 뻗어있다. 나무는 균형이 잡혀 있지 않다.
  - 회피형 : 수동적으로 보이는 나무. 가지들은 크지만, 밖으로 뻗어있지 않다. 나무가 한쪽으로 기울어져 있다.

- 4단계 : 자신과 자신이 아닌 것에 대한 소속감

접근형이나 회피형이 아니라 단지 우호적인 나무들이다. 양육적이고 정착된 나무로 그늘과 올라갈 수 있는 장소를 제공해준다. 아마도 과일이나 열매들이 그려져 있다(떨어지거나 떨어진 과일이 아니다.).

- 5단계 : 자기와 확장된 자기가 아닌 것에 대한 소속감

나무가 꽉 차 있으면 완전하고 위와 밖으로 뻗어있다. 가지들은 부러지지 않았으며, 연속적이다. 생기 있고 즐거운 분위기를 자아내는 특성의 색채, 전체적인 조화 속에 새, 태양, 산이 있다.

③ 인물화에 있어서 발달적 단계들

- 1단계 : 생활에 대한 소속감
  - 접근형: 공격적인 외모와 표현. 편집증적 특징(피카소의 눈)을 가지고 있다. 인물은 무기를 들고 있거나 무섭고 의심하는 듯한 표정이다.
  - 회피형 : 얼굴이 텅 비어있거나 뭉개져 있거나 혹은 매우 슬픈 표정이다. 사람들이 내적으로 죽어 보이거나 교활해 보인다. 인물은 자기 파괴적일 수 있다.

- 2단계 : 신체에 대한 소속감
  - 접근형 : 신체가 강조되고 감각적이다. 성적인 특성들이 강조되어 매력적이다. 남성일 때 근육이 강조되어 진다. 여성에게 있어서는 가슴, 엉덩이 등을 포함하는 성적인 특성이 강조되어 진다. 아름다운 신체, 세밀하게 그려진 사람들, 조깅하는 사람들 등.
  - 회피형 : 부분들이 숨겨져 있거나 생략 혹은 가려져 있는 신체, 신체에 대한 수치나 당혹스러움.

- 3단계 : 사회에 대한 소속 지위, 성공, 존경과 권력을 추구
  - 접근형 : 현대적이며 성공과 중요함을 느끼게 하는 분위기. 지위와 존경에 대한 욕구를 보여 준다.
  - 회피형 : 반문화적이거나 낡은 옷들, 성공적이 아니라 약하다.

- 4단계 : 자기와 자기가 아닌 것에 대한 소속감
  - 사람은 양육적이고 사랑스러운 얼굴 표정을 보여주며, 행동 또한 양육적이다. 동정심이 있고 보호적이며 양육적인 사람이다.

- 5단계 : 자신과 모든 생명체들에 대한 소속감
  - 인물은 생활의 축복을 반영한다. 인물은 전체적이며 완전하고 종종 창조적이다. 인물은 표현에 있어서 사랑, 희망찬 미래와 행운의 느낌을 주고 수용한다. 생활에 있어서 가능성에 대한 열렬한 기대를 반영한다. 색깔 등이 다채롭다.

④ KHTP에서 그림의 순서

소수의 사람은 지시에 따라 나열해서 집, 나무 그리고 사람을 그린다. 그러나 대부분의 사람들은 KHTP를 자유로운 순서로 그림을 그린다. 여기에 순서가 무엇을 뜻하는가에 대해 가장 먼저 그린 그림이 피검자에게 중요한 의미를 부여하고 있을 수 있으며 다음과 같은 가정이 있다.

가. 순서

▪ **집을 먼저 그린 경우**

- 세상에 소속되는 욕구, 생존 욕구
- 신체에 소속되는 욕구, 신체적 욕구 또는 강박관념을 나타낸다.
- 사회에 소속되는 욕구, 집은 성공 또는 성공에 대한 멸시를 보여준다.
- 양육을 위한 가정
- 양육을 주고받기 위한 가정, 창조적이고 즐거운 장소

▪ **나무를 가장 먼저 그리는 경우**

나무를 가장 먼저 그린 사람은 생활에너지와 성장을 중요하게 생각한다. 이것은 성장하려고 하는 사람이나 살아 있는 사람들의 전형적인 유형이다. 예를 들면, 자살 충동을 가진 사람이나 살려는 의지를 잃은 사람들은 종종 나무를 먼저 그린다. 또한 위로 향하거나 성장하고자 하는 사람들은 나무를 먼저 그린다. 해석을 가치 있게 하려면 전체 KHTP의 부분으로 나무를 봐야 한다.

▪ **사람을 먼저 그린 경우**

세상에 대한 소속감 통제 및 관심, 신체를 드러내거나 숨김
- '성공'을 보여주거나 '성공'에 대한 경멸
- 양육적 사람

- 즐겁게 주고받는 사람
- 자신 이외의 사람과 영웅 또는 영웅적이지 못한 인물에 사로잡혀 있는 것을 반영함

나. 부착

집에 대한 사람의 부착, 나무에 대한 집의 부착 등은 그림 그린 사람들이 그들의 생활 속에서 여러 가지 중요한 일들을 분리할 수 없고 해결할 수 없다는 것을 반영해준다. 자신 생활의 문제를 해결하지 못하며, 명백하고도 순탄한 인생 행로를 가지 못하고 만성적으로 충족되지 않아 불만이 있는 것처럼 보인다.

다. 절단

나무는 도화지 상단에서 잘리는 대상으로 많이 그려진다. 이는 힘과 우월에 대한 갈망이 관련되어 있으며 환상적인 사람으로 현실적인 것을 싫어하는 경우가 많다. 도화지 하단에 잘려 표현되는 대상은 사람이 많이 나타난다. 이는 소속되거나 현실적인 갈망과 관련이 있다.

라. 음영

도화지 하단에 줄지어져 있는 음영 넣기는 매우 불안정한 자신과 가족에 대한 안정의 갈망을 반영한다.

⑤ KHTP 그림검사 사례

폭력피해자(중 2, 남)

우울감 높음(30대, 여)

학대 경험(초 4, 여)

우울감 높음(고 3, 여)

현실이 불안함(고 3, 남)

대인관계 어려움(초 5, 여)

그림 6-9 KHTP 그림검사 사례

6. 동적 가족화 검사(KFD)

동적 가족화는 가족화(Kinetic Family Drawing : KFD)는 움직임을 첨가한 일종의 투사화로 번스(Burns, 1970)와 카우프만(Kaufman, 1972)에 의해 발전되었다. 동적 가족화는 가족화가 가지는 경직된 상동적 표현을 배제하고 움직임을 더하는 것에 의해서 자기개념만이 아니고 가족관계에 따른 상호작용과 역동성 등을 파악하는 데 더욱 용이하다. 동적 가족화는 정신분석학과 지각의 선택성, 장이론 등과 같은 이론을 기초로 한다. 동적 가족화는 내담자의 눈에 비친 가족의 일상 속 태도나 감정을 그림으로 표현함으로써 내담자 주관적인 판단에 의존한다. 즉 자신이 주관적이며 선택적으로 지각하는 심리적 환경으로서의 가족을 파악하게 된다.

1) 준비물

A4용지, 연필(2B, 4B), 지우개를 준비한다.

2) 실시 방법

A4용지를 가로로 제시하고 "자신을 포함하여 가족 모두가 무엇인가 하고 있는 사람을 그려보세요. 막대기나 만화 같은 모습이나 움직이지 않고 서 있는 사람이 아닌 전신을 그려 주시고 자신도 그리는 것을 잊어서는 안 됩니다."

3) 그림 그린 후의 질문 사항

- 가족들을 그린 순서
- 가족들의 나이는?
- 가족들은 무엇을 하고 있는가?
- 가족 중 생략한 사람은 누구인가?
- 가족 이외에 첨가한 사람은 누구인가?
- 지우고 다시 그린 사람은 누구인가?

4) KFD의 해석

KFD 그림검사는 피검자 현재의 가족 모습 또는 소망하는 가족 모습을 반영할 수 있다. 피검자의 그림설명과 그림을 그린 후의 느낌, 가족 구성원 중 누구를 그릴 때 가장 힘들었는지, 가장 가깝게 그려진 사람은 누구인지, 평소 생각하는 가족과 그림으로 그려진 가족은 차이가 있는지를 대화 나누고 그림의 해석기준을 참고하여 해석한다.

동적가족화의 해석은 인물상의 행위, 양식, 상징, 역동성, 인물상의 특성 등 5개 진단영역으로 나뉜다.

(1) 인물상의 행위

인물상의 행위는 첫 번째로 행위의 상호작용 측면에서 가족이 모두 상호작용하고 있는지 일부만 상호작용하고 있는지 파악해야 한다. 상호작용행위에 따라 가족의 전체적인 역동성을 이해할 수 있다. 두 번째는 각 인물의 행위를 중심으로 가족 내 역할 유형을 이해할 수 있게 된다. 인물 행위에 대한 해석은 상징, 그림의 양식 등을 함께 고려하여 전체적 관점에서 해석되어야 한다.

(2) 그림의 양식

① 일반적 양식

복잡하고 명백한 장벽을 그리지 않고 온화하고 우호적인 상호작용의 관계를 암시하는 그림이다.

② 구분

하나 또는 그 이상의 직선과 곡선을 사용해 구분하는 등 그림에서 인물들을 의도적으로 분리하는 경우이다. 사회적으로 고립되거나 외롭고 내성적인 아동에게서 보이는 것으로 다른 가족으로부터 그들의 소통과 감정을 철회하고 분리하려는 욕구를 표현한 것으로 해석한다.

그림 6-10 초 6, 여학생의 KFD

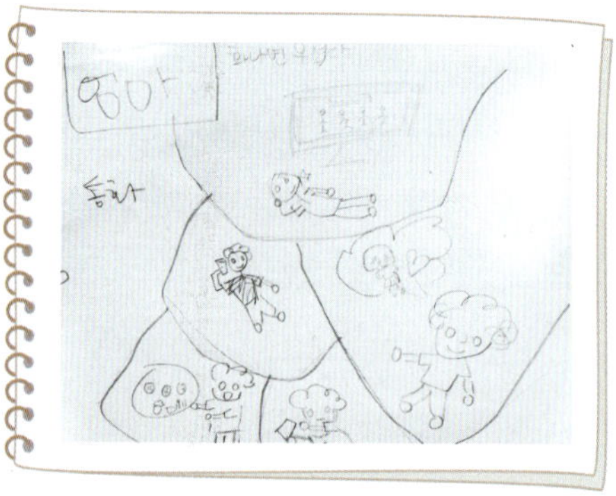

그림 6-11 중 2, 남학생의 KFD

- 종이접기

  검사 용지를 접어 몇 개의 분리된 사각 형태를 만들고 가족구성원을 그 안에 그려 넣는 것으로, 극단적인 구분 양식이다. 이는 가족관계에서 강한 불안과 공포가 존재하고 있음을 나타낸다고 해석한다.

③ 포위

한명 또는 그 이상의 인물을 선이나 사물로 둘러싸는 경우이다. 피검자를 힘들게 하거나 위협적인 대상으로 따로 떼어놓고 싶거나 제외시키고 싶은 욕구를 드러내는 것이며 가족 간의 관계에서 개방적인 태도를 형성하지 못할 때, 가족 구성원 혹은 자기 자신을 닫아버리는 양식이다. 주로 책상, 침대, 자동차 등의 사물을 이용해 교묘하게 포위하는 경우가 많다.

그림 6-12 고 1, 여학생 KFD

그림 6-13 중 1, 여학생 KFD

④ 인물 하선

자신 또는 특정한 가족구성원에 대해 불안이 높은 경우에 인물상 아래에 선을 그어 표현한다. 가족 아래에 선이 그어진 대상에 대해 불안감이 표출되는 것으로 볼 수 있다.

그림 6-14 인물 하선(중 3, 여)

⑤ 가장자리

인물상을 용지 주변에 그리는 것으로, 방어적이며 문제의 핵심을 회피하려는 경향이 있다.

그림 6-15 가장자리(초 5, 남)

⑥ 상부의 선

용지 상부에 그려진 선으로 먹구름과 같이 표현되기도 한다. 가족 내에 안정감이 없고 불안, 걱정, 공포가 존재함을 의미한다.

그림 6-16 상부의 선(초 5, 남)

⑦ 하부의 선

하나 이상의 선을 종이 하단에 그린 경우이다. 기저선과 비슷한 선이며 강한 스트레스가 있는 아동이 안정의 욕구가 강할 때 표현된다.

(3) 역동성

① 인물상의 순서

인물 순서는 피검자 가족 내 힘의 서열을 반영하거나 정서적 · 심리적으로 중요한 대상의 순서를 반영하기도 한다. 가장 먼저 그린 사람은 가정에서 지배력 있는 영향을 행사할 가능성을 암시하며 피검자 자신을 먼저 그린 경우는 자기중심적 경향이 강함을 의미한다. 가족 이외의 인물을 가장 먼저 그린 이유는 가족 내 소속감과 유대감이 형성되지 않을 가능성이 높고 피검자의 중요한 단서를 제공할 수 있다.

② 인물상의 위치

가족 내 리더로서 역할이 주어지는 인물은 위쪽으로 인물상이 그려지며, 아래쪽은 우울하거나 활력이 부족한 가족구성원일 수 있고, 중앙에 그려진 인물은 실제로 가족이 중심인물일 수 있다. 좌우로 구분하면 우측은 외향성과 활동성, 좌측은 내향성과 침체성에 관계가 있다.

③ 인물상의 크기

인물상의 크기는 실제 가족구성원의 키일 수도 있고 가족구성원에 대한 관심과 감정의 정도가 인물의 크기를 반영한다. 키가 큰 인물은 존경과 관심, 권위적인 대상으로 가정에서 중심에 위치할 수 있고 키가 작은 인물은 가족에게 무시당하는 위치에 있을 수 있다.

④ 인물상 간의 거리

인물상의 거리는 피검자가 본 구성원 간 친밀성의 정도와 심리적 거리를 반영한다고 볼 수 있다. 인물상이 방해물 없이 가깝게 그려진 경우는 친밀함을 나타내고 반대인 경우는 가족구성원 간에 정서적 거리감이 존재하고 이를 보상하고자 하는 것일 수 있다. 거리가 멀게 그려진 경우는 실제 심리적으로 거리감을 느끼며 친밀감이 부족하고 상호작용이 소원할 수 있다.

⑤ 인물상의 방향

그려진 인물상의 방향이 앞모습일 경우는 피검자가 긍정적인 감정, 옆모습일 경우는 양가감정, 뒷모습일 경우는 그 인물에 대해 부정적인 감정과 억압적 분노감을 반영한다.

그림 6-17 엄마에게 혼남(중 2, 여)

⑥ 인물상의 생략

인물의 생략은 그 가족구성원에 대해 양가감정이 있거나 공격성, 적의, 불안 등의 부정적 감정을 나타낸 것으로 볼 수 있다.

⑦ 타인의 묘사

가족이 아닌 제3자를 그린 것은 가족에게 마음을 열고 대화할 수 없는 상태에 있을 때 표현되는데, 주로 친구와 친척이 묘사되는 경우가 많다. 주로 초기 기본적인 신뢰감이나 애착을 형성했던 대상일 가능성이 많다.

(4) 인물상의 특징

① 음영이나 갈기기

신체 한 부분에 음영이 그려졌을 때는 그 신체 부분의 몰두, 고착, 불안을 시사한다. 또한 그 인물에 대한 분노나 적개심의 표현일 가능성도 있다.

② 윤곽선 형태

피검자의 강박적 사고, 과도한 집착 성향과 관련이 있다.

③ 신체 부분의 과장

신체 한 부분의 확대 또는 과장은 피검자의 집착, 빈약한 현실 감각, 현실 왜곡, 정신장애의 가능성을 시사한다.

④ 신체 부분의 생략

신체 부분의 생략은 그 부분 기능의 거부 및 집착된 불안과 죄의식을 나타낸다.

⑤ 얼굴 표정

얼굴의 표정은 직접적인 정서 반응을 나타내고 가족화에서는 실제 가족 활동 안에서 아동이 지각하는 정서 반응과 감정일 수도 있다. 따라서 얼굴 표정을 생략했을 경우 가족에게 느끼는 갈등과 정서적 어려움을 회피, 거리감을 가지려는 시도로 해석할 수 있다.

⑥ 정교한 묘사

그림이 정교하고 정확하여 질서적인 경우는 그리는 사람의 관심과 욕구를 반영하는 것으로 과도한 표현은 강박적이며 불안정한 심리상태를 설명한다.

⑦ 필압

선이 강하고 굵게 나타나는 것은 충동이 밖으로 향하며 공격적이고 활동적이다. 반대로 약하고 가는 선으로 나타낼 때는 우울하고 소극적인 심리상태를 의미한다.

그림 6-18 상징 사용—공(초 4, 남)

그림 6-19 신체 부분의 생략(초 4, 여)

(5) 사용된 상징

공, 축구공	공격성과 경쟁심을 상징한다.
태양, 전등, 난로	빛이 적절할 때는 애정적, 혼화, 희망적이나 열이 강하고 파괴적일 때는 애정 및 양육 욕구, 증오심을 나타낸다.
오토바이, 차, 기차, 비행기	모두 의존적 요소에 의한 힘의 과시를 상징한다.
칼, 총, 불, 폭발물	분노, 거부, 적개심을 상징한다.
다리미	어머니의 애정을 의미하며 어머니의 과잉 혹은 적절치 못한 애정 표현을 인지하고 있는 것으로 해석한다.
뜨개질	어머니의 따뜻한 애정을 표현하는 것이지만 가족 간의 상호작용을 나타내는 것이 아니므로 편물을 하는 인물상의 위치와 크기 등의 관계를 살피고 해석하여야 한다.
비, 바다, 호수 등	일반적으로 물은 억울함을 나타내는 경향이 있다.
의자	의자는 대부분 책상과 함께 그려진다. 해당 인물상이 의자에 의해 교묘하게 둘러싸여 있는 때는 소외감과 고립을, 의자에 파묻혀 후두부만 보이는 그림은 그 인물에 대해 거부감을 드러낸다.
개, 고양이	개는 공격성과 충성심을 의미하며, 고양이는 부드러움 및 공격의 불균형적 태도와 양가적 감정을 상징한다.
책상	의자와 함께 그려지는 경우가 많고 해석도 의자와 같이 해석한다. 책상은 적응 아동이 부적응 아동보다 두 배 이상 많이 그려진다.

텔레비전	안식과 오락을 의미한다. TV를 보는 사람이 한 사람인지 두 사람인지 중요하다. 두 사람 이상일 때는 가족의 공통관심과 상호작용이 시사된다.
연필	연필을 사용하는 행위는 합리화의 기제인 자기방어와 관련된다.
계단, 사다리	계단 위의 인물에 대한 불안과 불안정감을 표현한다.
가구	가정 내 물질이 그림으로 표현되며 가족의 따뜻한 마음의 연결이 부족하다고 느껴진다면 외적 측면을 기대하는 경향이 강함을 반영한다.
쓰레기	가족의 존재에 있어 바라지 않는 더러운 것을 버리는 것을 의미한다.
자전거	남성적 힘을 의미하며 그와 같은 힘의 강화와 보충을 시도하기 위한 것으로 해석한다.
냉장고	어머니에게 기대는 의존적인 요구를 시사한다.
물 조리개	해당 인물과 관련된 불안이나 억울한 감정으로 해석한다.
침구	해당 인물에게 나타난 퇴행과 거부감, 억울한 감정을 의미한다.
청소기	통제적이고 지배적이며 때때로 거부적 태도를 의미합니다.
줄넘기	해당 인물을 포위하는 양식으로 그려지며, 해당 인물과의 갈등, 자기 고착 등의 상황을 반영한다.
바늘	어머니와 할머니의 행위에서 표현되고 억제된 공격 행동을 의미한다.
모자	만들어진 상태 및 자기방어를 의미하며 수동적 태도와 관련된다.
음식	일차적 생리적 욕구의 충족을 늘 가정에서 구하고 있다는 것을 말한다.

7. 동그라미 중심 가족화(PSCD)

동그라미 중심 가족화(Parent-Self-Circle-Drawing : PSCD)는 번스에 의해 처음으로 개발된 투사화이다. 동그라미 중심 가족화는 원의 중심에 그리며 각 인물은 인물 주위에 그려진 다양한 상징에 둘러싸여 있다. 이 상징은 시각적 자유연상을 기본으로 하며, 상징에서 추상화된 사고와 정서를 발견한다. 피검자에 내재된 부모와 자신의 관계를 살피고, 그 관계를 통해서 자기 자신을 바라보게 하는 방법이다. 동그라미 중심 가족화는 부친상, 모친상, 자기상을 각각 그리고 따로 분석하는 방법(Family-Centered-Circle-Drawing : FCCD)과 부모상과 자기상을 하나의 원안에 한꺼번에 그리고 분석하는 방법(Parents-Self-Centered Drawing : PSCD)이 있다. 그려진 그림에 대한 내용은 전달하고자 하는 내용을 보충할 수 있고, 그림으로 표현하는 비언어적 측면과 검사자가 각 인물의 상징에 대한 언어적 표현의 결합은 진단 시 매우 유용하다.

1) 준비물

동그라미가 그려진 A4용지, 4B연필, 지우개

2) 실시 방법

- 원이 그려진 종이를 제시하고 지시사항에 따라 그림을 그린다.
- 부모와 자신에 대해 연상되는 상징을 원 주위에 그린다.
- 검사 시간의 제한은 없지만 보통 10분~30분 정도 소요된다.
- 마지막에 그리고 싶은 사물이 있으면 그린다.
- 그림을 그린 후 부모의 특성, 관계 연상되는 상징에 대해 이야기한다.

3) 지시사항

"원의 중심에 부모와 자신을 그리십시오. 막대기나 만화 같은 그림이 아닌 전신상을 그려 주십시오. 그다음 부모와 자신에 연상되는 상징을 원의 주위나 인물상의 주위에 그려 주십시오." 그림의 모호한 부분에 대해 분명하게 알기 위해서, 검사가 끝나고 그림에 대해 질문을 해야 한다. 검사자는 "당신이 그린 그림에 대해 설명 좀 해주시겠어요?" 또는 "이 그림은 무엇입니까?"라고 한다. 질문 후 피검자의 반응을 기입한다.

4) 동그라미 중심 가족화 해석 기준

① 인물상의 상대적 크기

그 인물의 심리적 크기나 권위, 인물 내부에 있는 힘의 양을 반영한다.

② 신체 각 부분의 생략과 과장

- 눈의 생략 : 보고 싶지 않고 과장한 것은 과도한 경계를 의미한다.
- 코의 생략 : 생략은 분노를 표현하지 않고자 하는 마음이며 과장은 외부로 향한 분노이다.
- 입의 생략 : 약함과 의존성을 표현할 수 없음을 나타내며 과장한 것은 의존성이다.
- 목의 생략 : 완고하고 강한 의지를 보이며 긴 목은 의존성을 의미한다.
- 팔의 생략 : 힘에 대한 불안 의미, 긴 팔은 힘 조정에 대한 욕구를 나타낸다.
- 허리 밑 부분의 생략 : 성에 대한 부정을 의미한다.
- 발의 생략 : 생략은 불안정과 집시 성향을 말하며 길게 늘어진 발은 안정에 대한 욕구의 표현이다.

③ 얼굴의 표정

누가 웃고 있는가? 행복한가? 불행한가?를 의미한다.

④ 인물 위의 상징

상징의 심리학적인 의미로 해석한다. 상징의 많음은 관심을 의미하며, 적을수록 상호작용의 단절을 의미한다. 그리고 이 상징들이 긍정적인 상징인지, 부정적인 상징인지 구분해야 한다.

⑤ 인물 간의 거리

심리적 거리를 의미한다.

⑥ 인물들의 위치

중심에서 어디에 위치하느냐에 따라 다르게 해석한다.

⑦ 건강하게 내재된 부모 자녀 관계

- 모든 인물이 생략되거나 과장되어 있지 않다.
- 각 인물의 신체 부위가 균형을 이룬다.
- 밝은 얼굴 표정이다.
- 자신의 상이 중심에 있고, 통제되어 있다.
- 인물 상호 간에 지나친 접촉이 없고, 적당히 떨어진 상태다.
- 부모상은 대조적으로 위치하며 자신의 상과 인접하는 쪽의 신체적 왜곡이 없다.
- 이상적으로는 부모상이 자기상을 부상시켜 바로 보고 있다.
- 주위의 상징이 긍정적이고, 희망적이다.
- 살고 싶은 세계가 그려지고 있다.

⑧ 불건강하게 내재된 부모 자녀 관계

- 인물상의 신체 부위의 생략
- 인물상의 지나친 크기 및 왜곡
- 화목해 보이지 않는 얼굴 표정
- 부친상과 모친상이 중심부에 위치하거나 중심부가 비어있다.
- 인물들이 서로 떨어져 있다.
- 부모가 눈이 없거나 자신을 바라보지 않고 앞만 보고 있다.
- 주위의 상징이 부정적이다.
- 그림에서 자신이 살기 싫은 듯한 세계를 그리고 있다.

그림 6-20 고 3, 여학생의 동그라미 중심가족화(PSCD)

8. 동적 학교 그림검사(KSD)

아동이나 청소년의 학교화에 움직임을 첨가한 투사화이다. 동적 학교 그림검사(Kinetic School Drawing : KSD)는 개인을 통해 학교 내에서의 역동성을 파악할 수 있으며, 또래 구성원에 대한 감정이나 태도를 투사하게 하는 것이다. 크노프와 프로트(Knoff & Prout, 1988)가 개발한 동적 학교 그림검사는 학교생활에서 교사와 학생들과 관계에 대한 피검자의 지각을 측정하는 투사기법이다. 피검자와 관련성이 있는 학교 인물은 누구인가, 학교생활에서 어떤 부분이 즐겁고 어려운지, 교사와 친구관계에 있어 부적응을 경험하고 있으면 무엇이 요인인지 등을 알아보고 학교생활에서의 상호관계 및 역동성, 즉 심리적 거리나 우월감, 관계에 있어 갈등을 파악한다.

1) 준비물

A4용지, 4B연필, 지우개

2) 지시사항

"당신 자신을 포함하여 선생님과 한 명 이상의 친구가 학교에서 무엇인가 하고 있는 그림을 그려보세요. 만화나 막대기 같은 사람들이 아니고 완전한 사람을 그려 주세요. 모두가 무엇이든 하고 있는 그림을 그리도록 하세요. 당신 자신도 그리는 것을 잊어서는 안 됩니다."라고 말하고 지시사항에 따라 그림을 그리도록 한다. 피검자의 질문에는 "자유입니다."라고 대답하고 비지시적이고 수용적인 태도를 취한다.

3) 그림 완성 후 절차

피검가 그림을 그리고 그림을 그린 순서와 그림 속 인물이 누구이며 무엇을 하고 있는지 질문하고 기록한다. 그림을 보고 교사와 친구 관계, 학교생활 관련 질문을 하고 이야기 나눈다.

4) 상담과정으로서의 적용

- 학교생활에서 어떤 부분이 어려운지, 또는 즐거운지 이야기를 나눈다.
- 친구나 교사와의 관계가 원활하지 못할 때는 어떤 요인이 작용하고 있는지 나눈다.
- 관계 개선과 학교생활 적응에 도움을 주기 위해서는 어떤 부분이 변화해야 하는지 이야기를 나눈다.
- 변화를 위해 스스로 할 수 있는 것은 무엇인지에 대해서 나누는 것도 좋다.

5) KFD의 해석

- 피검자가 그린 그림의 전체적인 인상과 분위기를 본다.
- **피검자 혼자 그려진 경우** : 교우관계가 좋지 않을 경우가 많다. 표면적인 관계는 좋아 보일지라도 실제의 관계는 좋지 않은 경우가 많다.
- **지우고 다시 그리는 경우** : 불안과 갈등이 있다는 것을 의미한다.
- **뒷모습만 그릴 경우** : 사람의 얼굴을 정면으로 그리지 않고 뒷면을 그리거나, 측면을 그리는 것은 자신에 대한 거부감, 갈등을 의미한다. 뒤통수는 자신에 대한 거부감, 보기 싫고 외면하고 싶은 심리적 상태를 의미한다.

친한 친구와 축구 하고 있어요.

그림 6-21 초 6, 남학생 KSD

수업시간이에요. 너무 힘들고 짜증 나요.

그림 6-22 고 1, 여학생 KSD

혼자 줄넘기하고 있어요.

그림 6-23 초 6, 여학생 KSD

친구와 거울을 보고 있어요.

그림 6-24 중 2, 여학생 KSD

9. 빗속의 사람 그리기 검사(PITR)

빗속의 사람 그리기 검사(Person In The Rain : PITR)는 아놀드 에이브럼스(Arnold Abrams)와 에이브러햄 암친(Abraham Amchin)에 의해 개발된 검사로 인물화 검사를 변형한 검사방법이다. 이 검사는 사람이 겪고 있는 스트레스의 정도와 대처양식을 파악하며, 이를 방어기제의 와해나 퇴행 없이 얼마나 잘 다루고 있는가를 측정한다. 또한 피검자가 불안스러운 상황을 이겨내기 위하여 개인의 어떤 잠재력을 사용하는지, 어려운 상황을 대면하기 위해서 어떠한 방어기제를 사용하는지 등을 알아보기 위하여 빗속에 서 있는 사람을 그리게 한다.

1) 준비물

A4용지, 4B연필, 지우개

2) 지시사항

"비가 내리고 있는데, 빗속에 있는 사람을 그려 주세요. 만화나 막대기 같은 사람이 아니고 완전한 사람을 그리세요."

3) 질문사항

- 이 사람은 무엇을 하고 있나요?
- 이 사람은 몇 살일까요?
- 이 사람의 기분은 어떨까요?

• 이 사람에게 무엇이 필요할까요?

4) PITR 해석

스트레스를 받으면서도 자신이 무기력하지 않다고 생각하며, 심하게 두려워하거나 불안해하지 않는 사람은 대부분 비옷이나 비를 피하는 옷, 혹은 우산을 펴고 만족한 표정을 짓고 있다. 반면에 조그만 불안에도 심하게 반응하는 사람은 아주 겁에 질렸거나 무기력한 상황과 비를 맞고 있는 모습을 그린다.

(1) 빗줄기의 양

비는 외부적인 곤경, 스트레스 환경을 의미하는 것으로 빗속의 사람 그림검사는 피검자가 스트레스 환경에서 어떻게 자기 자신을 보호하고 스트레스로부터 자기를 지키는가를 평가하는 것이다. 불쾌하고 불안한 환경을 어떻게 대처하는지, 환경을 통제할 수 있는 심리적 역량은 충분한지, 자아강도는 어떠한지 평가하고자 할 때 사용할 수 있는 그림검사이다. 이 검사에서 많은 빗줄기의 양, 번개 등은 스트레스를 나타낸다. 빗속의 사람을 그리라고 지시했으나 그림에 비가 없는 경우는 피검자가 스트레스에 무딘 경우라는 것을 나타낼 수 있다. 그러나 비가 굵고 양이 많다면 스트레스의 양이 많다는 것을 의미한다.

(2) 비에 대한 대응

비에 대한 대응은 스트레스를 방어하는 것을 나타낸다. 우산을 쓰거나 처마가 달린 집에 피해 있는 것 등 비에 맞지 않게 대응한다면 그것은 피검자가 처해 있는 스트레스를 적절하게 대응하고 있다는 것을 설명한다. 반면 어떠한 대응 없이 비를 그대로 맞고 있다면 스트레스를 적절히 대응하고 있지 못하는 것을 의미한다.

(3) 사람

그림에 그려진 사람 크기는 자아에 대한 크기를 설명한다. 얼굴 표정은 스트레스가 있을 때 자아의 표정에 대해 나타낼 수 있다. 사람의 표정이 스트레스에 맞서는 표정으로 힘든 표정을 하고 있으면 스트레스로 인해 힘들고 지쳐 있음을 의미한다.

(4) 가로등

가로등은 애정, 지지, 관심 등을 나타낸다.

(5) 우산의 크기

우산이란 비에 대한 방어, 즉 스트레스에 대한 방어를 의미하는데 우산이 지나치게 큰 것은 스트레스를 대처하는 것에 모든 에너지를 사용한다는 것을 의미한다.

(6) 천둥, 번개

천둥과 번개는 현재 상당한 스트레스에 직면해 있다는 것을 나타낸다.

(7) 타인에게 우산을 씌어 주는 경우

자신이 타인을 대신해서 모든 스트레스를 해결해 주려는 것을 의미한다.

인물상이 중앙에 위치하며 비옷과 장화, 우산을 쓰고 건물과 나무 밑 보호물 속에 가려져 있는 상태이고, 인물상의 크기가 크며 인물을 가리지 않고 있으면서 미소를 띠고 밝은 표정을 가진 경우는 대처자원이 있고 스트레스 상황에 적절하게 대처하는 것으로 볼 수 있다.

(중 2, 여)

(중 1, 여)

(중 3, 여)

(초 6, 여)

(초 6, 남)

(중 3, 여)

(중 1, 남)

(초 5, 남)

그림 6-25 빗속의 사람 그림검사 사례

10. 풍경구성법(LMT)

풍경구성법(Landscape Montage Technique : LMT)은 심리검사의 하나로 1969년에 일본의 나카이(中井久夫) 교수에 의해 창안되었다. 풍경구성법은 정신분열증 환자를 대상으로 하여 모래상자 요법의 적용 가능성을 결정하는 예비검사로 고안되었다. 이후 독자적인 가치가 인정되고 이론적으로 분석되어 치료적으로 많이 활용되는 기법이다. 또한 이 풍경구성법은 일본에서 고안되어 널리 활용되고 있는 기법이었으나 1977년에 제10회 독일어권 표현병리와 표현요법 학회에 발표된 이후에 독일, 미국과 인도네시아에서도 시행되고 있으며, 진단도구와 치료과정에 활용되어 효과를 인정받고 있다.

1) 준비물

도화지, 사인펜(보통 흑색 사인펜을 사용), 크레파스 혹은 색연필

2) 도입과 실시 방법

(1) 치료사가 도화지에 4면에 테두리를 그려 사인펜과 함께 검사자에게 준다.

(2) 치료사가 지시하는 사물을 차례대로 그려 넣어 풍경이 될 수 있게 한다.

(3) 검사자에게 10개의 항목 강, 산, 밭, 길, 집, 나무, 사람, 꽃, 동물, 돌 등을 차례대로 그린다.

(4) 마지막에 더 그리고 싶은 사물이 있으면 그린다. 모두 그리고 색을 칠한다.

(5) 색칠이 끝난 후 치료사는 검사자가 그린 그림을 보고 질문을 한다.

- 그림에 대해 설명해주세요.
- 이것은 사계절 중 언제입니까?

- 시간은 몇 시경입니까?
- 기후는?
- 사람은 몇 살이며 남자입니까 여자입니까?
- 강은 어디로 흐르고 있습니까?

피검자의 생활환경과 경험, 이해에 따라 그 의미와 해석이 달라질 수 있다.

3) 상징과 의미

(1) 강

강은 무의식의 흐름에 비유된다. 무의식에 지배된 상태의 환자는 흔히 물이 세차게 흐르고 있는 큰 강과 군데군데 범람해 물이 넘치고 있는 그림을 그릴 때가 많다. 강박적 경향이 심한 자나 무의식에 대해 자아경계가 약한 사람은 강가 주변을 돌로 쌓거나, 콘크리트 방파제를 그린다. 또한 정신분열증 발병기에 있는 자, 신경증 환자는 물의 양이 많은 강이나 강을 너무 크게 그리는 경우가 있다.

(2) 산

산은 내담자의 주어진 상황과 미래의 전망을 나타내는 경우가 많으며 극복해야 하는 문제의 수를 의미하기도 한다. 산이 눈앞에 우뚝 있거나 앞길을 막고 있을 때는 곤란이나 장애 등을 겪고 있는 것을 의미하기도 한다.

그림 6-26 대인관계 어려움(초 4, 여)

그림 6-27 학대피해(초 2, 남)

(3) 밭(또는 논)

논에 모를 심을 때, 벼가 푸르거나 번성할 때, 벼 이삭이 돋고 벼를 베고 수확한 후, 수확한 후에 한가한 논의 모습을 그린 것은 내담자의 마음이 지향하는 것을 암시한다. 때로는 발병의 시기나 즐거웠던 시절을 회상하며 미래를 의미하기도 한다. 밭에서 일하는 사람이나 논, 밭을 갈고 정리하며 손질하는 모습은 학생과 아동의 경우에 면학과의 관계를 나타낸다. 밭에서 일하는 모습을 그리는 경우 학생들은 긍정적으로 평가할 수 있으나 등교 거부 학생과 비행 청소년에게서 많이 볼 수 있는데 보상적인 심리에서 그려진 것으로 보인다.

벼 이삭을 세심하게 그리거나 쌀을 한 알씩 자세히 그리는 것은 강박 경향이 있을 수 있다. 흔히 밭은 공간 구성상 조감도적인 구성을 취하며, 왜곡되고 이질적인 공간으로 나타나는 경우가 있다. 만일 밭을 지도 기호로 대처하고 있는 것은 인물화의 막대기 그림과 비슷하다.

(4) 길

길은 의식적 방향을 암시하며 인생의 길로 명확하게 의식되는 것을 의미한다. 길이 확실히 강 위의 다리와 연결된다면 안심한다. 남성에게 결혼은 다른 세계로 향한다는 정도로 큰 변화는 없으나 여성에게 있어 결혼은 강을 건넌다는 의미, 다른 세계로 간다는 것을 의미한다.

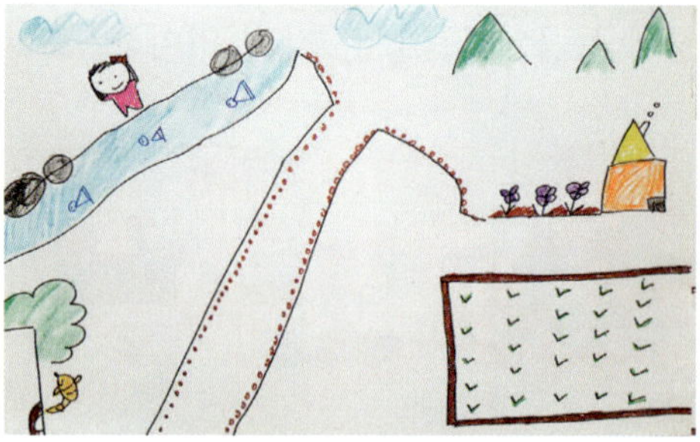

그림 6-28 가정불화(중 3, 여)

(5) 집, 나무, 사람

앞에서 설명한 집, 나무, 사람 그림검사에서 언급된 것과 같이 해석한다.

(6) 꽃

꽃은 아름다움, 사랑을 상징한다. 또 개화부터 결실까지 이르는 최초의 단계이므로 성장과 발달의 상징이기도 하다. 일반적으로 여성스러움을 의미하여 이를 강조할 때 그린다.

높은 산봉우리 꽃, 장례식용의 꽃, 새빨간색으로 길에 피어있는 꽃 등은 본인의 영혼을 공감하는 꽃과 양친의 죽음을 애도하는 표현으로 많이 나타난다. 꽃에 색칠을 안 했을 때는 감정이 실감 나지 않는다는 표현으로 정신분열증에서 많이 나타난다.

그림 6-29 우울감 높음(중 3, 여)

(7) 동물

동물 그 자체로 상징성을 나타내고 애견, 고양이, 코알라와 같이 귀여운 동물, 판다, 공작, 기린 등 눈에 띄는 것과 같이 각 동물이 가진 속성을 중심으로 의미를 보인다. 동물의 특성, 생태, 신화, 전설 등에서 그 의미를 찾을 수 있다. 등교거부 아동은 자주 소나 말을 그리는 경우도 있다. 많다. 학교폭력 아동은 고양이에게 몰려있는 듯한 쥐의 모습을 그리기도 한다. 동물의 크기는 기준을 사람에게 두며 사람의 크기를 1로 하여 1보다 적으면 사람이 지닌 에너지의 총량이 크고 1보다 크면 에너지의 총량이 적다는 것을 의미한다. 중요한 것은 검사자의 동물에 대한 연상이 중요하다.

그림 6-30 부모불화와 갈등(초 5, 여)

(8) 돌

돌은 단단함, 냉정 불변성의 의미가 있으며 상당히 중요하다. 큰 돌이나 바위가 전방을 가로막고 있다면 장애물이 되며 큰 짐과 어려움을 상징한다. 그러나 큰 돌이라도 위치에 따라 여러 의미가 있다.

그림 6-31 학대 경험(초 6, 여)

그림 6-32 아버지 사망(중 3, 여)

11. 동물가족화(AFD)

동물가족화(Animal Family Drawing : AFD)는 가족관계에서 느끼는 피검자의 정서적 상황을 파악하기 위한 검사로서, 피검자는 동물을 그리라는 것이 사람을 그리라는 것보다 덜 위협적으로 느껴진다. 이 검사는 1967년에 브렘-그레저(L. Brem-Graser)가 개발한 것으로 동물의 특성을 인물에 투사해 그 인물 특성의 방향을 파악하는 방법이다. 브렘-그레저는 아동이 가장 빈번히 그리는 동물을 파악하기 위해 어린이 2,000명에게 3마리 동물을 그리게 하였다. 2주 뒤에 다시 그 아동에게 동물로 가족을 표현하라고 하고 그 후에 아동들에게 그들이 그린 동물의 긍정적 특성과 부정적 특성을 말하게 하였다. 이러한 자료를 중심으로 브렘-그레저는 동물가족화를 개발하였다.

융은 꿈과 그림에 나타난 동물은 무의식을 행하는 자신의 마음가짐을 나타낸다고 하며 동물의 상징을 '무의식적인 자기의 모습'이라고 하였다. 또한 일반적으로 동물의 주제는 인간의 원시적이고 본능적인 성질을 상징할 수 있다(신혜순, 2019). 그림에서는 동물의 선처리, 그림의 순서, 동물집단분류, 동물의 표정들을 통해 가족의 특성, 피검자와 가족과의 관계, 피검자가 느낀 가족 상황을 알 수 있다.

동물가족화는 동물이 갖는 상징적 의미가 있으므로 언어발달이 약하고 그림 그리는 것을 두려워하는 피검자에게 효과적이며, 아동부터 성인에 이르기까지 가족의 투사가 잘 이루어질 수 있으므로 무의식의 가족상이 잘 반영된다는 장점이 있다.

1) 준비물

동물 그림, 가위, 풀, 색연필 또는 사인펜

2) 지시사항

"옛날이야기 속에서 자주 동물이 사람으로 변하기도 하고, 사람이 동물로 변하기도 하지요. 자 가족이 동물로 변했다고 상상해 보세요. 가족을 동물로 표현할 수 있을까요? 자신은 물론 가족을 동물로 그려보세요. 그러나 동물을 띠(호랑이띠, 토끼띠 등)로 표현하지 말고 동물의 특징이나 성향을 보고 가족과 알맞은 동물을 선택해주세요."

(1) 가족 구성원의 성격과 역할, 가족 내 위치 등을 생각한다.
(2) 지시사항에 따라 가족 구성원을 동물 모양으로 그린다.
(3) 만약 그림을 그리지 못할 경우는 동물 그림을 주고 오려 붙이도록 한다. 같은 동물이라도 표정, 크기, 방향이 다를 수 있으므로 오려서 붙이더라도 방향은 표현하고 싶은 방향으로 그리도록 한다.
(4) 그림이나 크기, 위치, 모양, 방법에 대해서는 자유롭게 표현하게 하고 검사자의 질문에는 "하고 싶은 대로 자유롭게 그려주세요."라고 말한다.
(5) 그림을 그린 후 그림 순서와 그림 속의 동물에 대해 자세히 이야기한다.
(6) 그림에 대한 설명과 질문을 나누고 검사자의 반응에 대해 이야기 한다.

3) 동물가족화 해석

가족을 상징 동물로 나타내서 가족들의 관계와 그 속에서 피검자의 존재를 알 수 있다. 동물가족화에 표현된 피검자와 가족관계는 다음과 같다.

(1) 고립형

피검자의 크기가 작고, 마지막으로 그리며 동물들과 떨어져 있고 동물의 종류가 다르며 다른 방향을 보고 있고 표정이 다르다. 고립, 위축, 약자, 이질감을 나타낸다.

(2) 병렬형

가족 전체를 나열하여 그리고 비슷한 크기와 모습, 형태로 표현한다. 개개의 특성이 불명확하며 감정이 억압되어 있다. 감정의 미분화시 가족과 분리되더라도 가족과의 문제를 경험할 수 있다. 자신의 감정표현이 억압, 억제당하고 있음을 나타낸다.

(3) 지배형

피검자를 상부에 그리고, 위에서 내려다보고 있으며 새나 박쥐 등 날아다니고 있는 것으로 표현한다. 강한 동물, 손톱, 부리, 이빨 등의 공격성이 표현된다. 피검자가 지배하고자 한다. 고립감과 공격성을 나타낸다.

(4) 자기 중심형

피검자를 크게 그리고, 제일 먼저 그리거나 한가운데 그리며, 부부 사이에 자녀가 가로막고 있다. 자기중심, 보호, 주목, 일체감을 나타낸다.

(5) 부모 지배형

부모가 크며 상부에 위치하고 억압하고 있으며 강한 동물, 포악, 손톱, 부리, 이빨 등의 공격성이 표현된다. 단, 부모가 약한 동물로 위에 나타날 땐 해당하지 않는다. 부모의 절대적 힘, 지배, 위압, 협박, 본인 위축 등을 나타낸다.

(6) 거부형

그림 그리기를 중단하고 그리는 것을 힘들어할 경우 동물 도안으로 붙인다. 감정표현을 거부하거나 가족 이미지가 미성립되어 있을 수 있다.

그림 6-33 학대 피해(초 3, 여)

그림 6-34 부모갈등(초 3, 남)

그림 6-35 가족불화와 갈등(중 2, 남)

그림 6-36 가족불화와 갈등(중 1, 여)

동물가족화

"옛날이야기 속에서 자주 동물이 사람으로 변하기도 하고, 사람이 동물로 변하기도 하지요. 자 가족이 동물로 변했다고 상상해 보세요. 자신은 물론 가족을 동물로 그려보세요. 그러나 동물을 띠(호랑이띠, 토끼띠 등)로 표현하지 말고 동물의 특징이나 성향을 보고 가족과 알맞은 동물을 선택해주세요."

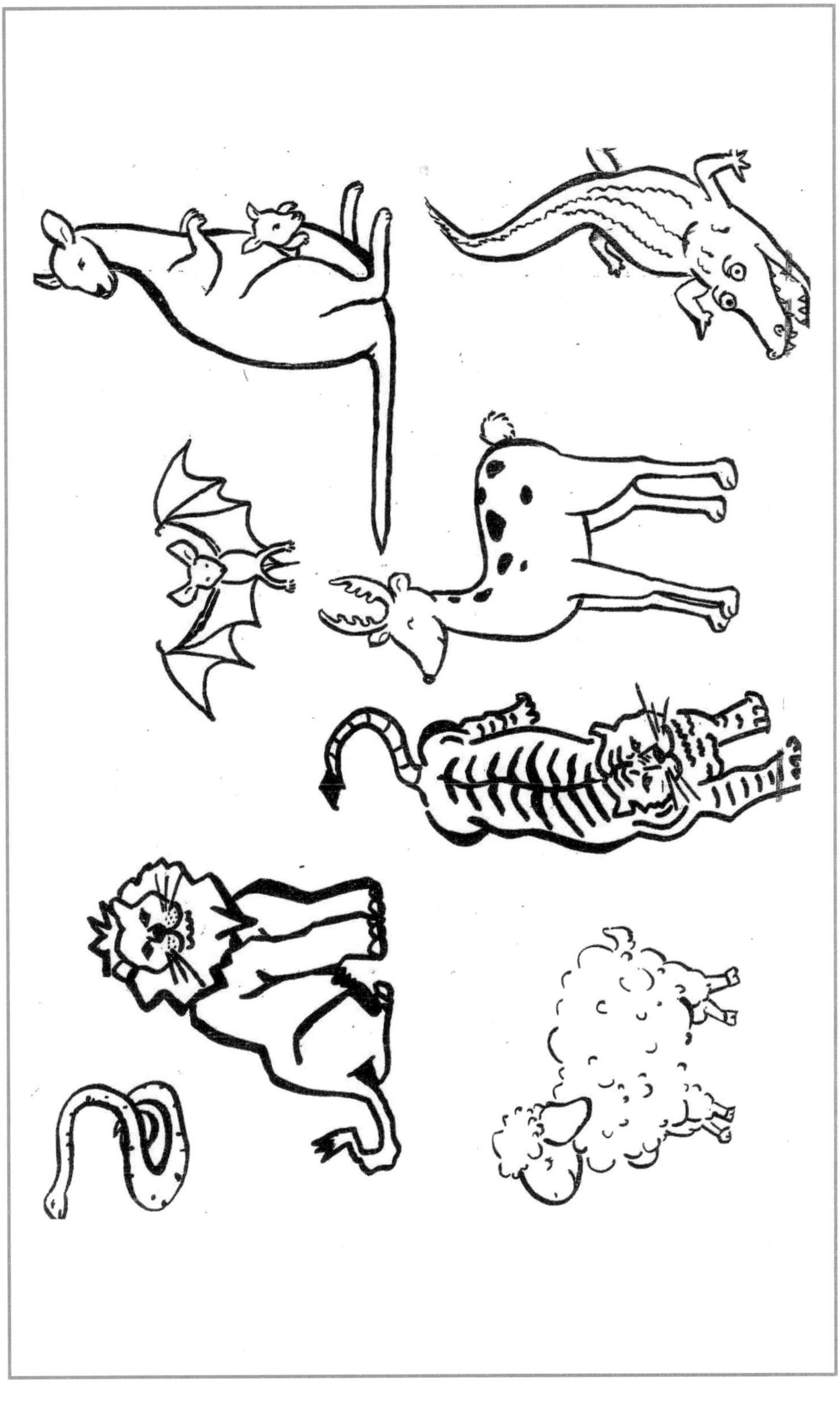

12. 동적 물고기 가족화(KFFD)

동적 물고기 가족화(Kinetic Fishes Family Drawing : KFFD)는 어항 속 물고기 가족이 무엇을 하고 있는 그림을 그리도록 하여 피검자 가족 간의 역동성을 알아보는 그림검사이다. 동적 물고기 가족화는 '동적 가족화', '동물 가족화', '동그라미 중심 가족화'와 함께 가족 간 역동성을 알아본다는 공통점을 가진다. 그러나 어항이라는 제한적 범위에 가족을 사람이 아닌 물고기로 그린다는 점에서 차이가 있다. 가족을 물고기로 구성하는 것은 가족구성원에 대해 가지고 있는 방어와 저항을 줄일 수 있고 어항이라는 설정이 중의적 의미를 제공해주므로 가족 내 역동성을 심리적인 저항 없이 표현하게 해주는 장점을 가진다. 가족을 동물로 표현하는 동물 가족화에 비해서 물고기라는 대상의 단일적 한계로 인한 제한점이 있으나 내담자에게 쉽게 접근하는 어항과 물고기는 가족에 대한 내담자의 생각과 감정을 쉽게 투영한다.

1) 준비물

어항 그림, 4B 연필

2) 실시과정

(1) 어항 그림이 그려진 A4용지를 피검자에게 건네주며 그림을 그리도록 한다.

(2) "어항에 물고기 가족을 그립니다. 물고기 가족이 무엇인가 하고 있는 그림을 그리세요. 그리고 어항 속에 꾸미고 싶은 것이 있다면 자유롭게 표현하세요."라고 말해준다(집 어항과 실물을 보고 그리지 않도록 지도한다).

(3) 그림이 완성되면 물고기 가족을 그린 순서, 무엇을 하는지, 그림에 특별히 그려진 것은 무엇인지 등에 대해 질문한다.

3) 해석방법

(1) 어항

① 어항과 물고기의 크기와 공간 등 그림 구성이 조화롭고 동적 움직임이 있고 자유롭다면 안정된 정서로 해석한다.

② 물을 넘치게 그렸거나 호스가 밖으로 연결되었다면 억압으로부터 분출하는 욕구, 회피, 충동성 또는 장난스러움 등을 의미한다.

③ 어항의 물이 2/3 정도 차게 그린 모양은 정서적으로 안정된 형태이나 절반 이하 또는 적은 양은 정서적 결핍, 지지 자원의 결핍 해석된다.

④ 주어진 어항 그림에 손잡이를 그리거나 받침, 테이블 등을 그리면 불안한 심리와 외부로부터 도움받는 것을 요청하는 안전 욕구로 해석한다.

⑤ 물고기 가족이 한 방향을 향하고 있을 때는 안정된 것으로 해석하나 마주 보는 상황은 대립 혹은 친밀한 관계로 해석하며, 물고기 방향이 제각기 흩어진 경우에는 가족 간 친밀감 부족으로 해석한다.

⑥ 나를 중심으로 그리고 위쪽에 위치하면 권위적이거나 지배적인 상징이며 수평적이면 친밀한 관계이고 아래에 위치하면 순종적인 의미로 해석한다.

⑦ 주변 장식을 안 하고 물고기만 그려진 경우는 관계에 대한 관심도가 낮고 고민을 반영하며, 주변 장식에 치중하여 그려지면 사회화에 대한 관심과 욕구를 설명한다.

⑧ 물고기가 지나치게 크면 자기중심적이며 지배적인 성격, 지나치게 작으면 낮은 자존감과 내향적인 성향을 나타낸다.

⑨ 물고기가 섬세하고 화려하면 대상에 대한 애정과 관심이 많다고 보며 물고기가 자신이라고 표현하면 자기애적 성향을 보여준다. 물고기가 지나치게 화려한 경우는 심리적 결핍에 대한 보상일 수 있다.

⑩ 이를 드러내고 있는 물고기는 부정적이며 구강 욕구가 좌절되고 공격성을 반영한다. 물고기의 입을 그리지 않는다면 말하고 싶지 않은 상황이거나 위축된 심리를 반영하고 실제로 말수가 적을 수 있다.

⑪ 아기 또는 임신한 엄마 물고기, 새끼집을 그렸을 때는 유아기적 퇴행 및 모성회귀 욕구를 반영하고 있으며, 자신감이 낮은 내담자는 분명하지 않은 필압이 나타난다.

(2) 기타

① 그림이 그려진 순서는 친밀도, 역할, 가족 내 권위 등의 중요도를 설명하며, 가족 중 존재하나 그림으로 표현되지 않은 물고기는 부재, 분리 또는 배제하고 싶은 불편한 관계, 분리하고자 하는 마음 등을 나타낸다.

② 어항과 물고기가 적절히 조화되고 동적인 움직임을 가지며 여유로운 공간에 물풀이 조화를 이루고 있으면 안정된 정서로 본다.

③ 그리다 지워진 부분은 갈등과 같은 심리적 원인이 있는 것으로 해석한다.

④ 물고기보다 물풀이 지나치게 무성하거나 큰 자갈을 그리면 숨고 싶어 하는 비사회화 행동과 열등감을 보여준다.

⑤ 물에 떠 있는 연잎 등을 크게 그리거나, 어항 밖으로 무성히 뻗은 수초들을 그렸을 때는 소극적인 성격으로 대인관계의 문제를 의미한다.

⑥ 산소기는 의존적인 성격일 때 강조되며 큰 물방울은 감정이 둔감함을 설명하고, 작은 기포는 타인의 태도에 따라 민감하게 반응하는 성격을 나타낸다.

⑦ 색채를 통해 많은 감정을 표현하므로 색연필과 크레파스를 사용하는 것도 심리상태를 파악할 수 있다. 색연필과 크레파스를 비치하는 것도 좋다.

검사자는 그림의 정확하게 분석하기 위해 피검자가 그린 그림 내용에 대한 설명을 잘 들어야 한다. 대화를 통해서 물고기 가족화에 표현된 어항 속 물고기 간의 역동성이 피검자의 가정환경을 어떻게 반영하는지를 살펴보아야 한다. 또한 충분한 대화를 통해 검사내용과 면담일지를 작성해야 하며 차기 검사에 활용하도록 해야 한다. 아래 표는 물고기 가족화에 나타나는 표현과 모양에 대한 해석 기준을 요약하였다.

(3) 동적 물고기 가족화 해석 요약

표현 모양		개별적인 특성
어항의 형태	안정된 정서	• 어항과 물고기 조화가 적당하고 동적 움직임이 있으며 여유롭고 공간에 물풀이 조화로운 상태
	불안정한 정서	• 주어진 어항 도식에 손잡이나 받침과 같은 것을 추가한 그림, 외부의 도움을 요청하는 안전 욕구를 지님
	자기중심적	• 나를 중심으로 그리고 나를 위에 그린 경우 • 나를 중심으로 수직적으로 그린 경우 – 권위적 • 나를 중심으로 수평적으로 그린 경우 – 친밀한 관계
	대인관계	• 주변 장식은 없고 물고기만 그림 – 인간관계에 대한 고민과 관심도 표현 • 주변 장식에 치중한 그림 – 사회화에 대한 관심도를 표현
물고기의 형태	물고기의 크기	• 지나치게 큰 그림 – 자기중심적 및 외향적 성격 • 지나치게 작은 그림 - 자아축소 및 내향적 성향 • 중심에 모양을 넣고 화려하게 그린 그림 - 감정적 및 감각적
	무리 진 물고기 형태	• 무리 진 형태 – 원만한 대인관계와 풍부한 애정적 성향 • 아래에 무리 진 형태 – 사고적인 성격 • 위로 집중된 무리 형태 – 행동적인 면을 더 중요시하는 성격
	물고기의 모양	• 이를 드러냄 – 억압으로 인해 정서적 상태가 공격적인 상태 • 새끼집, 아기 및 엄마 물고기 – 유아기적 퇴행, 모성 회귀욕구, 자신감 결여 • 중심에 모양을 넣고 화려하게 그린 그림 - 감정적 및 감각적 • 그리다 지운 부분 – 심리적 원인이 숨겨 있는 것으로 해석해야 함
물풀과 자갈	열등감	• 물고기보다 물풀이 지나치게 무성함, 큰 자갈을 그림
	대인관계 장애	• 물에 떠 있는 큰 연잎, 수련 잎, 어항 밖으로 무성하게 뻗은 수초
산소기와 물방울	성격(성향)	• 산소기 – 의존적 • 큰 물방울 – 둔감함 • 작은 물방울 – 타인의 태도 여하에 따라 민감하고 예민함
	분출 욕구	• 물이 어항에 가득함에도 불구하고 밖으로부터 연결된 물 호수가 있다면 억압으로부터 분출하고자 하는 욕구를 나타냄
	정서 상태	• 어항의 물이 2/3 정도 찬 그림 – 정서적 안정 • 어항의 물이 절반 이하인 그림 – 정서적 결핍

물고기 가족 그리기

성별 :　　나이:　　이름(　　　　　　　)

* 어항 속에 나를 포함해서 우리 가족을 물고기로 나타내서 그려 보세요.
어항 속은 자유롭게 꾸미세요. 반드시 내가 있어야 한다는 것을 잊어서는 안 됩니다.

* 그림 속 물고기가 누구인지 각각 써보세요.

* 그림을 그린 후 아래에 그림에 대한 설명을 적어 보세요.

물고기가족화 그림 설명 :

13. 자유화

자유화는 피검자가 주제나 방법을 주체적으로 결정하여 그리게 하는 것으로 진단 및 치료에 모두 활용된다. 융은 '환자는 내면의 심상인 그림을 그리는 행위를 통해서 자기 자신을 형상화할 수 있다'고 주장한다(이부영, 2009). 따라서 검사자가 그린 그림은 내면에 있는 무의식을 형상화한 것이다. 그렇기 때문에 미술 활동이 심리진단과 치료에 유용하다고 말할 수 있다.

무의식은 상(像)을 산출하며 상징적 의미를 가진다. 이를 형상화하는 것은 언어적 표현과는 다른 생동감을 보여준다. 무의식의 상을 그림으로 포착하는 것은 마치 꿈을 보아 나가는 것처럼 무의식의 창조적 기능을 촉진시키고, 그것을 통해서 의식의 보다 넓고 높은 차원으로서의 변화를 기대할 수 있는 작업이 된다(이부영, 2006). 자유화는 검사자의 무의식으로 스스로의 상들을 표현하도록 하는 것이다. 자유화에 그려진 상들은 상징적인 의미를 가지고 있다.

융은 그림분석에서 피검자가 그린 도화지의 빈공간은 하나의 우주와 같다고 하였다. 그림분석에서 첫째는 형태적, 공간적 측면을 보는 관점이며 한 장의 도화지라는 공간을 상중하, 좌우로 구분하고 그림의 내용이 어느 부분에 치중하는 것에 따라 해석한다. 둘째는 색채로서 색채에 의한 그림 작업은 무의식을 활성화하여 무의식의 자율적 기능이 밖으로 표현되게 한다. 셋째는 내용분석으로 꿈의 해석과 마찬가지로 각각의 상에 대해 상징을 알고 있어야 한다. 수, 나무, 인물, 시내, 호수, 동물, 바다와 같은 일상적인 것부터 민담, 종교, 신화 등까지 본래 가진 상징적 의미와 서로의 관계가 맺어가는 내용의 뜻을 이해해야 한다.

나움버그는 환자의 심리치료에서 주로 사용된 무의식에서 표현된 상징적 내용, 그림 과정, 그림과의 대화를 중요시하였다. 미술치료 과정은 언어적 상호작용보다 미술 매체를 사용하여 이미지를 표현하는 것이다. 자유화는 말로 다 할 수 없는 상(像)의 자연스런 표출로 언어로 표현하기 어려운 피검자의 무의식을 반영하기에 적합하다.

1) 준비물

도화지(자유롭게 선택), 그림도구(자유롭게 선택)

2) 도입과 실시 방법

① 피검자에게 "당신이 그리고 싶은 것을 마음대로 그려보세요. 어떤 종이에 그릴 것인지, 어떤 매체로 그림을 그리고 색칠할 것인지는 자유롭게 선택하세요."라고 말한다.

② 피검자가 그리고 싶은 것을 자유롭게 그리도록 한다.

③ 그림을 다 그리면 그림설명, 무엇을 표현한 것인지, 각 상들의 연상에 대해 질문 한다.

④ 작품을 완성하면 느낀 점에 대해 대화를 나눈다.

3) 자유화 사례(임은실, 2013)

그림 6-37 땅의 비밀 칼(초 3, 여)

(1) 그림설명

"땅속 상자 속에 칼이 보관되어 있어요. 옆에 키(key)가 있는데, 그 키는 사자 1,500만 마리 있는 곳을 지나야 얻을 수 있어요. 이 칼은 땅을 지배하는 칼로 악마의 기운이 넘치는데 땅에 이 칼을 꽂으면 땅이 갈라져요. 칼에서 돈이 나와요. 착한 사람이 만지면 이 용이 황금색으로 변하고 나쁜 사람이 만지면 이 용이 검은색으로 변해요. 그런데 이 땅을 지배하려고 나쁜 사람이 만졌어요. 만화 속 이야기인데요. 실제 세상은 무서워요. 이 칼은 착한 사람이 만졌으면 좋겠어요. 착한 사람이 만져서 이 칼로 나쁜 사람의 영혼을 봉인해서 깨어나지 못하게 할거예요."

(2) 그림분석

[그림 6-37]의 사례는 학교부적응과 또래들에게 따돌림을 호소한 초 3 여학생의 자유화 그림이다. 이 여학생은 그림 그리는 것을 매우 좋아하였다. 이 아동의 현실적 상황이 부모님의 잦은 싸움과 폭력이 있었고 또한 부모님이 빚이 있어 경제적으로도 매우 힘든 상태였으며, 집으로 돈을 받으러 오는 사람이 있어 집에 있으면 이 사람들이 언제 올지 몰라 매우 불안하다고 하였다. 그리고 이때 TV에서 납치범과 인신매매범에 대한 방송을 본 후 이들에 대한 두려움이 있었고 아동 자신을 납치범들이 유괴할 것 같은 생각에 아동의 심리적 상태가 불안하고 우울한 상태였다.

아동이 그린 그림을 살펴보면, 칼이 땅속에 있는데 검은 상자 안 가장 깊은 곳에 칼이 있고 이 칼이 들어있는 검은 상자를 보라색 끈으로 꾸몄다. 검은색은 슬픔의 색, 악, 생명의 결핍이나, 무의식 상태를 상징하는 것으로(Ingrid Riedel, 1999) 아동이 현실에서 불안하고 우울하며 기능이 잘 안 되는 아동의 심리적 상황을 나타낸다고 볼 수 있다. 보라색은 신비함으로 인해 초감각적인 것, 요술과 마술, 충동적 정복의 표현인 빨강과 애정 어린 헌신을 표현하는 파랑 사이의 대립점을 융합하는 시도를 하여 동일시, 공감, 참여의 비결이란 의미에서 일체감을 표현하고 직관적, 감각적 이해와 두 극단의 분열을 지향하려고 하는 의미가 있다. 상징적으로 검정 상자의 의미는 아동의 우울을 의미한다고 볼 수 있으며, 무의식 속에 보라색 끈을 꾸미며 보라색의 의미와 같이 진귀함이 있다는 것을 의미하고 있다고 볼 수 있다. 슬픔과 악, 생명의 결핍이나 무의식적인 검정 상자 속에 진귀한 칼이 들어있다. 여기에서 칼의 상징은 분리, 분할, 해방을 뜻한다(진 쿠퍼, 1994).

종합적으로 해석해보면, 아동은 자기의 무의식 안에, 즉 진귀한 보물 상자 안의 칼에서 돈이 나온다고 표현하였다. 이 그림에서 칼과 열쇠는 아동이 장차 쓸 수 있는 가능성이 있다고 볼 수 있다. 아동은 칼을 가져야 하는데, 아동의 무의식 안에 가장 소중한 것은 칼이며 현재 가정의 현실적 상황에서 소중한 것은 돈이다. 이 돈이 아동의 현실에서 가정을 살릴 수도 무너뜨릴 수도 있다.

아동은 이 칼에서 용이 나온다고 표현했는데. 용은 신화적인 존재이고 동양뿐만 아니라 서양에서도 마음속 깊은 원형적 힘을 상징하며 뱀(물질)과 새(정신)가 결합된 합체로 하늘의 신, 지상의 그 대리인(결국 황제나 왕)과 동일시되어 용은 초자연적인 힘, 강함을 상징한다(진 쿠퍼, 1994). 아동은 용을 "착한 사람이 만지면 이 용이 황금색으로 변하고 나쁜 사람이 만지면 이 용이 검은색으로 변해요."라고 이중적으로 말하였다. 아동의 심리안의 용에게 긍정적인 마음이 접촉하면 황금과 같은 좋은 것을 이룰 수 있는 것을 뜻하기도 하며 자기 안에 파괴적인 측면이 있다는 것도 나타낼 수도 있다. 그런데 아동은 이 칼을 나쁜 사람이 만졌다고 했는데 아동이 말하는 나쁜 사람이란 유괴범과 인신매매범이라고 하였다. 아동의 현실 상황이 빚을 받으러 집으로 오는 사람으로 인한 심리적 두려움에서 나타난 것으로 보인다. 그러므로 현재 아동의 심리적인 상태는 착한 마음과 나쁜 마음인 두 마음이 싸우고 있다. 그러나 아동의 긍정적인 측면은 무의식 안에 있는 보라색 끈과 칼이다. 따라서 미술치료와 부모 상담을 통해 아동의 긍정적인 심리적 내용에 접촉하면 긍정적 결과가 있을 것으로 보인다.

(3) 자유화 사례

그림 6-38 갇힌 나(고 3, 여)

그림 6-39 음악 속 세상(고 3, 여)

[그림 6-38], [그림 6-39] 사례는 고 3 여학생이 그린 자유화이다. 입시 스트레스와 부모님이 자신에게 거는 기대가 커서 마음이 매우 힘들다고 말하였다. 어머니와는 친구같이 친하게 지내고 있으며 사랑하고 있지만 너무 심리적으로 밀착되어 있다고 했다. 부모님이 "나는 너를 믿는다."는 말에 부담이 너무 커서 여러 선 안에 갇혀 있는 자신을 표현했고 복잡한 마음이지만 음악을 들으면 이 음악이 복잡하고 괴로운 마음에 울려서 행복하게 해준다고 하였다. 부모님이 좋지만 대학에 갈 때 부모님과 멀리 떨어져서 친구와 같이 살고 싶다고 하였다. 피검자는 그림을 그리고 대화를 나누며 마음이 편해졌다고 하였다. 그림에서 자신의 심리적 상태를 상징으로 표현하여 심리적 안정감과 카타르시스를 경험한 것으로 보인다.

MEMO

7
CHAPTER

미술치료의 과정과 기법

1. 초기단계: 동기 유발 및 신뢰감 형성
2. 중기단계: 탐색과 통찰
3. 후기단계: 치료 종결과 훈습

Chapter 7

미술치료의 과정과 기법

미술치료는 투사검사로 심리를 평가하고 내담자의 심리상태에 따라 적절한 상담이론을 적용하여 미술작업을 통해 심리치료를 하는 것이다. 미술치료는 내담자의 연령, 특성, 상태, 증상, 목표에 따라 내담자에게 맞는 적절한 기법을 적용하고 다양한 미술 매체를 적용하여 사용해야 한다. 미술 매체를 사용할 때는 자유롭게 선택하도록 하며, 내담자의 의사 존중과 매체에 대한 흥미와 즐거움을 유발하도록 하여 미술치료를 편안하고 즐겁게 할 수 있도록 치료사의 지지가 무엇보다 중요하다고 할 수 있다.

이 장에서는 개인상담 시 치료사와 내담자에게 실시할 수 있는 다양한 미술치료 기법을 초기, 중기, 후기의 단계로 나누었다. 초기에는 내담자의 동기 유발과 신뢰감 형성을 위한 미술치료 기법으로, 중기 단계에는 자기탐색과 통찰 가능한 감정 다루기와 나 알아가기, 자아 확립과 대인관계 알기의 미술치료기법으로 구성하였으며, 후기는 치료종결과 훈습단계로 새로운 나, 희망 찾기의 미술치료기법으로 구성하였다. 이 장에 제시된 미술치료기법 순서는 예시이므로 실제 상담 현장에서는 내담자와 미술치료 기법의 특성을 고려하여 상담자가 자유롭게 실시할 수 있다.

1. 초기단계 : 동기 유발 및 신뢰감 형성

초기단계에서는 내담자에 대한 정보를 파악하고 치료사와 내담자 간 신뢰 형성이 매우 중요하며, 그림 그리는 부담감이 있을 때 글로 적어 마음을 표현하게 한다.

1) 나를 소개해요.

(1) 목표

치료 초기 어색함을 감소시키고 친밀감을 형성한다.

(2) 준비물

8절 도화지, 그림 도구

(3) 실시 방법

- 치료사는 도입단계에 프로그램에 대해 설명한다.
- 자신의 이름이나 별칭, 애칭을 활용해 이름을 그리고 꾸민다.
- 그림 설명을 듣고 나타난 상징과 의미에 대해 질문과 느낌을 나눈다.

(초 6, 여) (초 1학년)

그림 7-1 나를 소개해요.

2) 점토작업

점토작업은 촉지각과 관련된 조형 활동으로 언어화가 결핍되고 과도한 언어화를 나타내는 학생들에게 감각적 요소를 강조할 때 사용되며 분노나 적개심의 표현에도 유용하다.

(1) 목표

- 대근육과 소근육 운동을 향상시킨다.
- 정서적으로 이완과 분노와 적개심을 표출한다.

(2) 준비물

점토 또는 다양한 색 클레이

(3) 실시 방법

- 치료사는 점토의 사용 방법에 대해 설명한다.
- 점토로 두드려 보고 던져보며 점토를 자유롭게 탐색한다.
- 점토로 만들고 싶은 것을 자유롭게 만들어 본다.
- 작품을 만들며 떠오르는 생각, 느낌을 이야기하고 나눈다.

그림 7-2 점토작업(중 1, 남)

3) 난화

난화(Scribble)는 캐인(Cane), 나움버그(Naumburg)가 개발한 기법으로 심리분석 내지는 치료 수단으로 난화를 사용했다. 그녀는 아동의 저항을 감소시키는 방법으로 난화를 사용하였는데 그림 그린 사람의 무의식에 내재된 상상을 표출시키며 저항감을 감소시키는 데 도움을 줄 수 있다.

(1) 목표

- 치료사와 내담자 간 신뢰감을 형성한다.
- 억제된 감정과 스트레스를 표현한다.
- 내적 갈등이나 욕구를 표현하고 창조성을 이끌어낸다.
- 그림의 저항감과 부담감을 줄여 무의식을 의식화하는 데 도움을 준다.

(2) 준비물

4절 도화지 또는 2절 도화지, 색연필, 사인펜, 크레파스

(3) 실시 방법

- 몸과 마음을 이완하기 위해 간단히 스트레칭을 한다.
- 치료사는 난화의 실시 방법에 대해 설명한다.
- 자유롭게 표현하도록 지도한다.
- 마음이 가는 대로 선을 자유롭게 그린다.
- 난화에서 의도성을 부여하여 숨은그림찾기를 하여 이미지를 찾는다.
- 이미지를 찾고 색칠하여 이미지를 구체화한다.

그림 7-3 난화(고 2, 여)

4) 콜라주

잡지에서 자유롭게 형상들의 요소를 자르고 풀로 붙이는 방법이다. 그림에 자신이 없어 하는 내담자에게 흥미를 주고 잡지나 그림만으로도 감정을 쉽게 나타낼 수 있다.

(1) 목표

- 미술에 대한 거부감의 감소, 분노 표출에 도움이 된다.
- 부정적 감정, 희망에 대한 상징이 다양하게 나타난다.
- 심상의 발견이나 무의식의 문제를 알 수 있다.

(2) 준비물

다양한 잡지 책, 그림책, 가위, 풀, 색채 도구

(3) 실시 방법

- 치료사가 콜라주에 대해 설명해준다.
- 잡지 책이나 그림책에서 마음에 드는 그림을 오려 종이에 붙인다.
- 종이에 붙여진 그림에 대해 언어로 표현하도록 하고 이야기를 나눈다.

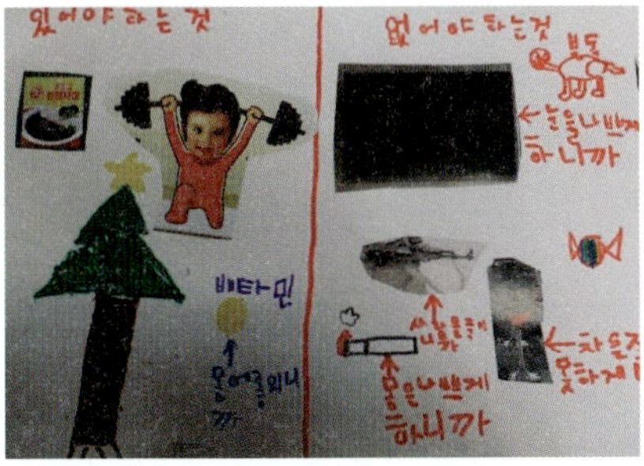

세상에 있어야 하는 것은 짜장, 힘, 몸에 좋은 비타민, 기쁘니까 크리스마스트리 세상에 없어야 하는 것은 TV 눈을 나쁘게 하니까, 사람을 죽이는 총, 몸을 나쁘게 하는 담배, 차를 잘못타게 하는 술이다. (초 2, 남)

세상에 있어야 하는 것은 음식, 안경, 물약, 신발이며 필요 없는 것은 술, 치아를 썩게 하는 단 것, 풍선, 액세서리이다. 난 남자이니까. (초 3, 남)

그림 7-4 콜라주

2. 중기단계 : 탐색과 통찰

중기단계는 치료사와 내담자가 신뢰 형성이 되고 구체적인 미술 활동이 들어갈 수 있는 시기를 중기단계로 본다. 중기단계는 치료사를 전문가로 인정하며 구체적인 미술 활동을 하고 치료사와 상담을 통해 탐색과 통찰이 시작되는 시기이다. 때로는 내담자가 심리적 동요를 나타내기도 하나 치료사는 내담자를 격려하고 이해하며 수용할 수 있어야 한다. 이러한 과정을 통해 내담자는 자신의 고통과 심리적 갈등을 극복할 수 있는 힘이 생기게 된다.

1) 4가지 상상여행

(1) 목표

- 고통과 스트레스를 이겨내는 방법을 안다.
- 무의식에 있는 능력을 자각하고 자신에 대한 긍지를 갖도록 한다.

(2) 준비물

8절 도화지, 색연필, 사인펜, 크레파스 등

(3) 실시 방법

- 치료사가 4가지 상상여행에 대한 기법에 대해 설명해준다.
- 도화지 한 장을 반으로 접고 4면에 ①, ②, ③, ④ 번호를 쓴다.

가. 강 건너기

숲속에 길이 나 있고 그 길을 따라 내려가니 무섭게 흐르는 강이 있습니다. 이 강을 어떤 방법으로 건너가시겠습니까?

나. 동물 만나기

가파른 산길을 올라가다 잠시 쉬는 도중에 올려다보니 아주 무서운 동물, 내가 싫어하는 동물이 나를 향해 다가오고 있습니다. 어떻게 대처하시겠습니까?

다. 괴물에 대한 대처

산속을 가고 있는데 갑자기 날씨가 변해 비바람이 쏟아져서 어딘가에 몸을 피할 곳을 찾아야 합니다. 주위를 보니 동굴이 하나 있는데 동굴 입구 양쪽 부분에 두 괴물이 버티고 있습니다. 그래도 동굴 안으로 반드시 들어가야 합니다. 어떻게 들어갈지 그림으로 그려보세요.

라. 동굴 안에 있는 사람

동굴 안에 겨우 들어가서 하루 종일 지친 몸을 추스르고 있었는데 동굴 안에서 무슨 소리가 들려옵니다. 동굴 안에 누군가 있는 것 같습니다. 동굴 속에 누가 어떤 모습으로 있을지 그려 보세요.

(4) 해석방법

- 강 건너기(문제해결) : 외부에 도움을 받는 방법과 독립적으로 수행하는 방법
- 동물 만나기(적대적인 상대를 만났을 때의 대처) : 피하는 경우나 같이 도전적으로 싸우는 방법 그리고 수동적으로 피하지도 싸우지도 않고 무시하는 방법, 달래거나 타협하는 방법
- 괴물에 대한 대처(자신을 통제하고 조정하는 방식) : 피하는 경우, 같이 도전적으로 싸우는 방법, 수동적으로 피하지도 싸우지도 않고 무시하는 방법, 달래거나 타협하는 방법
- 동굴 안에 있는 사람(자신이 편하다고 느끼는 사람과의 관계)

(초 5, 남)

(중 1, 여)

(중 2, 남)

(중 1, 여)

그림 7-5 4가지 상상여행

2) 감정 나누기

(1) 목표

- 다양한 감정을 수용한다.
- 감정표출을 통해 탐색과 통찰을 경험한다.

(2) 준비물

8절 도화지, 색연필, 크레파스, 사인펜

(3) 실시 방법

- 치료사가 감정파이의 방법에 대해 설명해주고 편안한 마음으로 감정을 표출할 수 있도록 지지와 격려를 한다.
- 지금까지 살아오면서 느꼈던 다양한 감정들에 대해 생각해 본다.
- 도화지에 원을 그려 주고 감정을 표현하기 위해 면을 나눈다.
- 가장 기뻤을 때, 가장 행복했을 때, 가장 사랑스러웠을 때, 가장 자랑스러웠을 때, 가장 화났을 때, 가장 슬펐을 때, 가장 외로웠을 때, 가장 놀랐을 때, 가장 우울했을 때, 가장 짜증 났을 때 등 나누어진 각 면에 파악하고 싶은 감정에 대해 탐색하고 그림을 그린 후 색칠을 한다.
- 표현된 감정에 대해 이야기를 나눈다.

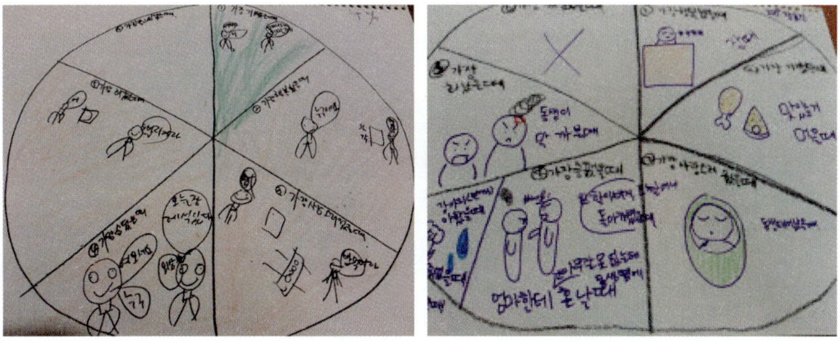

그림 7-6 감정파이(초 4 남, 중 3 여)

3) 안전하고 편안한 장소

(1) 목표

- 자신의 내면 세계에 집중한다.
- 자신의 내적 자원을 탐색해 본다.
- 심리적, 신체적 이완, 균형감각을 얻을 수 있다.

(2) 준비물

8절 도화지, 크레파스, 색연필, 사인펜

(3) 실시 방법

- 치료사는 조용한 분위기를 만들어 준다. 때에 따라 조용한 음악도 좋다.
- 내담자에게 크게 심호흡을 하고 치료사의 지시한 말에 따라 연상하도록 한다.
- "눈을 감고 심호흡을 합니다. 당신은 가장 편안한 마음으로 조용한 곳으로 찾아갑니다. 그곳은 부드러운 모래가 있는 해변이 있고 파도가 조용히 해변으로 몰려옵니다. 햇볕은 매우 따사롭고 바다는 한가롭고 평화롭습니다. 파도의 소리와 함께 지금 가지고 있는 걱정과 근심, 모든 생각들을 씻어 내세요. 당신은 매우 마음이 편안해집니다. 당신이 가지고 있는 중요한 질문을 하면 바다가 그것에 대한 지혜로운 답을 줍니다. 당신은 중요한 문제와 질문이 있을 때 이곳에서 답을 얻을 수 있습니다. 이제 이곳과 작별의 인사를 합니다. 그리고 천천히 이곳으로 돌아옵니다. 눈을 뜨고 연상 장면 중 인상 깊었던 장면이나 느낌을 그림으로 표현해주세요."
- 상상이 끝나면 연상을 그림으로 그린다.
- 느꼈던 감정에 대해 표현된 그림과 함께 이야기를 나눈다.

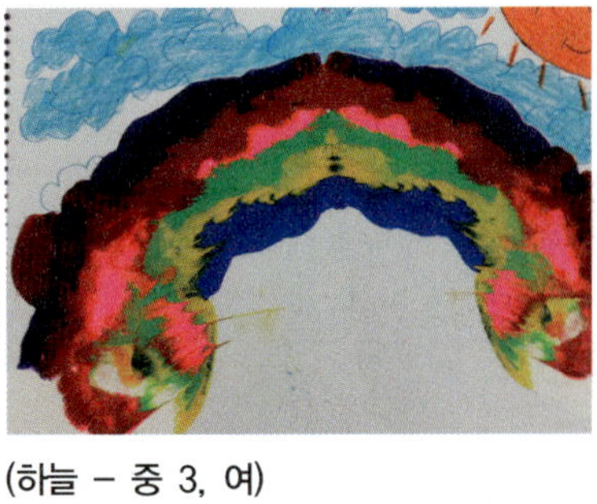

(하늘 - 중 3, 여)

(냇물이 있는 숲 - 초 4, 여)

그림 7-7 안전하고 편안한 장소

4) 화산

(1) 목표

- 자신의 정서적, 신체적 에너지를 인식하고 표출한다.
- 스트레스를 해소한다.
- 감정표출 방식을 알 수 있다.

(2) 준비물

우드락, 점토, 가위, 색채도구 등

(3) 실시 방법

- 치료사는 화산을 떠올려 보게 한다.
- 화산의 형태와 크기를 생각해 본다.
- "화산은 자신이며, 화산 안에 있는 마그마는 자신의 화입니다. 지금부터 마그마를 산 정상까지 끌어올려 용암으로 분출해보세요. 용암 분출은 자신 안에 내재되어 있던 화를 표출하는 것입니다. 화산폭발이 일어나는 장면과 주위의 장면을 상상해 보세요." 상상된 환산폭발 장면을 그림으로 표현하거나 점토로 화산폭발 장면을 만들어 본다.
- 화산폭파 장면을 그리고 난 후 느낀 점을 이야기 나눈다.

(초 3, 남)

(40대, 여)

(초 1, 남)

(중 3, 여)

(30대, 여)

그림 7-8 화산

5) 나의 장점과 단점

(1) 목표

- 긍정적 감정과 부정적 감정을 자연스럽게 표출시킨다.
- 자신의 장점과 단점에 대해 인식하고 수용한다.
- 자신의 신체를 통해 정체성을 가진다.

(2) 준비물

8절 도화지, 사인펜, 색연필 등

(3) 실시 방법

- 자신의 양손을 종이에 대고 한 손은 스스로 본을 뜨고 다른 손 본뜨기가 힘들면 치료사가 도와 본을 떠준다.
- 한 손은 나의 장점, 다른 한 손은 나의 단점을 생각하여 적는다.
- 장점과 단점에 대해 내담자와 이야기를 나눈다.

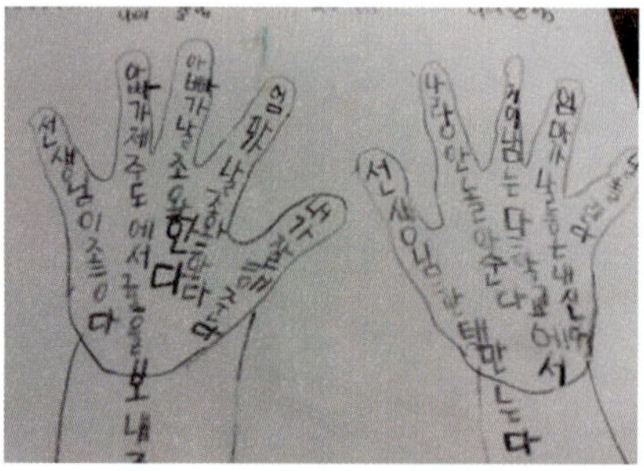

(초 1, 여)

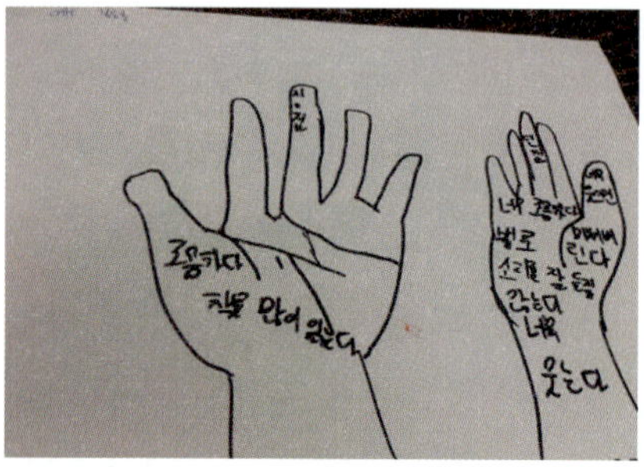

(중 2, 남)

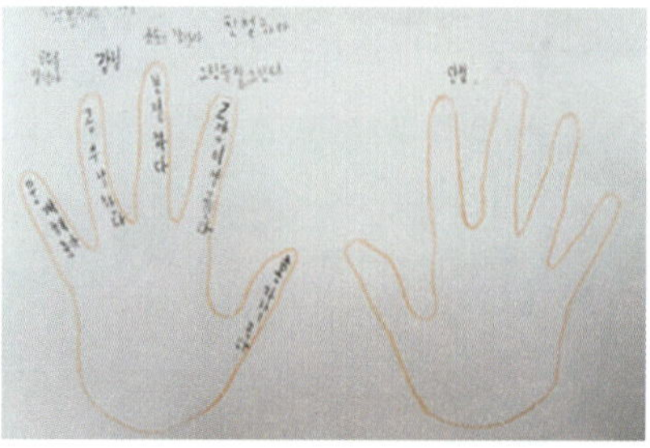

(초 4, 여)

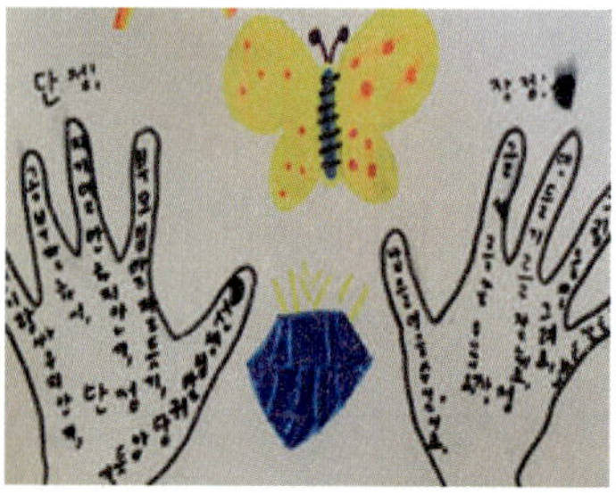

(초 2, 여)

그림 7-9 나의 장점과 나의 단점

6) 중요한 항아리

(1) 목표

- 일상 생활에서 중요한 것에 대해 인식한다.
- 자신의 가치와 지각을 향상시킨다.

(2) 준비물

8절 도화지, 사인펜, 색연필 등

(3) 실시 방법

- 종이 위에 3개의 항아리를 그린다.
- 항아리 위에 '중요하지 않음', '중요함', '아주 중요함' 등 제목을 적는다.
- 지금까지 살아오면서 중요하지 않은 것, 중요한 것, 아주 중요한 것이 무엇인 그림이나 글로 적는다.
- 글로 표현한 내용에 대해 이야기를 나눈다.

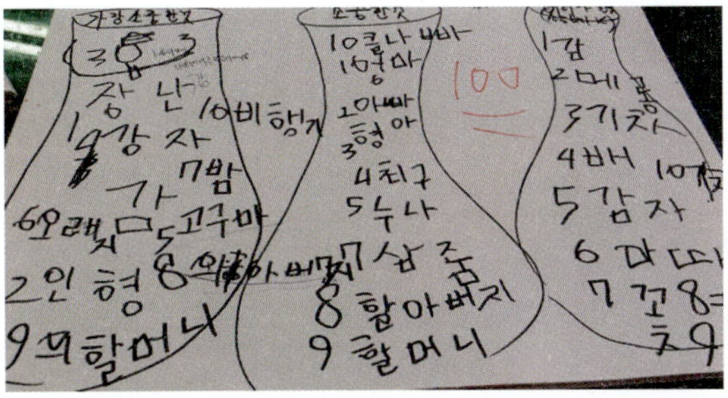

(초 2, 여)

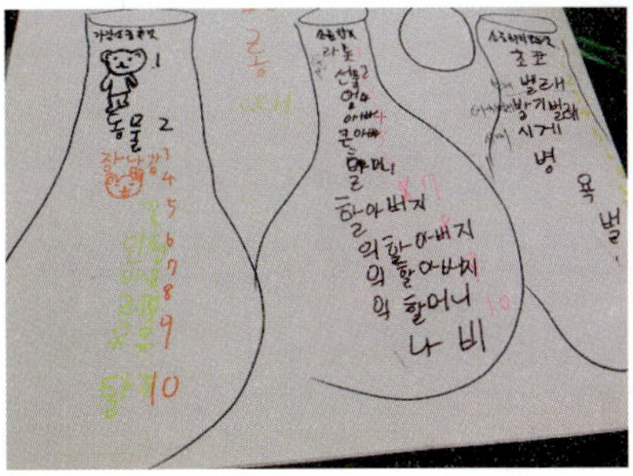

(초 3, 여)

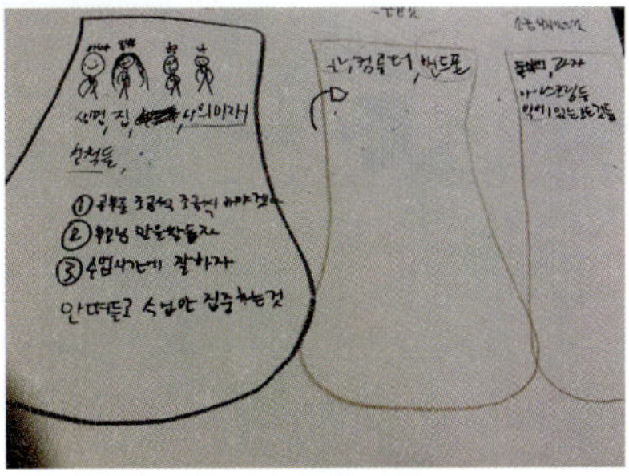

(초 5, 남)

그림 7-10 중요한 항아리

7) 가면 꾸미기

(1) 목표

- 잠재력을 개발한다.
- 자신의 모르는 부분에 대해 표현하고 수용한다.

(2) 준비물

사람모형 가면, 색연필, 네임펜, 사인펜, 유성매직 등

(초 5, 남)

(초 3, 남)

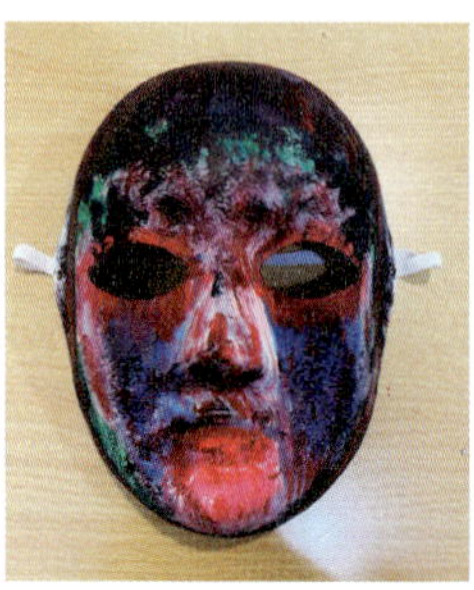

(중 2, 남)

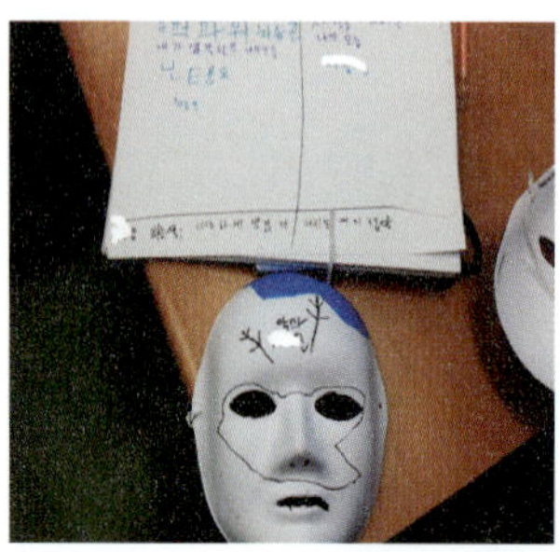

(초 2, 남)

(40대, 여)

(성인 가면 꾸미기)

그림 7-11 가면 꾸미기

(3) 실시 방법

- 사람 가면에 한 면은 사람들이 보는 나의 모습, 다른 한 면에는 내가 생각하는 나의 모습에 대해 생각해 보고 꾸민다.
- 가면을 꾸민 후 느낀 점을 종이에 사람들이 보는 모습과 나의 실제 모습에 대해 쓴다. 꾸민 가면과 종이에 쓴 느낀 점을 이야기 나눈다.

8) 미해결과제

게슈탈트를 형성하는 데 방해하는 미해결과제에 대해 생각해보고 그림으로 표현하여 치료사와 내담자와 이야기를 나누고 자신의 모습을 통찰하도록 돕는다.

(1) 목표

- 건강하게 살아가고 있는 데 방해하는 내면의 미해결과제가 무엇인지 탐색한다.
- 자신의 미해결과제를 극복할 수 있도록 기회를 제공한다.

(2) 준비물

8절 도화지, 크레파스, 사인펜

(3) 실시 방법

- 자신의 내면으로 몰입할 수 있도록 조용한 음악을 들려준다.
- 인생을 살아오면서 자신의 미해결과제를 생각해본다.
- 미해결과제를 그림으로 그린다.
- 그림을 감상한 후 이야기를 나눈다.

부모의 화목 (중 3, 여)

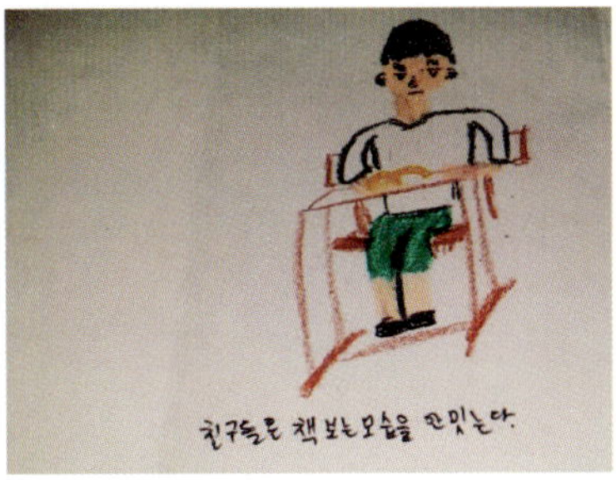

친구와 갈등 (초 5, 남)

그림 7-12 미해결과제

9) 점토초상화

(1) 목표

- 자신이 지각하는 자아상과 자기 정체성을 확인한다.
- 내면의 심리적 상황을 파악하고 수용한다.

(2) 준비물

도예토 또는 점토, 색종이 접시, 가위.

(3) 실시 방법

- 지금까지 살아온 생활을 회상해보고 어떤 모습으로 살아왔는지 생각한다.
- 떠오르는 자신의 모습을 점토로 꾸며본다.
- 자신의 초상화를 보며 자신에 대해 말해본다.
- 바라는 자아상은 어떤 모습인지 이야기를 나눈다.

나의 모습은 멋지다고 생각하는데 사람들은 나를 문제아라고 부른다(초 6, 남).

나의 모습은 저승사자이다. 무섭고 폭력적이다(초 4, 남).

나는 나쁜 사람이며 무서운 사람이다(초 5, 남).

나는 착하고 공부도 잘한다. 그런데 집에 가면 동생을 돌보고 집안 청소도 해야 하기 때문에 조금 짜증이 난다. 사람들은 나를 무척 착하다고 한다. 나에 대해 잘 알지 못한다(초 6, 여).

그림 7-13 점토 초상화

10) 소망의 빛

(1) 목표

- 자신감을 갖게 한다.
- 자신의 정체성을 발견한다.
- 갈등을 극복하는 방법을 익힌다.

(2) 준비물

8절 도화지, 사인펜, 색연필, 크레파스 등

(3) 실시 방법

- 파도 소리가 들리는 조용한 음악을 들으며 치료사의 말에 귀를 기울인다.
- 치료사의 지시에 따라 상상해 볼 것을 말한다.
- "바다에 있는 작은 섬을 상상해 보세요. 섬 끝에는 창문이 하나 있는 긴 등대가 있습니다. 당신이 이 등대라고 생각해 보세요. 당신은 섬 바위에 아주 튼튼하게 서 있습니다. 이 등대는 어떤 태풍이 와도 조금도 흔들리지 않습니다. 이 등대는 항상 섬 끝에서 밤이나 낮이나 맑은 날씨나 궂은 날씨에도 변함없이 창문을 통해 환하고 아주 환하게 멀리 비치는 불빛을 보내줍니다. 당신의 등대에는 전기가 모자라는 일이 없습니다. 당신이 섬 끝에서 굳건히 환한 빛을 항상 비춰주기 때문에 바다와 사람들은 아무 걱정 없이 편안한 마음으로 지낼 수 있습니다. 이 등대는 당신입니다. 이제 당신 안에 있는 마음의 불빛을 느껴 보세요. 영원히 꺼지지 않는 빛을 느껴 보세요. 자 이제 이곳으로 돌아와 당신이 본 등대와 마음의 있는 빛을 그려 봅시다."
- 상상한 것을 그림으로 표현해보고 그림설명과 빛의 의미, 역할에 대해 이야기를 나눈다.

그림 7-14 소망의 빛(고 3, 여)

11) 소망 나무

(1) 목표

- 자존감을 향상시킨다.
- 미래의 꿈과 방향을 설정한다.

(2) 준비물

2절 도화지, 색연필, 사인펜, 클레이, 투명컵, 나뭇가지, 한지, 풀 등

(3) 실시 방법

- 자신의 장점을 생각해 보고 미래에 어떤 사람이 되어 있을지 생각해본다.
- 상상 속의 나무를 여러 가지 미술 매체를 이용하여 꾸민다.
- 소망 나무를 완성하고 자신의 희망과 꿈에 대해 이야기 나눈다.

사람들이 쉴 수 있는 나무(중 3, 여)

소원이 열리는 나무(초 1, 남)

소원을 들어주는 나무(5세, 남)

돈이 열리는 나무(중 3, 특수아동 남)

가족이 잘되는 나무(고 1, 남)

해피트리(40대, 여)

그림 7-15 소망 나무

12) 손 본뜨기

(1) 목표

- 자아감각을 발달시킨다.
- 주의집중력을 향상시킨다.
- 긍정적 자아개념을 갖고 자존감을 향상시킨다.

(2) 준비물

석고붕대, 가위, 물통, 물감, 붓, 색채 도구

(3) 실시 방법

- 석고붕대를 작게 잘라 물을 적신다.
- 물에 적셔진 석고붕대를 손 등 위에 차곡차곡 발라 붙인다.
- 3~4겹 정도 겹쳐서 손등까지 바른다.
- 손에 붙여진 석고붕대가 굳으면 손가락을 움직여 분리한다.
- 분리된 손 모양을 자유롭게 물감을 이용해 꾸며준다.
- 손 본뜨기 과정의 느낌과 작품을 완성한 후 느낌을 이야기 나눈다.

아동의 손 본뜨기

성인의 손 본뜨기

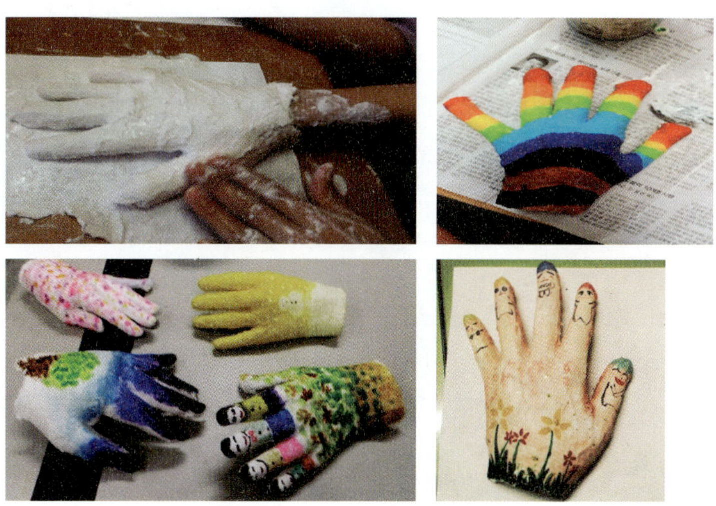

그림 7-16 손 본뜨기

13) 만다라

(1) 목표

- 자아정체감을 확립시킨다.
- 집중력 향상과 정서적 이완을 돕는다.
- 자신의 진정한 모습을 이해할 수 있다.

(2) 준비물

만다라 도안, 색연필, 사인펜.

(3) 실시 방법

- 몇 분간 명상하며 이완 작업을 한다.
- 원하는 만다라 도안을 선택한다.
- 원하는 색을 원의 중심 혹은 가장자리부터 색칠한다.
- 색칠한 만다라를 보고 제목을 붙인 후 제목을 따라 연상되는 문장을 만들어 자기 이해를 돕고 이야기를 나눈다.

그림 7-17 만다라

14) 웅덩이

(1) 목표

- 절망감을 느낄 때 도와줄 사람이 있음을 안다.
- 희망을 가지게 한다.

(2) 준비물

8절 도화지, 색연필, 사인펜.

(3) 실시 방법

- 종이에 U자형의 웅덩이를 그린다.
- 웅덩이 안에 빠진 자신의 모습을 그리고 웅덩이 밖에 나에게 도움을 줄 수 있는 모든 사람을 그려본다.
- 웅덩이에서 나오기 위해서는 무엇을 할 수 있는지 그려본다.
- 웅덩이 오른쪽에 힘과 소망을 주는 말(긍정적 감정), 왼쪽에는 좌절감, 화, 짜증(부정적 감정)이 나는 말을 적고 이야기를 나눈다.
- 웅덩이에서 탈출할 수 있는 방법을 이야기 나누며 탈출하는 장면을 그려본 후 느낀 점에 대해 이야기를 나눈다.

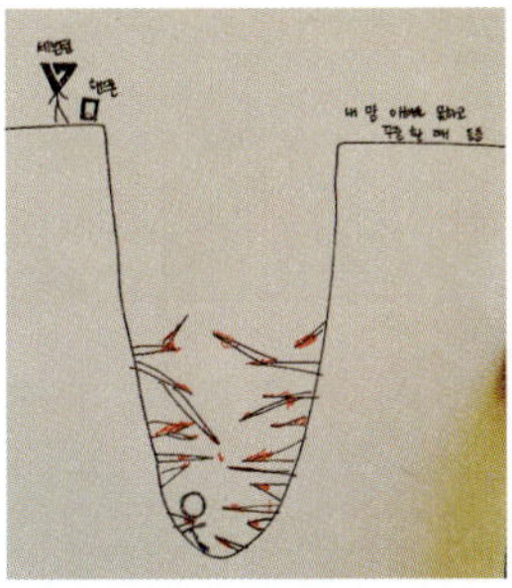

(중 1, 여)

(중 1, 남)

(중 3, 여)

(중 1, 여)

그림 7-18 웅덩이

15) 투명인간이 된다면

(1) 목표

- 자신의 심리상태와 욕구를 파악한다.
- 대인관계에서 문제를 인식하고 극복한다.

(2) 준비물

8절 도화지, 사인펜, 색연필, 크레파스 등

(3) 실시 방법

- 도화지에 사면을 테두리를 그려 주고 4면을 그린다.
- 투명인간이 된다면 하고 싶은 것을 차례대로 그리고 이야기를 나눈다.

(중 1, 여)

(중 3, 여)

(중 3, 여)

(고 3, 남)

(중 1, 여)

그림 7-19 투명인간이 된다면

16) 내 삶의 중요한 세 사람

(1) 목표

- 자신에게 부정적, 긍정적 영향을 미치는 대인관계를 알 수 있다.
- 자신에게 대인관계에 있어 영향을 미치는 사람에 대해 이해할 수 있다.

(2) 준비물

8절 도화지, 색연필, 사인펜

(3) 실시 방법

- 인생에 있어 자신에게 영향을 미친 사람을 생각해 본다.
- 자신에게 긍정적 혹은 부정적인 영향을 준 세 사람을 떠올린다.
- 세 사람이 자신에게 어떤 영향을 주었는지 글로 써본다.
- 표현된 세 사람에 대해 이야기를 나눈다.

(고 3, 여)

(초 5, 여)

그림 7-20 내 삶의 중요한 세 사람

17) 9분할 통합 회화법

일본의 애지의과대학 심리학과 교수인 모리타니가 1986년에 제안한 기법이다. 도화지에 테두리를 그리고 난 후 화면을 3×3으로 9분할하고 각각의 칸에 그림을 그리는 방법이다. 9분할 통합 회화법은 정신분석적 미술치료 기법 중 하나이다. 9칸에 그림을 그릴 때 처음과 마지막에 그린 그림이 내담자에게 중요한 심리적 반응을 나타낼 수 있어 그림 그린 후의 질문과 함께 연상을 듣고 내담자의 그림 그리는 과정을 관찰한다. 표현된 이미지에서 자신과 가족, 친구에 대해 깊이 있게 다룰 수 있는 기법이다. 이 기법은 치료 과정에서 핵심 문제가 나타날 때 실시하는 것이 좋다.

(1) 목표

- 갈등 요소를 구체적이고 통합적으로 파악할 수 있다.
- 이미지에 반응하는 중요한 심리적 반응을 탐색한다.

(2) 준비물

8절 도화지, 사인펜, 색연필, 크레파스 등

(3) 실시 방법

- 치료사가 도화지에 검은색 사인펜으로 자유롭게 테두리를 그린 후 화면을 3×3으로 분할해서 내담자에게 준다. 테두리는 자를 사용하지 않는다.
- 분할된 용지에 오른쪽 밑 칸부터 시계방향으로 시작하여 중심을 향해 순서대로 그리거나 그 반대로 중심에서부터 시계방향으로 오른쪽 밑 칸을 향해 그리든지 자유롭게 그릴 것을 말한다. 9칸 모두 그리기 힘들어하면 전부 그릴 필요는 없다는 것을 말해준다. 치료사는 가족, 친구 등 내담자와 관련해 파악할 수 있는 주제로 선택한다.

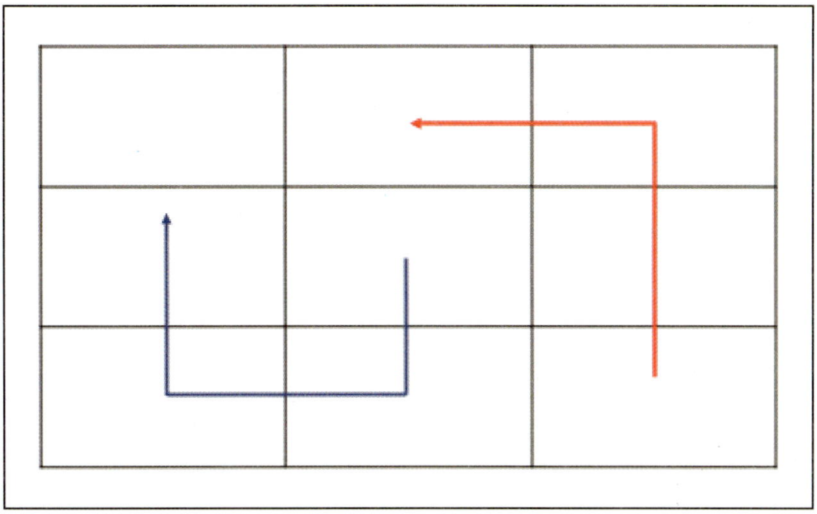

- 지시사항은 "가족 혹은 친구와 일상생활 중 있었던 일 중 생각나는 대로, 느낀 대로 자유롭게 그려주세요. 그림 그리기가 어려우면 기호나 도형, 문자로 그려도 됩니다."
- 각 그림에 간단한 설명을 쓴다.
- 색칠하기를 원하면 색칠하게 하며 전체를 보고 그림의 제목을 붙인다.
- 그려진 그림에 대해 이미지가 무엇을 의미하는지에 대해 이야기를 나눈다.

(4) 9분할 통합 회화법의 특성

① 그림 순서

9분할 통합 회화법은 9개 구분이 된 칸에 생각나는 순서대로 그림을 그리는 자유연상 표현 방법이다. 즉 공간적, 시간적 요소를 한 장의 종이에 동시에 표현하는 특성이 있다. 모리타니의 연구에 의하면, 이미지 순서에 의한 반응은 첫 그림과 그림의 중앙 즉 마지막 반응에 그려진 이미지가 내담자에게 중요하다고 했다. 그러나 이러한 반응은 일반적인 것으로 정신병적인 내담자와 신경증 내담자는 경우에 따라 자아방어 기제의 작용으로 다를 수 있다. 따라서 9분할 통합 회화법은 그림 순서를 추적해서 그린 사람의 자유연상의 이미지와 자아방어기제도 파악이 가능하다고 할 수 있다.

② 공간 축소의 영향

9분할 통합 회화법은 용지를 9등분하여 그림을 그리기 때문에 공간이 축소되어 그리는 내용도 제한을 받아 상징성이 강조되어 나타나는 특성이 있다. 이때 작은 상징들이 표현될 수 있는데 이 상징들은 내담자의 중요한 정서적 내용이 포함될 수 있다. 검사자에 따라 그림보다는 문자나 상징된 기호를 적기도 하는데 간단한 단어로 표현할 수도 있다. 성인의 경우에는 표현된 언어가 중요한 심리적 단서를 말해 줄 수 있다. 이와 비슷하게 6분할 또는 9분할로 그릴 수 있다.

(중 1, 여)

(중 3, 여)

(고 1, 남)

그림 7-21 9분할 통합 회화법

18) 동굴화

동굴화는 원형의 하나인 타원 테두리를 이용한 공간 묘화 기법이다. 동굴화에 사용된 타원 테두리는 자유로운 표현을 촉진하며 심리적으로 안정된 이미지를 줄 수 있다. 적당한 크기의 여백 공간과 타원의 테두리는 중심에 2개의 타원이 그려져서 원 테두리만큼 중심화 경향이 적다. '동굴'이란 상징성이 있는 테두리로 지시를 받기 때문에 그림 이미지에 자극 동기를 부여한다.

동굴화에서는 타원의 틀이 '동굴의 입구'라는 입체적 공간의 이미지를 부여하기 때문에 치료자가 내담자에게 동굴이라는 상상을 하게 함으로 적극적인 언어 이미지로 관여하여 내담자 그림에 풍부하게 투영된 내용이 표현된다. 따라서 내담자의 그림 표현을 촉진시키는 효과가 있다.

동굴화는 동굴 안에서 바깥세상을 바라보며 풍경을 그려 동굴의 공간 이미지를 자극할 수 있으며, 타원 테두리 내 · 외측의 양측에 초점을 둔다. 따라서 외측의 여백 공간이 중요하다고 볼 수 있으며 내담자의 심리상태와 밀접한 관련이 있다고 볼 수 있다.

(1) 목표

- 자신의 심리상태와 욕구를 파악할 수 있다.
- 비언어적 커뮤니케이션을 촉진한다.

(2) 준비물

8절 도화지 또는 A4용지, 크레파스, 색연필, 사인펜

(3) 실시 방법

- 타원을 그리고 동굴의 입구라고 말한다.
- "여기는 동굴 입구인데 만일 당신이 동굴 안에 살고 있다면, 바깥세계는 어떤 세계가 보이면 좋을지 그려 주세요."라고 말한다.
- 동굴 속에서 본 바깥세계의 풍경을 그리고 완성되면 색칠을 한다.

- 색칠하기를 원하지 않으면 "동굴 벽에 당신이 좋아하는 색을 칠해 주세요." 라고 하여 동굴 벽을 칠하도록 한다.
- 치료자가 동굴화를 이해하기 위해 계절, 시간 등 그림에 대한 설명과 질문을 한다.
- 동굴화를 그린 후 작품을 감상하고 느낀 점에 대해 이야기를 나눈다.

피바다

동굴 안에 검은빛이 나와 밖을 피바다로 만들었어요. (초 4, 남)

공룡

동굴 밖을 보면 내가 조종할 수 있는 공룡이 살아 있었으면 좋겠어요(초 6, 남)

왕자가 사는 궁전 리조트

동굴 밖의 세상은 저의 이상형 멋진 동굴 밖은 바다예요. 바다에 있는 섬 왕자가 살고 있는 궁전이 있을 것에 내가 지은 리조트예요(중 3, 여)

우리가 바라는 세상

동굴 밖은 리조트가 있는 세상이에요. 밖은 바다가 있고요. 리조트에는 놀 거리가 있어서 즐겁게 지낼 수 있어요(중 3, 남).

그림 7-22 동굴화

3. 후기단계 : 치료 종결과 훈습

후기단계에는 내담자 자신의 문제와 장점을 수용할 수 있고 자아존중감이 향상되며 자아정체감이 형성되어 현실에 대처할 수 있는 능력이 생기는 시기이다.

종결단계에서는 치료사가 종결에 대해 내담자와 함께 3~4주 정도 전에 합의하는 과정이 필요하다. 미술치료 과정에서 치료와 문제해결이 잘 된 경우는 치료 종결에 대해 쉽게 받아들일 수 있는데, 내담자가 종결을 받아들이지 못할 때는 치료과정에 대해 다시 돌아보고 치료 종결 후 내담자와 합의하여 새로운 목표를 세워 상담을 진행하는 것도 도움이 된다. 어떠한 경우라도 합의하여 치료 종결을 하는 것이 중요하다.

1) 인생의 파노라마

(1) 목표

- 자신의 삶과 경험을 돌아본다.
- 자신의 모습과 역할을 이해하고 수용한다.
- 자신의 미래의 대해 소망을 가질 수 있다.

(2) 준비물

4절 도화지, 사인펜, 색연필, 크레파스 등

(3) 실시 방법

- 치료사는 조용한 음악을 들려주며 현실에 오기까지 출생, 유아기, 아동기, 청소년기의 과거에 대해 돌아보게 한다.
- 자신이 아직 경험해 보지 못한 청년기, 장년기, 노년기, 죽음에 이르기까지 어떻게 살고 있을지 예상해 본다.
- 지금까지 살아온 삶과 미래의 삶에 대해 인생의 파노라마를 그림으로 표현한다. 추상적인 그림도 가능하다. 그림을 완성한 후 이야기를 나눈다.

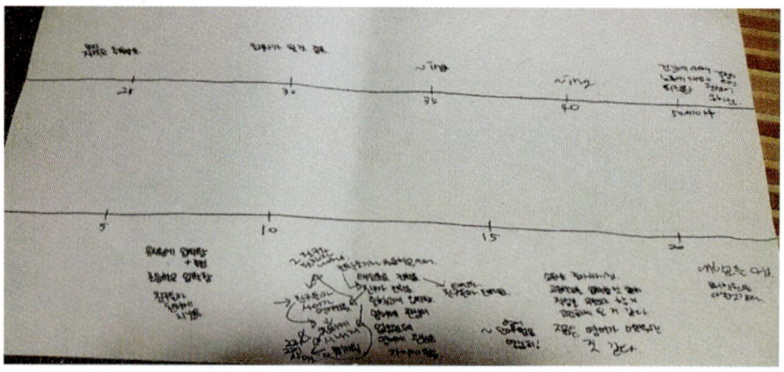

그림 7-23 내 인생의 파노라마(중 2, 여)

2) 내가 원하는 모습

(1) 목표

- 창의력과 잠재력을 개발한다.
- 긍정적 자아개념 형성과 자존감을 향상시킬 수 있다.

(2) 준비물

원목 사람 인형, 네임펜, 매직, 스티커 등

(3) 실시 방법

- 지금까지 지내 온 자신의 모습을 탐색한다.
- 내가 원하는 모습은 어떤 모습인지 생각해본다.
- 작품을 완성한 후 이야기를 나눈다.

그림 7-24 내가 원하는 모습

3) 나의 안식처

(1) 목표

- 자신의 삶과 경험을 돌아본다.
- 만족감과 심리적 안정을 돕는다.

(2) 준비물

집 모형, 매직, 스티커, 다양한 만들기 재료

(3) 실시 방법

- 집을 생각하면 떠오르는 감정에 집중한다.
- 내가 쉴 수 있고 편안함을 주는 장소는 어떤 곳인지 생각한다.
- 작품을 완성한 후 이야기를 나눈다.

그림 7-25 나의 안식처

4) 다리 그리기

(1) 목표

- 자신에게 필요 없는 것과 버리고 싶은 것을 구분할 수 있다.
- 소망하는 것과 중요한 것을 구분할 수 있다.

(2) 준비물

8절 도화지, 크레파스, 색연필, 사인펜

(3) 실시 방법

- 인상 깊었던 다리를 그린다.
- 왼쪽에는 자신에게 필요 없는 것과 버리고 싶은 것을 생각하고 쓴다.
- 오른쪽에는 소망하는 것과 중요한 것을 생각하고 쓴다.
- 완성된 다리 그림을 설명하고 이야기를 나눈다.

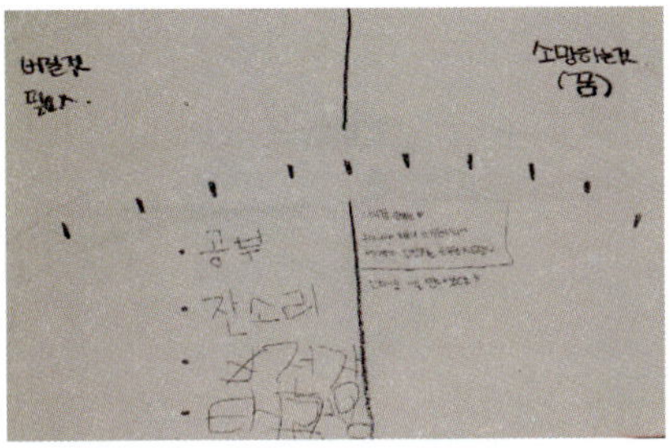

(중 1, 여)

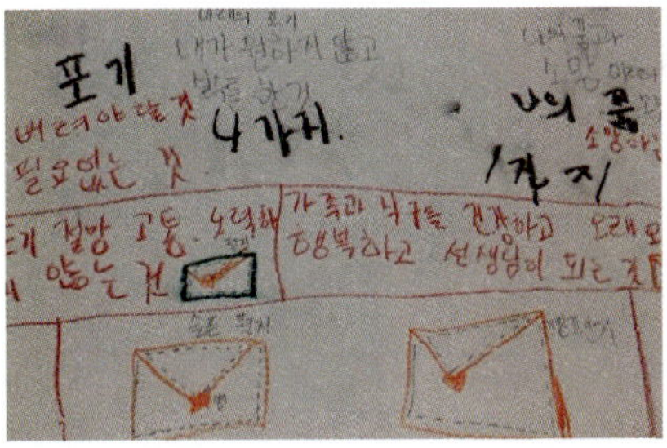

(중1, 여)

(30대, 여)

(40대, 여)

그림 7-26 다리 그리기

5) 씨앗이 자라면

(1) 목표

- 자신의 정체성을 인식한다.
- 성장의 의미와 욕구를 의식한다.
- 자기정체성을 인식하고 정립한다.

(2) 준비물

8절 도화지, 사인펜, 색연필, 크레파스 등

(3) 실시 방법

- 씨앗이 땅에 떨어져 어떻게 될지를 상상한다.
- 자신이 씨앗이라고 생각한다.
- “씨앗이 있습니다. 이 씨앗은 당신입니다. 이 씨앗이 땅에 떨어져 비와 적절한 햇빛을 받아 씨앗이 발아가 되었어요. 조그만 새싹이 땅을 뚫고 나와 시간이 지나면 여러 가지 잎이 열리게 되었어요. 그 씨앗은 이제 점점 자라 키가 커집니다. 주변 환경은 어떤 환경일까요? 그리고 씨앗이 자라 어떻게 성장될지 상상해 보세요.”
- 상상된 씨앗을 그림으로 표현해본다.
- 그림을 보고 감상한 후 대화를 나눈다.

이 씨앗의 이름은 이상해 씨. 씨앗안에 벌레를 잡아 먹어주는 무당벌레가 살아요. 아주 잘 자랄 거에요(초 3, 여)

햇빛을 잘 받아 씨앗을 많이 맺는 해바라기가 되고 싶어요(초 5, 남).

그림 7-27 씨앗이 자라면

6) 10년 후 나의 미래의 모습

(1) 목표

- 미래의 목표를 명확하게 한다.
- 목표를 이루는 방법에 대해 마음가짐과 행해야 할 것을 안다.

(2) 준비물

8절 도화지, 볼펜, 크레파스, 색연필, 사인펜

(3) 실시 방법

- 미래 자신의 소망에 대해 생각해 본다.
- 미래의 목표를 향해 나아가기 위해 지금 할 수 있는 것을 생각해 본다.
- 10년 후 어떠한 모습으로 변해 있을지 그림을 그리고 나에게 편지를 쓴다.
- 그림에 대해 설명하고 10년 후 미래의 모습과 목표를 향해 할 수 있는 것에 대해 이야기를 나눈다.

초등학교 선생님

안녕! 10년 후의 나야. 나는 너의 모습이야. 나는 공부를 잘해서 선생님이 될 거야. 선생님이 되면 착하게 아이들을 가르칠 거야. 많은 걸 알려 줄 거야. 아이들에게 행복을 줄 거야. 나는 선생님이 되고 싶어. 기대해(초 5, 남).

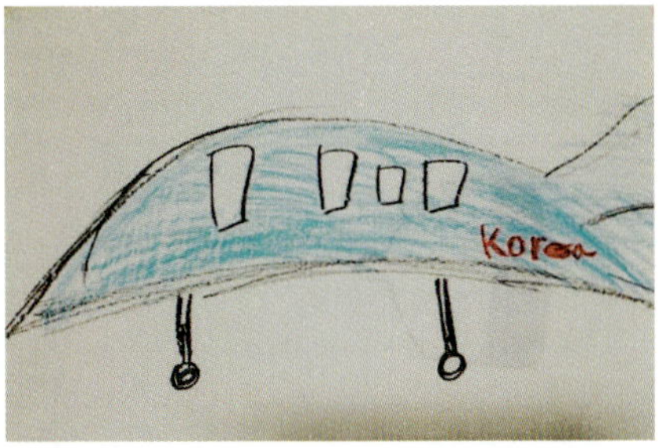

승무원

나는 앞으로 공부를 열심히 해서 승무원이 되고 싶다. 여행도 많이 다니고 많은 사람들도 사귀어보고 즐거울 것 같다(중 1, 남).

그림 7-28 10년 후 나의 미래의 모습

8
CHAPTER

집단미술치료의 과정과 기법

1. 초기단계: 탐색 및 사회화
2. 전환과 작업 단계: 갈등과 응집성의 발달
3. 종결단계: 통합과 적용

Chapter 8

집단미술치료의 과정과 기법

집단미술치료는 집단상담과 미술치료가 합쳐진 개념이다. 집단미술치료는 치료 과정에 치료사가 적절히 개입하고 집단구성원의 공감으로 개방적인 분위기를 형성하여 역동성을 고취시키고 의사소통과 다양한 상호작용의 기회를 만들어 주어 사회적 기능을 향상시킨다.

집단미술치료 과정의 장점은 미술 매체를 통해 집단구성원의 심리적 상태를 솔직하게 표현하고 미술 활동이 주는 성취감으로 자기 표출을 향상시키는 데 있다. 또한 집단구성원 간 상호작용을 원활히 하여 자신이 받아들이기 어려운 부분과 의식하지 못한 것을 인식하고 수용할 수 있도록 하여 타인에게 신뢰감을 갖게 하여 타인과 관계에서 긍정적 변화를 가져오게 하여 인격의 통합을 도모할 수 있도록 한다. 특히 또래의 영향을 많이 받고 사회성을 발달시키는 학생들에게 개인적 기능과 사회적 기능을 향상시키는 데 있어 집단미술치료는 매우 유용하다고 할 수 있다.

집단미술치료는 갈등 상황의 감정을 미술 매체로 표출할 수 있고 자신이 완성한 작품을 치료사와 집단구성원들에 의해 지지와 긍정적 평가를 받으며 소중히 다뤄지는 것을 통해 자신이 존중과 공감, 격려와 지지를 얻는다는 점에서 자신감을 얻고 자존감이 향상되며 정서적 경험으로 자기 개방과 교정받는 정서 체험의 장이 된다. 또한 집단미술치료 과정에서 치료사와 집단구성원들의 태도와 행동을 모방하여 서로에게 삶의 양식을 배울 수 있게 하는 학습의 장을 제공하게 된다.

위에서 살펴본 바와 같이 집단미술치료가 자기 성장과 대인관계에 미치는 효과는 집단구성원의 역동을 통해 개인의 내적 · 외적 세계를 조화있게 발달시키며 타인과 긍정적 상호작용이 자기 존중과 타인 존중과 같은 성숙한 자아의 모습을 갖추게 한다. 이 장에서는 집단구성원들과 쉽게 실시할 수 있는 집단미술치료를 소개하였다. 집단미술치료의 과정은 시작 단계에서 집단구성원들과 탐색 및 사회화의 과정, 전환과 작업 단계에서는 집단구성원들의 갈등과 응집성의 발단, 종결 단계에서는 통합과 적용의 집단미술치료 기법으로 구성하였다. 이 장에 제시된 집단미술치료 기법 순서는 예시이므로 실제 상담 현장에서는 집단구성원과 집단미술치료 기법의 특성을 고려해 상담자가 자유롭게 실시할 수 있다.

1. 초기단계 : 탐색 및 사회화

이 단계에서는 치료사가 집단구성원들의 모델이 되는 것이 중요한 데, 집단구성원들이 미술 활동에 열중하도록 할 수 있도록 돕고 자극하고 동기화와 감정을 불러일으켜야 한다. 이 단계에서는 무엇보다 치료사의 역할이 집단구성원들의 균형과 자기 개방, 집단구성원 간의 응집성에 중요한 영향을 미친다.

1) 나를 음식으로 표현하여 소개하기

(1) 목표

- 초기 집단구성원 간 어색함을 줄인다.
- 집단구성원 각자 개인의 특성과 성향을 알 수 있다.
- 자신의 정체감을 확립한다.
- 자신의 존재 의미, 중요성을 인식한다.

(2) 준비물

8절 도화지, 색연필, 사인펜 등

(3) 실시 방법

- 개인의 특성과 성향을 생각해보고 자신에게 맞는 음식으로 그린다.
- 그림을 그린 후 느낌을 나눈다.
- 음식과 자신과 어떤 관련이 있는지 의미를 설명한다.
- 집단구성원의 소개를 듣고 질문과 대화를 나눈다.

햄버거와 콜라(초 5, 여)

좋아하는 음식(초 6, 여)

케이크(중 2, 남)

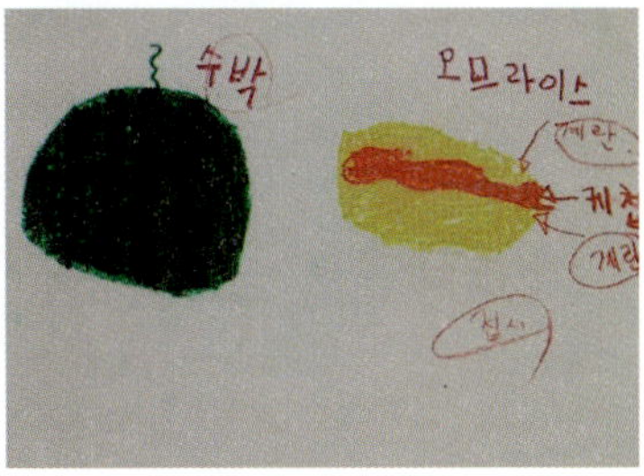

수박과 오므라이스(중 1, 남)

그림 8-1 나를 음식으로 표현하여 소개하기

2) 난화 상호 이야기

(1) 목표

- 집단구성원 간 신뢰감을 형성한다.
- 비언어적 의사소통을 촉진한다.
- 집단구성원 간 상호관계를 향상시킨다.
- 배려하고 공감하는 마음을 갖는다.

(2) 준비물

전지, 색연필, 사인펜, 크레파스

(3) 실시 방법

- 4~5명 정도의 팀을 구성한다.
- 집단구성원이 원하는 색을 두 가지 선택하여 양손에 쥔다.
- 집단구성원과 함께 자유롭게 선을 표현하여 그린다(다른 모둠이 있다면 색연필만 들고 가서 다른 모둠의 종이에도 자유롭게 선을 그리는 활동을 한다).
- 난화에서 숨은 그림을 찾아 무엇을 찾았는지 이름을 붙인다.
- 숨은 그림을 이야기로 만든다.
- 제목을 붙이고 집단구성원과 팀별로 나와 이야기를 발표한다.

그림 8-2 난화 상호이야기

3) 숲속에 사는 동물들 만들기

(1) 목표

- 점토를 사용함으로 정서적 이완을 경험한다.
- 집단구성원의 상호작용 관계를 알아볼 수 있다.
- 대인관계를 향상시킨다.

(2) 준비물

클레이, 가위, 우드락, 자연물 등

(3) 실시 방법

- 4~6명 정도의 팀을 구성한다.
- 각자가 만들고 싶은 동물을 클레이를 이용하여 만든다.
- 집단구성원이 만든 동물을 우드락 위에 잘 배치하고 자연물과 함께 꾸민다.
- 숲속 이름을 붙이고 이야기를 나눈다.

그림 8-3 숲속에 사는 동물들 만들기

2. 전환과 작업단계 : 갈등과 응집성의 발달

전환과 작업단계에서는 집단구성원의 탐색과정을 거쳐 자신의 내재된 정서적 · 심리적 상태를 개방하는 것에 대한 방어와 불안이 증가하면서 갈등과 저항이 중심문제가 된다. 이때, 집단구성원은 치료사와 다른 집단구성원에게 부정적 감정을 나타내며 공격하기도 하고 갈등상태가 나타나기도 한다. 얄롬(Yalom, 1985)은 전환단계를 집단구성원 간 혹은 집단구성원과 상담자 간에 힘이 부딪치는 시기이며 사회적인 서열을 확립하는 시기라고 하였다. 치료사는 집단구성원에게 나타나는 갈등을 인정하고 통합을 위한 집단상담을 이끌면 치료사와 다른 집단구성원을 신뢰하게 될 것이다. 집단구성원의 저항은 자신의 고통, 긴장, 문제를 탐색하지 못하도록 하는 행동과 불안으로부터 자신을 보호하기 위한 시도이다. 저항은 상담 과정에서 빈번하게 나타나는 자연스러운 현상이다. 이때 저항을 효과적으로 해결하기 위해서는 치료사와 집단구성원과 다양한 의사소통을 해야 하며 긍정적인 태도와 정확한 저항의 해석으로 보다 적극적이고 긍정적인 부분을 찾아내고 집단구성원의 저항을 인정하고 지지를 제공한다면 집단미술치료의 효과를 증진시킬 수 있을 것이다.

1) 집단 가면 꾸미기

(1) 목표

- 자신에 대해 자각을 할 수 있다.
- 사람들이 보는 나의 모습과 실제로 내가 생각하는 나의 모습에 대해 표현한다.
- 상호작용을 통해 집단구성원을 수용하고 공감할 수 있다.

(2) 준비물

사람 가면, 색연필, 사인펜, 유성매직 등

(3) 실시 방법

- 가면의 한 부분은 사람들이 보는 나의 모습, 다른 한 부분은 내가 생각하는 나의 모습에 대해 생각해 보고 꾸민다.
- 집단구성원과 자신이 만든 가면의 모습에 대해 대화를 나눈다.

그림 8-4 집단 가면 꾸미기

2) 신문지 찢기

(1) 목표

- 소근육과 대근육 운동력을 높인다.
- 내재된 부정적 감정을 표출하여 카타르시스를 경험한다.
- 상호작용을 통해 집단구성원 간의 관계 형성과 사회성을 향상시킨다.

(2) 준비물

많은 양의 신문지, 사인펜, 투명테이프

(3) 실시 방법

- 각자가 신문지에 그동안 하고 싶었던 말이나 스트레스를 적는다.
- 각자의 신문지를 잡고 다양하게 찢는다.
- 신문지가 찢겨졌으면, 신문지 조각을 자신과 친구들을 향해 날려본다.
- 신문지 더미 위에 누워보기도 하고 놀이를 계속한다.
- 놀이가 어느 정도 끝난 후 신문지 조각을 뭉쳐서 투명테이프로 공을 만든다.
- 공을 서로 주고받는 등, 놀이를 한다.
- 신문지 놀이가 끝난 후 서로 모여 활동 후 느낀 점과 소감을 이야기 나눈다.

그림 8-5 신문지 찢기

3) 섬에 산다면

(1) 목표

- 집단의 역동성을 인식하고 수용한다.
- 집단의 응집력과 상호작용을 향상시킨다.
- 정체감을 인식한다.

(2) 준비물

전지, 크레파스, 색연필, 사인펜 등

(3) 실시 방법

- 집단구성원과 함께 전지에 섬을 그린다.
- 이 섬을 꾸미고 어떠한 방법으로 섬에 살 것인지 집단구성원과 의논하여 원하는 세계를 그린다.
- 섬이 완성되었으면 어떤 섬을 완성하였는지 표현한다.
- 집단구성원과 상호작용을 하며 섬의 풍경을 완성하고 느낀 점과 깨닫게 된 것에 대해 이야기를 나눈다.

환상적인 섬(초등학생)

휴양의 섬(고등학생)

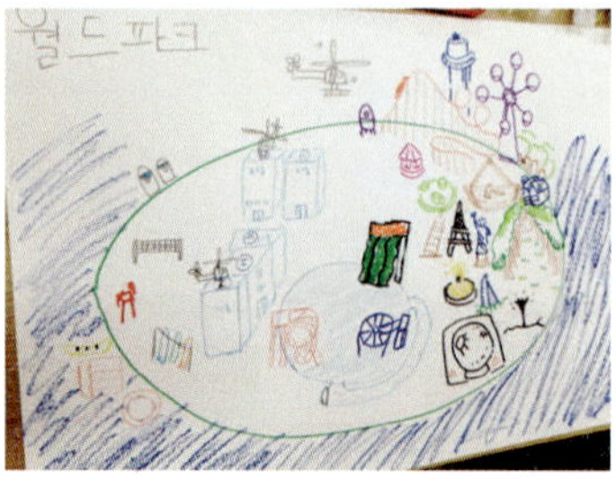

월드파크의 섬(중학생)

안식의 섬(성인)

그림 8-6 섬에 산다면

4) 집단 만다라

(1) 목표

- 집단구성원들의 내면을 표현한다.
- 정서적 이완과 집중력을 향상시킨다.
- 집단구성원의 상호작용과 대인관계 향상을 돕는다.

(2) 준비물

전지, 사인펜, 색연필 크레파스 등

(3) 실시 방법

- 5~6명 정도의 팀을 구성한다.
- 몸을 움직여 이완시킨다.
- 각자 마음에 드는 만다라 문양을 선택해 원하는 매체로 색을 칠한다.
- 각자가 색칠한 만다라 문양을 모아 어떤 모양을 만들고 싶은지 상의한 후 상호협력하여 작품을 완성한다.
- 집단구성원과 상호작용을 통해 깨닫고 느낀 점에 대해 이야기를 나눈다.

모래성과 축하 바구니(성인)

아름다운 꽃(중학생)

아름다운 왕자(초등학생)

아름다운 한복(성인)

그림 8-7 집단 만다라

5) 집단 자연물 만다라

(1) 목표

- 집단구성원의 내면을 표현한다.
- 정서적 이완과 응집력을 향상시킨다.
- 집단구성원의 상호작용과 대인관계 향상을 돕는다.

(2) 준비물

자연물, 우드락 또는 전지, 다양한 재료 등

(3) 실시 방법

- 집단자연물 만다라에 대해 설명한다.
- 집단구성원이 팀별로 밖에 나가 맘에 드는 자연물을 주워온다.
- 자연물로 만다라 모양으로 꾸민다.
- 자연물 만다라를 감상하며 느낀 점에 대해 이야기를 나눈다.

그림 8-8 집단 자연물 만다라

6) 이야기 듣고 꾸미기

(1) 목표

- 무의식을 의식화할 수 있다.
- 정서적 이완을 돕고 스트레스를 표출할 수 있다.
- 집단구성원 간의 상호작용과 협동심을 향상시킨다.

(2) 준비물

우드락, 클레이, 여러 가지 만들기 도구

(3) 실시 방법

- 5~6명 정도의 팀을 구성한다.
- 치료사는 이야기를 들려주고 집단구성원은 어떤 장면을 만들고 싶은지 대화한다.
- 우드락에 만들고 싶은 장면을 만들기 재료로 협력하여 만든다.
- 집단구성원들이 만든 작품을 발표하고 느낀 점에 대해 대화를 나눈다.

숲속 깊은 곳 성안에 갇혀 있는 라푼젤 아름다운 라푼젤을 구하라!

그림 8-9 이야기 듣고 꾸미기

7) 나와 친구의 감정 이해하기

(1) 목표

- 감정표출로 자신과 집단구성원의 감정을 인식하고 이해할 수 있다.
- 집단구성원 간의 공감능력을 향상시킨다.

(2) 준비물

도화지, 사인펜, 색연필, 가위, 투명테이프, 빨대

(3) 실시 방법

- 치료사가 행복할 때, 기쁠 때, 짜증 날 때, 화날 때, 슬플 때 등의 감정을 어떤 상황에서 느껴졌는지 탐색할 수 있도록 한다.
- 동그라미 얼굴에 감정 표정을 꾸미고 오려서 투명테이프로 빨대에 붙인다.
- 집단구성원과 어떤 상황에서 이런 감정을 느꼈는지 서로 대화한다.
- 완성된 작품을 발표하고 느낀 점에 대해 이야기를 나눈다.

그림 8-10 나와 친구의 감정 이해하기

8) 우리가 함께 만드는 마을

(1) 목표

- 자신감을 향상시킨다.
- 상호작용을 통해 의사소통과 대인관계를 향상시킨다.
- 성취감과 만족감을 통해 미래의 희망을 찾는다.

(2) 준비물

우드락, 집 모형, 원목 사람 모형, 매직 등

(3) 실시 방법

- 치료사가 우드락에 마을을 만들 것이라고 말한다.
- 자신의 집 영역을 집단구성원과 같은 넓이로 설정하고 같이 놀고 사용할 수 있는 공동영역을 상의해서 꾸민다.
- 자신의 집과 마당, 사람모형도 원하는 모습으로 꾸민다.
- 마을의 이름을 짓고 우드락에 써준다.
- 완성된 후 사람모형을 가지고 서로 놀고 대화한 후 팀별 마을에 대해 소개하고 느낀 점에 대해 이야기를 나눈다.

그림 8-11 우리가 함께 만드는 마을

9) 우리가 사는 동네

(1) 목표

- 성취감을 높인다.
- 즐거운 활동을 통해 소속감을 높인다.
- 협동심을 기른다.

(2) 준비물

우드락, 클레이, 매직 등

(3) 실시 방법

- 치료사가 우드락에 우리가 사는 동네를 만들 것이라고 말한다.
- 동네에 있는 가게를 생각해 보며 주제를 정한다.
- 집단에서 어떠한 역할을 맡을지 상의해서 꾸민다.
- 동네를 원하는 모습으로 꾸민다.
- 가게의 이름을 짓는다.
- 완성된 후 우리 가게를 발표한다.

그림 8-12 우리의 가게

10) 우리를 위한 로봇

(1) 목표

- 다양한 상호작용을 경험하게 한다.
- 자발성을 기른다.
- 구성원의 감정을 이해하여 공감 능력을 높인다.

(2) 준비물

우드락, 매직 등

(3) 실시 방법

- 치료사가 우리를 위한 로봇을 만들 것이라고 말한다.
- 우리에게 필요한 것이 무엇일지 정한다.
- 어떠한 방법으로 로봇을 만들지 상의해서 꾸민다.
- 로봇을 원하는 모습으로 꾸민다.
- 로봇의 이름과 하는 일을 정한다.
- 완성된 후 우리를 위한 로봇을 발표한다.

그림 8-13 우리를 위한 로봇

11) 장점(강점) 찾기

(1) 목표

- 장점(강점)을 찾을 수 있다.
- 자존감을 향상시킨다.
- 대인관계와 사회성을 향상시킬 수 있다.

(2) 준비물

도화지, 연필, 사인펜 등

(3) 실시 방법

- 도화지를 반절로 접고 손을 본뜬 후 손가락 안에 자신의 장점과 단점을 쓴다.
- 자신의 장점이 나오는 손을 위로 오게 반절로 접는다.
- 집단구성원이 돌아다니면서 한 사람도 빠짐없이 다른 집단구성원의 장점 손가락 주변에 장점만 한 가지 이상 써준다. 단, 단점이나 부정적인 말은 쓰지 않도록 해야 한다.
- 활동을 마치면 자리에 앉아 종이에 내가 알고 있는 장점과 타인이 알고 있는 장점을 쓰고 발표한다.
- 집단구성원이 써준 장점을 보고 느끼는 감정에 대해 이야기 나눈 후 느낀 점에 대해 이야기를 나눈다.

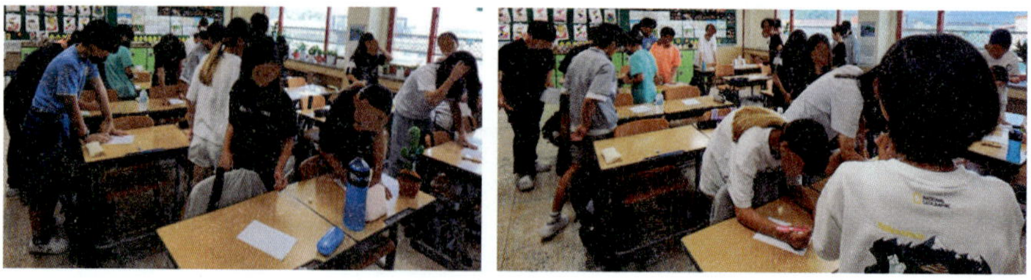

그림 8-14 장점(강점) 찾기

12) 집단 사포 그림

(1) 목표

- 자존감과 성취감을 향상시킨다.
- 협동심과 공동체 의식을 높인다.
- 자기표현능력을 향상시킨다.

(2) 준비물

우드락, 사포지, 크레파스, 양면테이프

(3) 실시 방법

- 우드락을 준비하고 사포지 8장 뒷면에 번호를 미리 적어둔다.
- 사포지 8장을 우드락에 붙이지 않은 상태로 모아 놓고 치료사가 형태를 흰색 또는 노란색 크레파스로 자유롭게 그린다(예: 물고기, 나무, 열기구, 과일 등).
- 사포 조각을 집단구성원이 각자 원하는 조각을 선택한다.
- 사포에 그려진 선을 보고 떠오르는 이미지를 그린다.
- 각자가 완성한 사포 그림에 양면테이프를 붙이고 우드락에 번호순서대로 붙여 형태를 완성하고 작품을 소개하고 감상하며 느낀 점을 이야기 나눈다.

그림 8-15 집단 사포 그림

3. 종결단계 : 통합과 적용

집단상담의 마지막 단계는 학습과 강화의 단계이다. 집단구성원이 학습을 강화하고 집단미술치료 과정을 통해 배운 것들을 학교, 가족, 일상생활에서 적용할 수 있도록 전략을 발전시킬 수 있는 시기이다. 집단구성원이 미술치료 과정을 통해 치료 효과가 있었다면 어려움과 슬픔, 상실, 고통을 느끼는 가운데에도 일상생활에서 많은 것을 배울 수 있을 것이다.

집단미술치료의 종결단계에서 집단구성원은 종결에 대한 두려움이나 불안감을 느낄 수 있다. 그들의 감정을 촉진시키고 강화하기 위해 치료사는 상담이 종결하는 것에 대해 집단구성원 자신의 경험과 어려움이 무엇인지 재점검하는 것이 중요하다. 집단미술치료 초기 단계의 심리상태와 종결단계의 심리상태를 비교하며 변화를 알게 하고, 그 변화를 위해 집단구성원이 한 일에 대해 생각할 수 있게 하는 것도 좋다.

상담 후반은 개인의 미해결 문제가 무엇인지 중점적으로 다루며, 집단구성원이 집단미술치료를 통해 배운 것과 어떤 교훈을 얻게 되었는지에 대해 피드백을 주고받는 것이 중요하다. 그리고 집단미술치료 과정에서 일어났던 경험과 변화를 실제 일상생활에서 새로운 행동을 실습하고 적용하도록 구체적 행동을 계획하고 발전시켜야 할 것이다.

집단미술치료 후기의 피드백은 학습과 통합하는 것에 초점을 맞춰야 한다. 치료사는 집단구성원이 비판적이고 부정적인 피드백을 하지 않도록 하고 서로에게 격려와 지지의 피드백을 하도록 도와야 한다. 피드백에서 부정적이고 비판적인 생각을 풀어놓아 공격을 받은 사람은 더 큰 상처를 받을 수 있기 때문이다. 집단미술치료의 평가는 다음과 같은 질문으로 이루어질 수 있다.

- 집단미술치료 경험이 당신의 인생에 어떠한 영향을 미쳤나요?
- 당신의 생활방식, 태도, 대인관계에 대해 깨닫게 된 것은 무엇입니까?
- 집단미술치료를 통해 당신의 인생에 조금이라도 변한 것은 무엇일까요?
- 집단미술치료가 끝난다는 것과 변하려는 결심을 행동하는 과정에서 문제

점은 무엇일까요?

- 집단미술치료에 참여하며 자신의 삶 속에서 중요한 사람들에게 어떤 영향을 미쳤습니까?
- 집단미술치료가 끝나고 난 후 인생에서 위기가 있던 적이 있었나요? 이때 이 위기를 어떤 방법으로 대처했나요?
- 만약 집단미술치료에 참가하지 않았다면 현재 자신의 삶에 다른 점은 무엇인가요?
- 집단미술치료에 참여하는 동안과 상담이 끝난 후의 경험이나 자신의 변화에 대해 하고 싶은 말이 있나요?

1) 집단 초상화 꾸미기

(1) 목표

- 자아개념을 파악한다.
- 자존감과 성취감을 향상시킨다.
- 협동심과 공동체 의식을 높인다.
- 대인관계, 사회성을 향상시킨다.

(2) 준비물

전지, 클레이, 색종이 접시, 크레파스, 색연필, 매직, 파스텔

(3) 실시 방법

- 4~6명 정도의 팀을 구성한다.
- 각자 자기의 얼굴을 클레이로 색종이 접시에 만든다.
- 만든 초상화를 집단구성원에게 설명한다.
- 집단구성원이 만든 초상화를 전지에 올리고 꾸미고 싶은 주제를 정하여 자유롭게 꾸민다.
- 팀별로 만든 작품을 소개한다.
- 집단 초상화를 완성하고 각자 느낀 점에 대해 이야기를 나눈다.

그림 8-16 집단 초상화 꾸미기

2) 집단 신체 본뜨기

(1) 목표

- 자존감과 성취감을 향상시킨다.
- 협동심과 공동체 의식을 높인다.
- 대인관계와 사회성을 향상시킨다.

(2) 준비물

전지, 크레파스, 연필, 지우개, 색연필, 사인펜, 파스텔, 색지 등

(3) 실시 방법

- 4~6명 정도의 팀을 구성하고 활동 방법에 대해 소개한다.
- 집단구성원 중 원하는 한 사람이 전지 위에 자신이 원하는 자세를 취한다.
- 다른 집단구성원은 매체를 선택하여 누워있는 사람의 신체상을 본떠 준다.
- 누워있던 사람이 원하는 신체상을 말하고 집단구성원과 서로 의논하여 머리에서 발끝까지 같이 꾸민다.
- 신체 본뜨기를 완성하고 각자 느낀 점과 소감에 대해 발표하고 이야기 나눈다.

그림 8-17 집단 신체 본뜨기

3) 집단 소망나무

(1) 목표

- 자존감과 긍정적 희망을 찾는다.
- 협동심과 공동체 의식을 높여 대인관계를 향상시킨다.
- 상호작용과 응집력을 높인다.

(2) 준비물

전지, 크레파스, 색연필, 사인펜, 다양한 만들기 재료

(3) 실시 방법

- 자신의 소망을 탐색하고 소망의 열매가 열린 나무를 상상해 본다.
- 전지에 소망 나무를 그리고 집단구성원의 소망들을 다양한 열매로 표현한다.
- 소망나무를 완성하고 각자 느낀 점과 소감에 대해 발표하고 이야기 나눈다.

그림 8-18 집단 소망나무

4) 같은 눈으로 바라보자

(1) 목표

- 자신의 장점이나 긍정적인 면을 탐색하고 표현할 수 있다.
- 지지와 격려의 말을 해줌으로 자긍심을 향상시킨다.
- 협동과 배려심을 높일 수 있다.
- 의사소통능력과 대인관계 능력을 향상시킨다.

(2) 준비물

전지, 색지, 포스트잇, 크레파스, 색연필, 사인펜, 다양한 만들기 재료

(3) 실시 방법

- 색지에 자신을 물고기로 비유해 종이에 크게 그린 후 물고기에 이름을 쓰고 가위로 오린다
- 포스트잇을 사용하여 자신의 이름, 장점, 단점, 긍정적인 면, 소원 등을 적어 물고기에 붙인다.
- 자신의 물고기를 오른쪽 집단구성원에게 전해준다.
- 집단구성원에게 하고 싶은 말이나 응원의 글을 포스트잇에 적어 물고기 비늘과 같이 붙여준다. 모든 집단구성원에게 같은 방법으로 하고 싶은 말, 응원과 지지의 글을 포스트잇에 적어 붙인다.
- 작품을 완성하고 모둠별 각자 느낀 점과 소감에 대해 발표하고 이야기 나눈다.

그림 8-19 같은 눈으로 바라보자

5) 버킷리스트 나무

(1) 목표

- 자신의 소망을 긍정적으로 인식한다.
- 욕구를 탐색해보며 목표를 설계한다.
- 서로를 격려해주며 희망을 얻는다.
- 자기 성장을 이룬다.

(2) 준비물

전지, 색지, 스크래치 페이퍼, 색연필, 사인펜 등

(3) 실시 방법

- 스크래치 페이퍼에 본인의 버킷리스트를 적어본다.
- 버킷리스트 열매를 붙일 나무를 구성원이 함께 구성한다.
- 나무에 버킷리스트를 붙인다.
- 집단구성원에게 자신의 버킷리스트를 설명해준다.
- 작품을 완성하고 서로의 버킷리스트에 대해 응원하고 격려해준다.

그림 8-20 버킷리스트 나무

6) 선물하기

(1) 목표

- 자존감을 향상시킨다.
- 상호작용과 대인관계를 향상시킨다.
- 친밀감과 응집력을 강화시킨다.

(2) 준비물

클레이와 다양한 매체

(3) 실시 방법

- 치료사는 미리 집단구성원의 이름을 종이에 적어 접어서 준비한다.
- 집단구성원들은 접은 종이를 하나씩 선택한다. 만약 자기의 이름이 나오면 다른 집단구성원의 이름을 선택하도록 한다.
- 자신이 선택한 집단구성원에 대해 집단미술치료과정에서 어떤 느낌을 받았는지 생각해본다.
- 선택한 사람을 떠올려 긍정적인 마음으로 성장할 수 있는데 도움이 되는 선물을 생각해본다.
- 선물을 여러 가지 매체를 이용해 만들고 편지를 쓴다.
- 정해진 시간에 모여 준비한 선물을 집단구성원들에게 전해준다.
- 선물을 전해주며 편지를 읽어준다.
- 집단구성원 모두가 선택한 집단구성원에게 같은 방법으로 선물과 함께 편지를 전달한다. 종결 시 적절한 기법으로 긍정적인 반응을 줄 수 있다.

항상 너를 바라볼게

너의 이름과 나의 이름의 약자를 써넣었어. 집단 상담을 하기 전에는 너에 대해 오해도 많이 했어. 그러나 이제는 아니야. 너의 어려움도 알게 되었고 이제는 이해할 수 있어. 이젠 항상 너를 바라볼게. 너의 옆에 항상 내가 응원하고 있다는 것을 잊지 마! (50대, 남)

사랑의 집(중학생)

네가 크고 좋은 집, 네 방이 있으면 좋겠다는 말을 들었어. 너희 집 형편이 그렇게 어려운지 몰랐어. 내가 멋진 집을 선물해 줄게. 우리 우정 변치 말자.

그림 8-21 선물하기

MEMO

9
CHAPTER

미술치료의 사례

1. 정서 · 행동 관심군 아동의 인지학적 집단미술치료 프로그램 사례
2. 아동양육시설 유아의 자연물 미술치료 프로그램 사례

Chapter 9

미술치료의 사례

1. 정서·행동 관심군 아동의 인지학적 집단미술치료 프로그램 사례(임은실 · 신성숙, 2019)

1) 연구대상

연구대상은 K시 D초등학교에 재학 중인 학생 중 학생 정신건강 증진을 위해 4학년 88명에게 학생정서 · 행동 특성검사 CPSQ(Child Problem-Behavior Screening Questionnaire)를 실시해 관심군으로 선정된 28명의 학생 중 부모와 학생의 동의를 받은 초등학교 4학년 16명으로, 실험집단과 통제집단은 무선배치 하였다. 실험집단에게는 인지학적 집단미술치료 프로그램을 실시하였으며, 통제집단은 아무런 처치를 하지 않았고 연구가 끝난 후 동일한 프로그램을 실시하기로 하였다. 실험집단은 남학생 5명, 여학생 3명으로 구성되었으며, 통제집단은 남학생 6명, 여학생 2명이다. 실험집단의 일반적 특성은 〈표 9-1〉과 같다.

표 9-1 연구대상 일반적 특성

실험 집단	성별	가족 관계	개인특성	정서 · 행동 특성
A	남	부	학교규칙을 잘 어기고 또래 간 갈등이 심함	집중력 부족, 학습 · 사회성 부진
B	여	모	분노와 충동성이 많아 또래 간 자주 싸우고 소리를 지름	과민 · 반항성, 학습 · 사회성부진
C	여	부모	학교수업에서 자주 이탈하고 또래 간 부적응이 심함	집중력 부족, 과민 · 반항성
D	남	조부모	또래들과 자주 싸우고 피해의식이 많음	학습 · 사회성부진, 과민 · 반항성
E	남	부모	또래들에게 학교폭력 가해를 자주 함	학습 · 사회성부진, 과민 · 반항성
F	남	모, 누나	소심하여 친구들과 의사소통이 거의 없음	집중력 부족, 학습 · 사회성 부진
G	남	부, 형	학교수업 중 가끔 교실을 돌아다니고 수업시간에 자주 떠듦	과민 · 반항성, 학습 · 사회성 부진
H	여	모, 언니	교사와 부모에게 심하게 반항하여 정신과 진료를 받고 있음	과민 · 반항성, 학습 · 사회성 부진

2) 목표

- 자기조절력과 사회성 향상

3) 사정도구

(1) 자기조절력

켄달(Kendall)과 윌콕스(Wilcox, 1979)가 초등학생을 대상으로 개발한 척도(SCRS: Self-Control Rating Scale)를 노덕효(2010)가 아동에 맞게 수정 보완한 척도를 사용하였다. 이 검사의 하위영역은 자기조절과 충동성이며, 총 20문항으로 구성되어 있다. 각 문항은 5점 Likert 척도로 '전혀 그렇지 않다' 1점부터 '항상 그렇다' 5점으로 점수가 높을수록 자기조절력이 높은 것을 의미하며, Cronbach's α는 .86이다. 본 연구의 자기조절력의 Cronbach's α는 .95으로 나타났으며, 이 척도의 하위요인별 문항 구성 및 신뢰도는 〈표 9-2〉와 같다.

표 9-2 자기조절력 척도 하위영역별 문항 구성 및 신뢰도

하위요인	문항번호	문항수	Cronbach's α
자기조절	1, 2, 3, 4, 5, 6, 7, 8, 9, 10, 11	11	.86
충동성	12, 13, 14, 15, 16, 17, 18, 19, 20	9	.92
	전체	20	.95

(2) 사회성

김종두(2010)가 초등학생을 대상으로 개발한 척도를 사용하였으며, 이 검사의 하위영역은 대인관계, 협력성, 사교성이며 총 17개의 문항으로 구성되어 있다. 각 문항은 5점 Likert 척도로 '전혀 그렇지 않다' 1점부터 '매우 그렇다'의 5점으로 점수가 높을수록 사회성이 높다는 것을 의미하며, Cronbach's α는 .87이다. 본 연구의 사회성의 Cronbach's α는 .92로 나타났으며, 이 척도의 하위요인별 문항 구성 및 신뢰도는 〈표 9-3〉과 같다.

표 9-3 사회성 척도 하위영역별 문항 구성 및 신뢰도

하위요인	문항번호	문항수	Cronbach's α
대인관계	1, 2, 3, 4, 5, 6	6	.84
협력성	7, 8, 9, 10, 11, 12	6	.66
사교성	13, 14, 15, 16, 17	5	.82
	전체	17	.92

4) 인지학적 집단미술치료 프로그램 연구 절차

(1) 인지학적 집단미술치료 프로그램 원리와 구성 근거

슈타이너(Steiner)의 예술 활동은 유기적 통합성을 강조하는 것으로 전인치료를 의미하는데, 물질적 육체와 정신적 감각을 예술이 연결시켜 주는 매개로, 예술의 정신성에 기초하여 정신성과 영성을 회복하고 치료하려고 하였다(배숙경, 2015). 인지학 집단미술치료의 원리는 자유인, 감성 육성, 자아체험의 경험을 구

분하여 '좋은 교육은 곧 치료'라는 슈타이너의 예술교육 원리(Steiner, 2001)인 치료적 원리를 기초로 하였다.

인지학적 집단미술치료 프로그램을 실시하기 전 정서 · 행동 관심군 아동의 특성을 조사하고 담임교사와 부모님의 요구조사 실시 후 전문가들과 프로그램 목적에 맞게 프로그램을 구성하였다. 프로그램 중 소묘 활동은 대개 연필을 사용하는 것이 원칙이나 전문가의 자문으로 정서 · 행동 관심군 아동들의 특성에 맞게 다양한 색과 흥미를 고려하여 사인펜과 색연필을 이용하여 활동하였다.

본 연구의 인지학적 집단미술치료 프로그램은 배숙경(2015)의 ADHD 성향 아동의 창의성 증가와 부주의성 및 과잉행동 충동성 감소를 위한 인지학 집단미술치료 프로그램과 장순정(2015)의 R. 슈타이너의 미술교육에 기초한 치료적 소묘 프로그램, 지현정(2012)의 청소년 불안감소와 정서 이완을 위한 수채화 매체 미술치료 프로그램을 참고하여 본 연구의 정서 · 행동 관심군 아동의 자기조절력과 사회성 향상을 위한 12회기 인지학적 집단미술치료 프로그램을 재구성하였다.

(2) 연구 절차

인지학적 집단미술치료 프로그램의 진행을 위해 두 집단 간 사전 동질성 검사와 프로그램의 효과 검증을 위해 사전과 사후에 동일한 검사를 실시하였다. 집단 간 사전 동질성 검사는 〈표 9-4〉와 같다. 두 집단 간 사전 동질성 검증을 위해 독립표본 t-검증을 실시한 결과는 〈표 9-4〉와 같다. 동질성 검사 결과는 두 집단의 자기조절력(t=-.770, p<.05)과 사회성(t=-.474, p.<05)에 유의미한 차이가 나타나지 않아 동질한 집단으로 나타났다.

표 9-4 집단 간 사전 동질성 검사 결과

항목	실험집단(N=8)		통제집단(N=8)		t
	M	SD	M	SD	
자기조절력	2.41	0.05	2.64	0.48	-.770
사회성	2.17	0.14	2.31	0.55	-.474

*p <.05

(3) 프로그램 실시 절차

인지학적 집단미술치료 프로그램 실시 절차는 도입, 활동, 이야기 나누기, 마무리 순서로 진행하였다.

도입에서는 친밀감 형성과 프로그램을 소개하였다. 집단원과 일주일 동안 지난 이야기와 안부, 날씨 등을 대화하고 악수하며 긴장을 완화시키고 프로그램과 유의사항 등을 소개하며 활동에 대한 기대를 향상시켰다.

활동에서는 인지학적 집단미술치료 프로그램을 실시하였다. 형태작업인 포르멘은 먼저 심호흡을 하고 몸 이완을 한 후 종이에 천천히 수정하지 않고 그림을 그릴 수 있도록 연습하며 자유롭게 규칙적으로 그릴 수 있도록 하였다.

습식수채화는 종이를 물에 묻히는 작업을 집단원과 같이 하며 충분히 재질의 감촉을 느끼게 하고 한가지 색을 사용하다 점차적으로 색을 늘려나갔다. 색이 퍼지는 형태와 다른 색이 섞일 때의 느낌을 경험하게 하였다.

조소는 점토 작업으로 아동들이 쉽게 접근하고 흥미 있어 하는 매체이므로 먼저 원 형태의 공을 만들다가 점차적으로 변용화 과정을 거쳐 원하는 모양을 만들 수 있도록 하여 신진대사의 회복에 도움을 주고 사지의 힘과 내적 의지가 강해질 수 있도록 하였다.

이야기 나누기는 프로그램에서 활동한 결과에 대해 느낀 점을 집단원과 나누는 것이다. 자신의 작품과 집단원의 작품을 감상하고 느낀 점을 종이에 적어보고 이야기를 나누었는데, 다른 집단원이 이야기할 때는 경청과 지지를 할 수 있도록 하였다.

마무리에서는 집단원들과 상호존중과 수용을 경험하게 하고 집단원간 긍정적 피드백으로 격려하며 마무리하여 매회 프로그램에 잘 참여할 수 있도록 독려하였다. 인지학적 집단미술치료 프로그램 실시 절차는 〈표 9-5〉와 같다.

표 9-5 인지학적 집단미술치료 프로그램 실시 절차

단계	과정	효과
도입	인사 나누기 프로그램 소개	• 신뢰감 형성 • 프로그램에 대한 기대감 키우기
활동	포르멘, 습식수채화, 점토활동	• 매체 탐색 • 심리적, 육체적 상태 자유롭게 표현하기 • 심리적, 육체적으로 균형감각 기르기
이야기 나누기	프로그램을 통해 느낀 점 나누기	• 내면 탐색, 통찰, 수용 경험 • 집단원과 수용, 보편성 경험
마무리	집단원 존중과 수용 마무리하기	• 피드백으로 지지와 격려하기 • 자기조절력, 사회성 기르기

(4) 프로그램 세부 구성 내용

인지학적 집단미술치료 프로그램은 포르멘(형태작업), 습식수채화, 조소(점토) 활동으로 구성하였다. 프로그램 기법은 정서 · 행동 관심군 아동의 특성상 모든 활동이 자유롭게 이루어지도록 하였으며, 통합성, 자유인의 육성, 감성의 육성, 자아 체험의 경험을 갖게 하였다.

통합성은 미술의 특성으로 아동이 학교생활과 일상적인 삶에서 인간의 정신 성장에 기본이 되는 통합적인 원동력을 갖게 하는 것이며(Child, 1991), 자유인의 육성은 미술 활동을 통해 오직 자기체험을 하며 자유인으로서의 의지로 자유롭게 활동하는 것을 의미하고, 감성의 육성은 감정의 활동으로 선, 형태, 색 등의 미술의 요소와 감각을 통해 선과 색채의 반복으로 인간의 의지를 기르고 심신의 균형을 이루는 것이며(Mees-Christeller, 2004), 자아체험의 경험은 수채화의 색채 연습을 통해 자아를 체험(Hansman, 2000)할 수 있도록 하여 집중력을 향상시켜 자기조절력뿐 아니라 타인과의 긍정적인 관계를 맺어 사회성을 향상시키도록 하였다.

인지학적 집단미술치료 프로그램은 총 12회기이며, 3단계로 초기(1~3회기), 중기(4~9회기), 후기(10~12회기) 단계로 구성하였다. 인지학적 집단미술치료 프로그램의 구체적인 내용은 〈표 9-6〉과 같다.

표 9-6 인지학적 집단미술치료 프로그램

단계		회기	프로그램명	활동내용	목표
초기	신뢰감 형성	1	• 포르멘 선 그림	자연스럽게 선 그리기	자기표현능력 향상하고 그림 거부감 해소
		2	• 습식수채화 색 비가 내려요	색을 탐색하고 습식수채화의 특성 이해하고 물감으로 비를 표현하기	정서이완과 내면 탐색하기
		3	• 점토작업 원 위의 세상	점토를 이용하여 여러 가지 모양을 만들어 보다가 원 모양을 만들고 집단원과 자유롭게 만들기	충동성 감소와 자기조절력 기르기
중기	작업 단계	4	• 습식수채화 다양한 감정 표현하기	다양한 감정을 생각해보고 물감으로 표현하기	표현력을 향상하고 자신을 이해하고 감정 표출하기
		5	• 포르멘 원과 선, 나선형	형태를 자유롭게 꾸미기	균형감각을 기르고 자기조절능력과 사회성을 향상시키기
		6	• 습식수채화 나의 마음	젖은 종이에 자신의 마음 상태를 탐색하고 물감으로 표현하기	감정을 표출하고 자기조절력 기르기
		7	• 점토 작업 우리의 동물원 만들기	자신을 동물로 표현하고 우드락에 집단원들과 동물원 만들기	표현능력과 자기조절능력과 사회성 기르기
		8	• 포르멘 자유로운 선 그림	여러 가지 선을 이용하여 자유롭게 그림 그리기	균형감각과 표현력, 자기조절력 기르기
		9	• 습식수채화 풍경 꾸미기	자연풍경을 생각하고 물감으로 표현하기	정서이완과 내면을 탐색하고 자기조절력 기르기
후기	행동화 / 마무리 단계	10	• 습식수채화 바다 꾸미기	바다를 생각하며 집단원과 물감으로 표현하기	정서이완 자기조절력과 사회성 기르기
		11	• 점토작업 자유롭게 만들기	점토를 이용하여 자유롭게 만들고 싶은 것을 만들어 집단원과 함께 구미기	균형감각과 표현능력, 자기조절력, 사회성 기르기
		12	• 포르멘 우리의 소망나무 • 프로그램마무리 소감 나누기	집단원과 소망나무를 선을 이용하여 그리고 미래의 자신에게 편지를 쓴 후 이야기 나누기 마무리하기	격려와 지지하기 자기조절력과 사회성 기르기

5) 회기별 인지학적집단미술치료 프로그램

집단원과 프로그램 활동을 하며, 회기별로 자기조절력과 사회성이 향상될 수 있도록 진행하였다. 1회기는 포르멘은 원하는 사인펜과 색연필을 이용하여 각자 원하는 선 그리기 연습을 한 후 전지에 집단원과 상의하여 원하는 모양을 함께 돕고 질서 있게 선 그리기 활동을 하였다. 집단원 중 B, F, H는 시작은 어렵다고 하였으나 협동하여 선을 통일성 있게 그리며 재미있다고 하였으며, A, D, E는 집중력이 높아지는 것 같다고 하는 등의 표현을 하였다. 서로 협동작품을 완성하며, 선 형태를 조절하고 도와주며 높은 집중력과 응집력을 보였다.

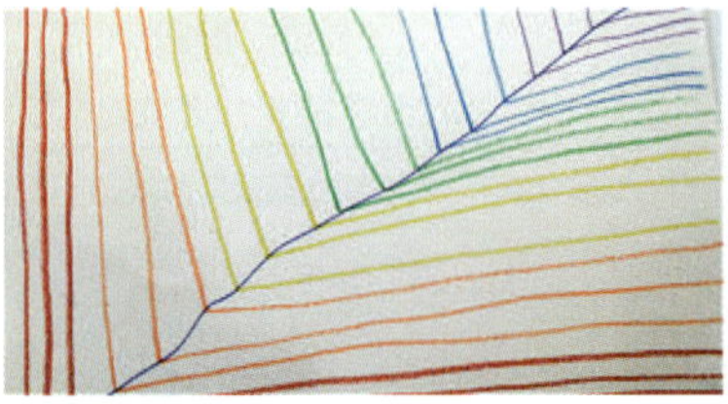

A조(A, B, C, D)

B조(E, F, G, H)

그림 9-1 1회기 포르멘, 선그림

2회기는 습식수채화 작업으로 '색 비가 내려요' 활동을 하며, 심리적 이완과 안정감, 조절력, 또래 간 상호작용이 향상될 수 있도록 하였다. 젖은 도화지에 파랑, 빨강, 노랑색 물감의 느낌을 충분히 경험하고 집단원과 주제를 정해 색비가 내리는 활동을 하였다. 집단원들은 물감 번지는 형태를 보며 탄성을 지르며 A, B, E, F, H는 마음이 편안해지고 재미있다고 하였으나 C는 비 오는 장면을 보며 부모님이 싸워서 밖으로 나왔는데 비가 많이 와서 매우 슬펐던 때가 생각난다고 하자 서로 위로와 지지하는 모습을 보였다.

A조(A, B, C, D)

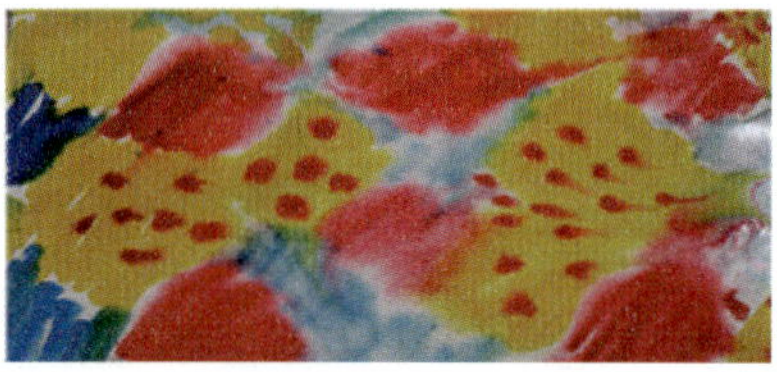

B조(E, F, G, H)

그림 9-2 2회기 습식수채화, 색 비가 내려요

3회기는 점토작업으로 원을 만들고 공 굴리기 게임으로 점토를 탐색하고 원 위에 원하는 세상을 꾸몄다. 집단원과 영역을 정하고 서로 양보하고 도와주며 배려하는 모습이 관찰되었다. 집단원들은 성, 사람, 동물 등을 만들고 공동작업을 하며 많은 이야기를 나누었는데, 활동을 마친 후 C, D, E, F, G 는 서로 친해진 것 같다고 하고 즐거운 시간이었다고 말하였다. 집단원들이 점토작업을 통해 표현능력을 기르고 서로 상호작용하며 양보하고 친해지는 모습을 보였다.

A조(A, B, C, D)

B조(E, F, G, H)

그림 9-3 3회기 점토작업, 원 위의 세상

4회기는 습식수채화 작업으로 기쁠 때, 슬플 때, 화날 때의 감정을 물감으로 표현하는 활동을 하였다. A조는 '폭발하는 화'라고 주제를 정하고 화산을 표현하였으며, B조는 '변화하는 감정'이라고 주제를 정한 후 여러 가지 물감으로 표현하였다. 화나고 슬플 때를 A는 부모님과 학교에서 선생님께 혼날 때, C는 친구들과 싸울 때, E는 친구들이 자신의 말을 무시할 때, H는 부모님과 선생님이 게임을 못하게 하고 혼낼 때라고 하였다. 기쁘고 행복할 때는 B는 맛있는 음식을 먹을 때, D는 옷을 사줄 때, F는 부모님이 게임을 마음껏 할 수 있게 해줄 때, G는 용돈을 많이 줄 때라고 하였다. 집단원들은 감정을 표출하며 물감이 퍼지는 과정에서 서로에게 방해되지 않으려고 노력하였고 서로의 이야기를 경청하며 격려하는 모습이 자주 관찰되었다.

A조(A, B, C, D)

B조(E, F, G, H)

그림 9-4 4회기 습식수채화, 다양한 감정 표현하기

5회기는 포르멘으로 원과 선, 나선형의 형태를 자유롭게 그리며, 집중력을 보이고 힘을 조절하는 모습을 보였다. A조는 서로 도와가며, 원형 안에 여러 가지 색연필과 사인펜으로 몇 겹의 원을 그렸고, B조는 나선형으로 선이 어우러진 형태를 표현하였다. 집단원들 중 C와 F는 원을 그리며, 동굴이나 과자 같다고 하고 D, G, H는 나선형을 그리며 달팽이가 여러 마리 용수철에 걸려 매달려 있는 것 같다고 하며 점점 몰입되는 것 같다고 하였다. 포르멘 연습에서 특히 산만한 모습을 보였던 A, D, E G는 시간이 지날수록 안정된 모습을 보였고 집중시간이 늘어났으며, 집단원들 중 B, C는 힘들다고 하였지만 완성하고 난 후 몰입하는 과정이 즐겁다고 하며 적극적으로 표현하는 모습을 보였다.

A조(A, B, C, D)

B조(E, F, G, H)

그림 9-5 5회기 포르멘, 원과 선, 나선형

6회기는 습식수채화 활동으로 자신의 마음 상태를 탐색한 후 젖은 종이에 자유롭게 표현하며 감정을 표출하였다. A조는 색이 겹겹이 합쳐지는 형태를 그리고 B조는 삼원색을 찍고 어우러지는 형태를 구성하였는데, 활동을 하는 동안 집단원들은 타인에게 방해되지 않으려고 대화하고 조절하며 작품을 완성해갔다. 집단원은 물감이 번지는 형태를 보고 A, C는 회오리바람 같다고 하고, B, E, G는 예쁜 꽃잎 같다고 하며 서로 물감이 묻지 않도록 조심하고 배려하는 모습을 보였고, D, F는 감정을 물감으로 표현하는 것이 신기하다고 하였다. 회기가 진행될수록 감정표출이 다양해졌으며, 물감이 번지는 과정을 즐기고 집단원과 작품을 함께 완성하며 적극적으로 참여하는 모습이 관찰되었다.

A조(A, B, C, D)

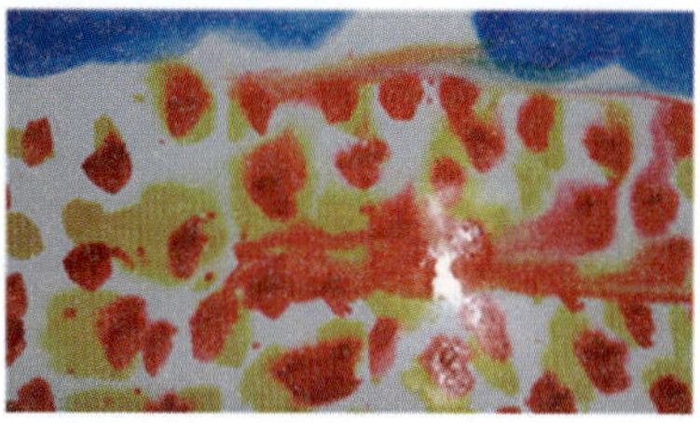

B조(E, F, G, H)

그림 9-6 6회기 습식수채화, 나의 마음

7회기는 점토작업으로 자신을 동물로 표현하여 집단원과 우리의 동물원을 만드는 집단활동을 하였다. 집단원들 중 A는 뱀, B는 기린, C는 거북이, D는 악어, E는 독수리, F는 곰, G는 개구리, 백조로 즐겁게 표현하였다. 동물로 표현한 이유에 대한 설명을 듣고 집단원들은 박수를 치며 서로를 격려하였다. 집단원들은 동물원을 완성하고 응집력 있는 모습을 보였다으며. 자신의 동물과 집단원의 영역을 함께 도와가며 적극적으로 만드는 모습을 보였다.

A조(A, B, C, D)

B조(E, F, G, H)

그림 9-7 7회기 점토작업, 우리의 동물원 만들기

8회기는 포르멘으로 A조의 주제는 '우리가 바라는 세상'이며 아이스크림, 나무, 솜사탕, B조는 '착한 영향력'이라는 주제로 나선형을 그리며, 좋은 영향을 미치는 사람이 되고 싶다고 하였다. 집단원들은 다양한 선 그리기를 즐거워하며 완성된 작품을 보고 만족해하였으며, 그림이 예쁘고 마음에 든다고 하며 서로 도와주고 기다려 주는 등 조절하는 모습을 보이며 행동 변화가 나타났다.

A조(A, B, C, D)

B조(E, F, G, H)

그림 9-8 8회기 포르멘, 자유로운 선 그림

9회기는 습식수채화 기법으로 풍경 꾸미기를 하였는데, 회기가 진행되며, 연습을 통해 집단원들이 능숙하게 물감으로 표현하게 되었으며, A조는 주제를 '즐거운 여행', B조는 '꽃밭'이라고 하였다. 풍경화를 완성한 후 가족들이나 친구들과 현장학습을 가며 놀았던 이야기를 하며 집단원들의 작품을 보고 "너무 멋지다!"와 "잘했다."라는 표현을 하고 집단원 간 의사표현을 잘 하고 서로를 칭찬하고 격려하는 모습이 자주 관찰되었다.

A조(A, B, C, D)

B조(E, F, G, H)

그림 9-9 9회기 습식수채화, 풍경꾸미기

10회기는 습식수채화 바다 꾸미기 활동으로 수채 물감의 퍼짐이 마음을 열게

하여 자연풍경을 그리며 변용하는 과정에서 정서를 순환시키고 이완하는 활동을 하였다. 집단원들은 붓을 들고 능숙하게 물감을 떨어뜨려 색이 번지는 모습을 관찰하며 배려하고 협동하는 모습을 보였다. A조는 '단풍 산과 바다' B조는 '밤하늘과 바다'라고 주제를 정하였으며, 서로 도와주며 작품을 완성하였다.

A조(A, B, C, D)

B조(E, F, G, H)

그림 9-10 10회기 습식수채화, 바다 꾸미기

11회기는 점토 작업으로 A조는 불을 뿜은 용과 사슴, 고래 등을 만들고 '용과 사는 마을'을 꾸몄으며, B조는 '용과 바다의 물개들'이라고 하며, 마을 사람들과 평화롭게 잘 산다고 하였다. 집단원들은 작품을 보며 만족스러워하였고 집단원 간 의사소통을 잘 하고 서로 안기도 하며, 즐겁게 협동하여 작품을 완성하는 모습이 관찰되었다. 작품을 완성하는 과정에서 서로를 칭찬하며 마음에 든다고 하는 등 강한 응집력을 보였다.

A조(A, B, C, D)

B조(E, F, G, H)

그림 9-11 11회기 점토작업, 자유롭게 만들기

12회기는 마지막 회기로 포르멘 활동을 통해 여러 가지 선을 이용하여 우리의 소망나무를 완성하고 소감을 발표하였다. 집단원들은 다양한 선을 능숙하게 표현하게 되었고 매우 차분한 모습을 보였다. 소망나무 이름은 A조는 '드림트리',

B조는 '소망을 이루어 주는 나무'라고 이름을 지었으며, 소망에 대해서는 A는 경찰관, B는 부자 되기, C는 교사, D는 부모님과 행복하게 살기, E는 가수, F는 프로그래머 G는 연예인, H는 상담사라고 이야기하며 편지를 읽고 서로를 격려하고 지지하며 프로그램이 마치는 것을 아쉬워하고 마무리하였는데, 집단원 간 공감하고 수용하며 친밀감 있게 서로 응원하는 모습이 자주 관찰되었다.

A조(A, B, C, D)

B조(E, F, G, H)

그림 9-12 12회기 습식수채화, 우리의 소망나무

6) 결과

본 연구 자료 분석은 SPSS 20.0을 사용하였고 실험집단과 통제집단이 사전에 동질 집단 여부를 알기 위해 독립표본 t-검증을 실시하였으며, 실험집단과 통제집단의 자기조절력과 사회성의 변화와 차이를 알기 위해 대응표본 t-검증을 실시하고 집단원의 설문지 소감에 따른 변화, 작품과 내용분석을 하였다. 내용분석은 참여자들의 소감과 작품, 행동관찰로 질적 변화를 기술하고 분석하였다.

실험집단과 통제집단에 자기조절력, 사회성 검사로 사전, 사후 변화를 분석하였으며, 실험집단에게 초기와 후기에 설문지를 통한 소감과 프로그램 회기별 행동 관찰로 두 변인에 대한 변화를 분석하였다.

(1) 자기조절력의 사전-사후 변화

두 집단 간 인지학적 집단미술치료 프로그램을 실시한 전후 자기조절력의 변화를 살펴보기 위해 대응표본 t-검증을 실시하여 비교 분석하였다. 그 결과는 〈표 9-8〉과 같다. 자기조절력의 실험집단의 사전-사후를 비교 분석한 결과 사전 자기조절력 전체 평균 2.41점에서 사후 전체 평균 3.57점으로 높아졌고 통계적으로 유의미하게 나타났다(t=-22.667, p<.001). 통제집단 사전-사후를 분석한 결과 사전 자기조절력 전체 평균 2.64점에서 사후 전체 평균 2.17점으로 낮아졌고 통계적으로 유의미하지 않게 나타났다(t=3.917, p>.05).

자기조절력 실험집단의 하위요인 결과를 구체적으로 살펴보면 자기조절의 평균은 사전 2.55점에서 사후 3.60점으로 높아졌으며 통계적으로 유의미하게 나타났다(t=-19.962, p<.001). 충동성 평균은 사전 2.26점에서 사후 3.55점으로 높아졌으며 통계적으로 유의미하게 나타났다(t=-16.125, p<.001).

이 결과는 인지학적 집단미술치료 프로그램이 정서·행동 위험군 아동의 자기조절력 향상에 효과적이었음이 검증되었다.

표 9-8 자기조절력에 대한 대응표본 t-검증 결과

항목	실험집단(N=12) / 통제집단(N=12)	사전검사 M	사전검사 SD	사후검사 M	사후검사 SD	t
자기조절	실험집단	2.55	0.07	3.60	0.14	−19.962***
	통제집단	2.82	0.47	2.30	0.28	3.889
충동성	실험집단	2.26	0.09	3.55	0.21	−16.125***
	통제집단	2.46	0.50	2.05	0.35	2.727
자기조절력 전체	실험집단	2.41	0.05	3.57	0.35	−22.667***
	통제집단	2.64	0.48	2.17	0.31	3.917

*** p<.001

(2) 사회성의 사전-사후변화

실험집단과 통제집단이 인지학적 집단미술치료 프로그램을 실시한 전후 사회성 변화를 살펴보기 위해 대응표본 t-검증을 실시하여 비교 분석하였다. 그 결과는 〈표 9-9〉와 같다.

사회성 실험집단 사전-사후를 비교 분석한 결과 사전 사회성 전체 평균 2.17점에서 사후 사회성 전체 평균 3.85점으로 높아졌으며 통계적으로 유의미하게 나타났다(t=-19.353, p<.001). 통제집단 사전-사후를 비교 분석한 결과 사전 사

회성 전체 평균 2.31점에서 사후 전체 평균 2.32점으로 나타났고 통계적으로 유의미하지 않게 나타났다(t=-.067, p>.05).

사회성 실험집단의 하위요인 결과를 구체적으로 살펴보면 대인관계의 평균은 사전 2.08점에서 사후 3.67점으로 높아졌으며 통계적으로 유의미하게 나타났다(t=-15.783, p<.001). 협력성의 평균은 사전 2.20점에서 사후 3.85점으로 높아졌으며 통계적으로 유의미하게 나타났다(t=-20.625, p<.001). 사교성의 평균은 사전 2.24점에서 사후 4.05점으로 높아졌으며 통계적으로 유의미하게 나타났다(t=-16.455, p<.001).

이 결과는 인지학적 집단미술치료 프로그램이 정서·행동 관심군 아동의 사회성 향상에 효과적이었음이 검증되었다.

표 9-9 사회성에 대한 대응표본 t-검증 결과

항목	실험집단(N=8)	사전검사		사후검사		t
	통제집단(N=8)	M	SD	M	SD	
대인관계	실험집단	2.08	0.02	3.67	0.18	-15.783^{***}
	통제집단	2.37	0.45	2.45	0.21	-.429
협력성	실험집단	2.20	0.04	3.85	0.07	-20.625^{***}
	통제집단	2.30	0.35	2.22	0.31	2.667
사교성	실험집단	2.24	0.36	4.05	0.21	-16.455^{***}
	통제집단	2.25	0.34	2.30	0.28	-.128
사회성 전체	실험집단	2.17	0.14	3.85	0.10	-19.353^{***}
	통제집단	2.31	0.15	2.32	0.26	-.067

$^{***}p<.001$

(3) 내용 분석 및 집단원 작품

인지학적 집단미술치료 프로그램이 정서·행동 관심군 아동의 자기조절력과 사회성에 미치는 효과를 살펴보기 위해 초기와 후기의 설문지로 〈표 9-10〉과 같이 집단원 변화를 분석하였으며, 프로그램 회기별 내용 분석과 집단원 작품은 아래와 같다. 집단원 작품은 먼저 자유롭게 개인별 활동을 한 후 전지에 집단으로 작품을 완성하였다.

표 9-10 변화 내용 분석

변인	변화 내용		
	대상	초기	후기
자기 조절력	A	화가 많이 나고 친구들이 내 의견에 반대하는 것을 참을 수 없다. 모든 사람은 나를 나쁘다고만 해서 억울하다.	선을 잘 조절해서 그릴 수 있고 친구들을 이해하게 되고, 화가 조금씩 없어지고 기분을 조절할 수 있게 된 것 같다.
	B	친구들과 친해지고 싶어서 했던 행동이 많은데, 호기심이 많아 조절이 잘 안 되는 것 같다.	친구들 입장을 생각하게 된 것이 큰 소득이고 화와 욕을 차츰 조절하게 되는 기분이다.
	C	선생님과 친구들이 너무 말이 많다고 하고 조절이 잘 안 되는 것 같다.	발 없는 말을 하며 말을 통해 많은 오해와 싸움이 되는 것 같아 말조심하게 되었다.
	D	할머니와 친구들에게 화내고 물건 던지는 것이 잘 조절이 안 된다. 분노조절장애 같다.	친구들과 많은 이야기를 하게 되며 내 마음을 알아주는 것 같아 화가 많이 없어진 것 같고 물건 던지는 행동은 하지 않게 되었다.
	E	친구들이 화나게 하면 주먹이 먼저 나간다. 조절하기 힘들다.	선 그리기와 물감 번지기 활동을 하며 조절력이 생긴 것 같다. 친구들이 성격이 조금 변한 것 같다는 말을 듣는다
	F	친구들이 내가 이상한 아이라고 해서 나를 싫어하는데, 욕하고 짜증 나는 것이 조절이 안 된다.	욕하는 것이 많이 줄었고 친구들에게 행동을 조심하게 된다.
	G	수업이 재미없고 지루해서 친구들과 이야기 하게 되는데 조절이 잘 안 된다.	친구들에게 욕을 잘 안 하게 되고 수업시간에 떠드는 것이 많이 줄었다.
	H	선생님과 가족들 말을 들으면 나를 이해해주지 않는 것 같고 혼내기만 해서 짜증나고 욕이 먼저 나온다.	이해심이 생긴 것 같고 짜증과 욕하는 것을 잘 안 하게 되고 조절력이 생긴 것 같다.
사회성	A	친한 친구가 없고 친구들도 나를 싫어하는 것 같다.	친구들이 나의 장점을 이야기해줘서 놀랐고 프로그램으로 친구들과 많이 친해져서 좋았다.
	B	친구들이 내 욕을 하니 나도 욕을 하게 되고 거의 매일 싸우고 있다.	가장 사이가 나빴던 친구와 절친이 되었다. 재미있고 또 같이 프로그램에 참여하고 싶다.
	C	친구들이 필요 없다. 선생님과 친구들은 나를 이해하지 못한다.	친구들 입장을 생각하게 되었고 내가 말할 때 친구들이 들어주어 기분이 좋았다. 조원들과 친해졌다.
	D	친구들과 노는 것보다 게임이 훨씬 재미있다. 친구들과는 말이 안 통한다.	발 없는 말 게임할 때 너무 웃겨서 재미있었고 친구들에게 말할 때 조심하게 되고 친해지게 되었다.
	E	3명의 친구들과 나는 원수 사이다. 언제 복수할 수 있을지 항상 생각하고 있다.	나쁜 애들만 있는 줄 알았는데, 프로그램에 참여하며, 친구들이 나를 이해해주고 박수 쳐주기도 하고 친해져서 좋았다.

변인	변화 내용		
	대상	초기	후기
	F	친구들이 뒷담화해서 말하기 싫다.	뒷담화가 나쁜 것이라는 것을 서로 알게 되었고 서로 사과하고 이야기를 많이 하였다.
	G	게임이 재미있고 게임 속 친구가 친구다. 학교 친구는 자기 맘대로라 별로다.	활동이 지루할 줄 알았는데 매우 재미있었고 친구들과 친해져서 너무 좋았다.
	H	친구들은 멍청한 것 같고 말이 안 통한다. 짜증 난다.	프로그램이 힘들 때도 있었지만 점점 집중력이 생긴 것 같고 친구들과 도와가는 활동을 하며 이야기도 많이 하고 친해지게 되어 좋았다.

2. 아동양육시설 유아의 자연물 미술치료 프로그램 사례(송영 · 김정희, 2021)

1) 연구대상

본 연구에 참여한 실험집단 유아는 J시에 있는 A아동양육시설의 유아 11명이며, 아동양육시설장의 동의를 받아 모집하였다. 통제집단은 J시에 있는 B아동양육시설의 유아 3명, C아동양육시설의 유아 5명, D양육시설의 유아 3명으로 총 11명이다. 실험집단에는 본 연구를 통해 개발된 자연물 미술치료 프로그램을 2020년 6월 27일부터 9월 1일까지 주 2회 총 20회를 실시하였다. 본 프로그램은 연구자가 직접 A아동양육시설에서 진행하였으며, 보조치료사 3인이 참여하였다. 실험집단과 통제집단의 유아는 매일 유아교육기관에 등원하여 국가수준 교육과정인 2019 개정 누리과정 교육을 받고 있으며 그 외에 특별한 교육은 받고 있지 않다. 통제집단에는 본 프로그램 연구가 끝난 후 연구자가 실험집단과 동일한 프로그램을 실시하기로 약속하였다. 본 연구에 참여한 유아의 인구사회학적 특성은 〈표 9-11〉과 같다.

표 9-11 유아의 인구사회학적 특성(n=11)

	실험집단			통제집단		
변인	구분	N(%)	계(%)	구분	N(%)	계(%)
성별	남	8(72.7%)	11(100%)	남	7(63.6%)	11(100%)
	여	3(27.2%)		여	4(36.3%)	
나이	만 3세	2(18.1%)	11(100%)	만 3세	3(27.2%)	11(100%)
	만 4세	5(45.4%)		만 4세	4(36.3%)	
	만 5세	4(36.3%)		만 5세	4(36.3%)	
입소 기간	1년 미만	0(0%)	11(100%)	1년 미만	2(18.1%)	11(100%)
	1년 이상~2년 미만	3(27.2%)		1년 이상~2년 미만	3(27.2%)	
	2년 이상~3년 미만	3(27.2%)		2년 이상~3년 미만	2(18.1%)	
	3년 이상~4년 미만	1(9.0%)		3년 이상~4년 미만	2(18.1%)	
	4년 이상	4(36.3%)		4년 이상	2(18.1%)	

2) 목표

- 심리사회적 발달

3) 사정도구

(1) 자기표현

자기표현 척도는 라코스(Rakos)와 슈라이더(Schroeder, 1980)가 구성한 주장행동척도를 이은경, 정진자(1980)가 번안하였고, 김진영(2016)이 유아에게 적용하기 어려운 2가지 문항을 삭제한 뒤 구성한 것을 사용하였다. 이 척도는 18문항으로 언어(7문항), 음성언어(4문항), 신체언어(7문항) 등 3개 영역으로 구성되어 있다. 각 문항은 5점 Likert 척도로 점수가 높을수록 자기표현이 높은 것을 의미한다. 문항 구성 및 신뢰도는 〈표 9-12〉와 같다.

(2) 사회적 문제해결능력

사회적 문제해결능력 척도는 우혜진(2012)이 구성한 도구를 신하람(2019)이 수정·보완 척도를 사용하였다. 척도의 전체적 내용의 변화는 없었으며 가독성을 높이는 수준에서 수정·보완이 이루어졌다. 이 척도는 20문항으로 제안(5문항), 공평(5문항), 공공의 가치인식(5문항), 갈등해결(5문항) 등 4개 영역으로 구성되어 있다. 각 문항은 5점 Likert 척도로 점수가 높을수록 사회적 문제해결능력이 높은 것을 의미한다. 문항 구성 및 신뢰도는 〈표 9-12〉와 같다.

(3) 감성적 유능성

감성적 유능성 척도는 Goleman(1995)과 문용린(1996)의 EI(Emotional Intelligency) 검사지를 유아 수준에 맞게 학교와 관련된 문항들을 유아교육기관으로 변경하여 사용한 김경애(2011)의 척도를 사용하였다. 하였다. 이 척도는 24문항으로 자기인식능력(6문항), 자기조절능력(6문항), 타인인식능력(6문항), 낙관성(6문항) 등 4개 영역으로 구성되어 있다. 각 문항은 5점 Likert 척도로 점수가 높을수록 감성적 유능성이 높은 것을 의미한다. 문항 구성 및 신뢰도는 〈표 9-12〉와 같다.

표 9-12 문항 구성 및 신뢰도

요인	하위 요인	문항	Cronbach's α	
			사전	사후
자기표현	언어	1, 2, 3, 4, 5, 6, 7	.91	.92
	음성언어	8, 9, 10, 11	.90	.92
	신체언어	12, 13, 14, 15, 16, 17, 18	.91	.94
	전 체		.94	.98
사회적 문제해결 능력	제안	1, 2, 3, 4, 5	.92	.95
	공평	6, 7, 8, 9, 10	.94	.95
	공공의 가치인식	11, 12, 13, 14, 15	.93	.94
	갈등해결	16, 17, 18, 19, 20	.94	.92
	전 체		.96	.97
감성적 유능성	자기인식능력	1, 2, 3, 4, 5, 6	.90	.92
	자기조절능력	7, 8, 9, 10, 11, 12	.88	.87
	타인인식능력	13, 14, 15, 16, 17, 18	.90	.91
	낙관성	19, 20, 21, 22, 23, 24	.91	.93
	전 체		.93	.95

4) 자료수집 및 분석

본 연구의 통계자료 분석은 SPSS 23.0을 이용해 분석하였다. 첫째, 조사대상의 현황을 파악하기 위해 빈도분석을 실시하였다. 둘째, Cronbach's α를 실시하여 자기표현, 사회적 문제해결능력, 감성적 유능성의 신뢰도를 검사하였다. 셋째, 독립표본 t-test를 실시하여 실험집단과 통제집단의 사전검사 동질성 확인 및 자연물 미술치료 프로그램의 사후검사 집단 간 차이를 분석하였다. 넷째, 실험집단과 통제집단의 동질성이 확인된 가운데 대응표본 t-test 분석을 실시하여 자연물 미술치료 프로그램이 아동양육시설 유아의 자기표현, 사회적 문제해결능력, 감성적 유능성에 효과가 있는지 검증하였다. 또한 유아의 심리사회적 변화를 살펴보기 위해 관찰, 면담, 작품, 저널 등을 통해 자료를 수집하고 분석하였다.

5) 자연물 미술치료 프로그램 개발

(1) 목적 및 목표 수립

목적 및 목표 추출의 과정은 안상화(2020), 수스만(Sussman, 2001), 김창대 등(2011)의 추출 과정에 기초하여 진행하였다. 본 자연물 미술치료 프로그램의 목적 및 목표 추출 과정은 〈표 9-13〉과 같다.

표 9-13 자연물 미술치료 프로그램의 목적 및 목표 추출 과정

학자	미술치료의 목적 및 목표
Malchiodi (2003)	• 비언어적인 의사소통으로 내담자의 방어를 감소시키기 • 분노 · 적대감 해소하기 • 카타르시스 경험하기 • 심리적 안정감을 가지기
Congdon (1990)	• 작품을 만드는 과정에서 심리적 지지 경험하기 • 대인관계 향상시키기
Kramer (1975)	• 공격성, 불안, 억제의 감정을 판타지로서 분출시키기 • 자신을 둘러싼 현실을 극복할 수 있는 문제해결능력을 기르기 • 정서적 · 사회적으로 성장하기
고현 외 (2015)	• 자신을 이해할 수 있는 방법을 알게하기 • 병리적인 현상을 줄이기 • 자신을 이해할 수 있는 방법 알기 • 문제해결력 향상
Rubin (2001)	• 자기개방과 자기표현을 통한 신뢰감 형성하기 • 응집력 향상 • 수용과 이해의 치료적 경험 • 자신의 가치를 재발견하고 독려하며 우울감을 감소시키기
Cobb (1977)	• 표현욕구 증진 • 긴장감 감소 • 심리적 안정감 형성 • 사회적 기능 신장
Jenkins (1980/1995)	• 부정적인 내면의 세계 자유롭게 표현하기 • 정서 안정 및 조절
Strickland (2001)	• 자아존중감 향상 • 감정을 통제하기

⬇

학자	자연물 미술치료의 목적 및 목표
엄상진 (2008)	• 대인관계 및 행동개선 • 표현력 향상 • 상호작용을 통해 타인을 배려하고 협력하기 • 사회적 능력 기르기
주보경 (2008)	• 긴장 이완 • 양손 협응 • 조절력 • 표현하기
박보영 (2010)	• 자연 속에서 자유롭게 표현하기 • 감정표현을 긍정적으로 하기
임영미 (2014)	• 자연을 통해 정서적 안정감 느끼기 • 무의식 탐색하기 • 집중력 기르기
조은정 (2014)	• 긴장 완화 • 정서적 · 경험적으로 만족 느끼기
송영, 김정희 (2019)	• 자아인식 및 욕구탐색 • 자기표현 심리적 수용 • 사회적 관계 형성 • 긍정적 자아상 형성
박태녀 (2014)	• 긴장 이완 • 감정 표출하기 • 긍정적 지지를 통한 자아존중감 향상 • 자연물을 통한 성취감 향상 • 공감능력 기르기 • 정서 조절
김보연 (2017)	• 친밀감 증진 • 자신의 감정 · 생각을 표출하기 • 통찰하기 • 긍정적인 자기강화
김현정 (2016)	• 자연물을 통한 친밀감과 흥미유발 • 자신의 인생 수용 • 자아통합
전희정 (2016)	• 내면세계 탐색 및 자아존중감 향상 • 사회적 관계 회복과 문제해결 능력 향상

⬇

미술치료의 목적 및 목표

- 자신을 긍정적으로 이해하기
- 현실을 극복하기 위한 문제해결능력 기르기
- 심리적 안정감 기르기
- 자아존중감 향상시키기
- 병리적 현상 줄이기
- 부정적인 내면을 긍정적으로 표현하기
- 자신의 가치 발견하기
- 자신의 감정과 느낌 통제하기
- 대인관계 향상시키기
- 표현욕구 향상 및 자기표현 능력 기르기

자연물 미술치료의 목적 및 목표

- 대인관계 및 행동개선
- 자연물을 이용해 자유롭게 표현하기
- 긍정적지지를 통한 자아존중감 향상
- 자연과의 소통을 통한 공감능력 기르기
- 자신을 수용하고 통합하기
- 정서 조절하기
- 사회적 관계 회복 및 문제해결력 향상

⬇

1차 공통요소

- 자아인식 및 욕구 탐색하기
- 자기표현력 기르기
- 대인관계 향상
- 사회적 관계 형성 및 문제해결능력 기르기
- 정서를 조절하고 공감능력과 기르기
- 심리적 만족감 형성하기
- 긍정적 자아상 형성하기

전문가 검증

유아교육 전공 교수 1명
미술치료 전공 교수 1명
미술치료 전공 석박사 1명
현장 전문가 3인

⬇

전문가 검증 분석 내용

- 1차 추출된 공동 요소 중 유사한 목표는 통합하여 프로그램의 전체목표를 정하기로 서술함
- 공통요소 중 자아인식 및 욕구 탐색하기, 자기표현력 기르기는 '자기표현능력 향상'으로 통합하기로 함
- 공통요소 중 대인관계 향상, 사회적 관계 형성 및 문제해결능력 기르기는 '사회적 문제해결능력'으로 통합하기로 함
- 공통요소 중 정서를 조절하고 공감능력과 기르기와 심리적 만족감 형성하기, 긍정적 자아상 형성하기는 '감성적 유능성 향상'으로 통합하기로 함
- 공통 요소로 추출된 것들은 세부적으로 나누어서 전체목표의 구성요소로 다루기로 함

⬇

최종 추출된 자연물 미술치료 프로그램의 목적 및 목표

- 자기표현능력 증진 (자신의 생각이나 감정을 전달하기)
- 사회적 문제해결력 증진 (긍정적인 사회적 관계 형성하기)
- 감성적 유능성 증진 (삶에서 자신의 정서 활용하기)

전문가 검증

유아교육 전공 교수 1인
미술치료 전공 교수 1인
미술치료 전공 석박사 3인
현장 전문가 5인

⬇

자연물 미술치료 프로그램의 목적 및 목표

자연물 미술치료 프로그램의 목적은 아동양육시설 유아의 자기표현력, 사회적 문제해결능력, 감성적 유능성을 향상시키는 것을 도모한다. 그에 따른 목표는 다음과 같다.

첫째, 아동양육시설 유아가 확신을 가지고 자신의 생각이나 감정을 전달할 수 있도록 자기표현능력을 증진시킨다(Adeler, 1976, 1984).

둘째, 아동양육시설 유아가 일상생활 중 직면하는 사회적 문제 상황을 효과적으로 대처할 수 있도록 사회적 문제해결능력을 증진시킨다(D'Zurilla & Nezu, 1990).

셋째, 아동양육시설 유아가 자신의 감정과 느낌을 통제하고 조정하여 삶을 계획하고 성취하는 데 정서를 활용할 수 있도록 감성적 유능성을 발달시킨다(Salovey & Mayer, 1990).

(2) 자연물 미술치료 프로그램 구성요소

김창대, 김형수, 신을진, 이상희, 최한나(2011)는 프로그램 구성요소는 기존 자료에 대한 포괄적이고 체계적 검색을 통한 활동요소 수집 후 프로그램 목표달성 요소를 선정하는 것을 제안하였다. 따라서, 본 연구에서도 목표달성 요소를 검토하는 것에 용이하도록 프로그램의 구성요소 및 하위목표를 작성하였다. 본 연구의 자연물 미술치료 프로그램 목적 및 목표 추출에 의해 결정된 자기표현력, 사회적 문제해결력, 감성적 유능성에 맞춰 구성요소 및 하위목표를 작성하였다.

자기존중과 더불어 자신의 권리를 지키기 위한 표현욕구라고 할 수 있는 자기표현능력 증진의 구성요소는 라코스(Rakos)와 슈라이더(Schroeder, 1980)와 아들러(Adler, 1976/1984)의 자기표현 구성요소와 조미숙(2003)과 안길훈과 이병환(2010)의 자기표현 선행연구를 기초로 하여 자신의 내면을 인식하는 '자기탐색'과 '자기평가'와 상대방에게 자신의 생각과 감정을 표현하는 '욕구표현', '언어표현', '감정표현', '신체표현'으로 선정하였다.

사회적 맥락 안에서 해결해야 하는 개인의 내·외적 문제를 해결하는 능력인 사회적 문제해결능력의 구성요소는 데주릴라(D'Zurilla)와 네즈(Nezu, 1990)의 사회적 문제해결능력 구성요소와 최화영(2016)과 신하람(2019)의 사회적 문제해결능력 향상을 위한 노력의 차원을 기초로 하여 '공공의 가치 인식', '갈등해결', '소속감', '또래지지', '협동심'으로 설정하였다.

정서와 관련된 감정을 조절할 수 있는 능력을 의미하는 감성적 유능성의 구성요소는 Goleman(1995)과 바온(Bar-On, 1997), Hey(1999)의 감성적 유능성 구성요소와 김경희(1998)와 최만식, 김성문(2014)의 사회적 관계성에서 발생하는 감성적 유능성과 관련지어 '자기인식', '타인이해', '감정이입', '자발성', '즐거움 표현'으로 선정하였다. 프로그램 구성요소 및 하위목표는 〈표 9-14〉와 같다.

표 9-14 프로그램 구성요소 및 하위목표

목표	구성요소	하위목표	하위요인
자기표현능력 증진	자기탐색 자기평가	자기탐색하기 긍정적 자아상 형성하기	라포형성 자아형성
	욕구표현 언어표현 신체표현 감정표현	자신의 욕구 표현하기 언어적으로 표현하기 신체적으로 표현하기 자신의 감정 표현하기	욕구충족 언어적 상호작용 신체적 상호작용 감정적 상호작용
사회적 문제해결 능력 증진	공공의 가치 인식 갈등해결	가치 인식하기 갈등을 해결하기	타인이해 타인존중
	소속감 또래 지지 협동심	소속감 갖기 타인 존중하기 협동심 기르기	지지경험 상호이해 상호작용
감성적 유능성 증진	자기인식 타인이해 감정이입	자기조절하기 타인을 이해하기 감정 이입하기	자기이해 타인이해 타인배려
	자발성 즐거움 표현	즐거움 느끼기 자발성 가지기	심리 만족 성취감

(3) 자연물 미술치료 프로그램 세부내용

자연물 미술치료 프로그램은 5단계로 구성되어 있으며 1단계는 자아인식 및 흥미유발로 '적응 및 라포 형성'이고, 2단계는 자기표현 및 욕구탐색으로 '자기이해 및 표출'이다. 3단계는 심리적 수용 및 타인이해로 '정서순화 및 타인존중'이며, 4단계는 사회적 관계형성과 긍정적 상호작용 경험으로 '대인관계 형성 및 사회성 증진'이다. 5단계는 프로그램을 마무리하는 단계로, 심리적 만족과 긍정적 자아상 형성의 '자아존중감 향상 및 자아통합'으로 이루어져 있다. 자연물 미술치료 프로그램 회기별 세부 내용은 <표 9-15>와 같다.

표 9-15 자연물 미술치료 프로그램 회기별 세부 내용

회기	주제	회기목표	활동내용	매체
1	이름 꾸미기	라포형성 내면 탐색하기	자신의 이름을 다양한 곡식으로 꾸미고 또래에게 자신을 소개하면서 신뢰감을 형성한다.	곡식(백태콩, 흰강낭콩, 옥수수, 작두콩 등, 검정콩, 녹두 콩) 등
2	소금으로 표현하기	언어적으로 표출하기	내가 좋아하는 색의 소금을 만들고 얼굴 꽃을 이용해 꽃 소금 화분을 만들고 소개한다.	소금, 병, 가루(구기자, 비트, 석류, 모링가) 등
3	난화 작업	자발성 가지기	과일즙의 다양한 색으로 자유로운 난화를 그리고 소통해 볼 수 있도록 한다.	즙(시금치, 강황, 차가버섯), 면봉, 도화지, 파스넬 등
4	밀가루 반죽으로 만들기	신체적으로 표출하기	천연염색으로 만든 밀가루 반죽을 충분히 주물러보면서 자신의 감정을 자유롭게 표현하고 만족감을 느낀다.	밀가루, 즙(차가버섯, 구기자, 비트), 찍기 재료 등
5	나에게 주고 싶은 밥상	자신의 욕구 인식하기	자연물과 밀가루 반죽을 이용해서 나에게 주고 싶은 밥상을 만들어 보며 자신의 심리적 욕구를 충족시킨다.	나뭇가지, 즙(비트, 시금치, 당근, 블루베리 등) 등
6	자연물 만다라	정서순화	점토로 원을 만들어 곡물로 채우고 만다라를 완성하며 집중력을 기르고 심리적 통합을 이룬다.	곡물(강낭콩, 옥수수, 호박씨, 녹두, 검정콩), 점토 등
7	꽃씨로 나 만들기	자아통합 이루기	다양한 꽃씨를 이용해 나를 만들어보고 주변을 꾸며주며 만족감을 느끼며 조화를 이룰 수 있도록 한다.	파스넬, 꽃씨(해바라기, 홍화, 꽃창포, 금잔화) 등
8	나의 길 표현하기	자신의 감정 표출하기	색 모래와 꽃 등을 이용해 길을 표현해 보고 자신의 주변 세계에 호기심을 갖고 자신의 인적·물리적 자원의 소중함을 인식하고 표현한다	색 모래, 꽃(소국, 왁스플라워) 등
9	마른 잎 가루로 그리기	부정적 감정 해소, 안정감 회복	마른 잎을 부수는 활동을 통해 부정적 감정을 해소하고, 마른 잎 가루로 그림을 그리며 안정감을 느낀다.	마른 나뭇잎, 마른 꽃잎, 파스넬 등
10	함께 그리기	타인을 존중하기	이야기 주제를 정하고 마른 과일을 이용한 협동화를 만들어 이야기를 나누고 발표한다.	마른 과일 (파인애플, 레몬, 키위, 오렌지, 자몽), 반죽 등
11	우리 집 만들기	소속감 느끼기	우리가 함께 지내고 싶은 집을 다양한 자연물을 이용해 만들고 우리에게 필요한 것을 이야기 나눈다.	나뭇가지, 풀, 꽃(소국, 왁스플라워) 등

회기	주제	회기목표	활동내용	매체
12	바다 꾸미기	타인을 이해하기	모래와 조개껍데기를 탐색한 뒤 이야기 나누기를 통해 함께 바다와 관련된 놀이 주제를 정해본다.	모래, 조개껍데기, 소라껍데기 등
13	동물원 꾸미기	사회성, 공동체 의식	자연물로 자신을 닮을 동물을 만들어보고 동물들이 함께 살 수 있는 동물원을 만들어 본다.	나무 조각, 각종 자연물, 파스넬 등
14	음식 나누기	친사회성 향상, 긍정적 감정 공유	다양한 색의 밀가루 점토를 이용해 우리가 함께 나눠 먹을 음식을 만들어보고 서로의 작품을 감상한 뒤 함께 나누어 먹는다.	밀가루, 즙(차가버섯, 강황, 모링가, 비트) 등
15	모자이크	상호작용, 협동, 사회성	그림 도안을 한 장씩 선택하여 자연물로 꾸민 후 다시 하나의 그림으로 맞추어 보고 완성된 그림을 보고 이야기 나눈다.	곡물(강낭콩, 호박씨, 옥수수), 그림 도안 등
16	탑 만들기	공동의 문제 해결하기	돌을 이용해 탑을 높게 쌓아 보며 통제력을 기르고 서로의 탑에 찰흙을 지지대로 쌓아주며 상대방을 존중하고 협동하는 경험을 통해 집단 성취감을 느낀다.	돌, 찰흙 등
17	소망 나무	또래와의 갈등 해결하기	자연물로 집단이 함께 우리의 소망 나무를 만들고 소원을 나누는 활동을 통해 갈등을 해결하고 공동의 목표 의식을 확립한다.	나뭇잎, 열매, 솔방울, 파스넬 등
18	보석상자 만들기	타인의 감정 이해하기	다양한 자연물로 보석 상자를 만들어보고 자신에게 소중한 것을 인식하며 긍정적 자아상 확립을 돕고 또래의 긍정적인 감정을 나누고 공감한다.	빈 상자, 조개껍데기, 마른 꽃, 등
19	나의 미래	공감하며 소통하기	나뭇가지와 나뭇잎을 이용해 미래의 나의 모습을 생각해 꾸며보고 발표를 통해 서로의 생각을 소통하며 나눈다.	나뭇가지, 나뭇잎, 도화지, 매직 등
20	상장 만들기	즐거움과 성취감 느끼기	자신의 상장을 자연물로 만들어보면서 긍정적 자아상 형성을 돕는다. 소감을 나누고 피드백하며 종결한다.	곡물, 마른 꽃, 상장지 등

6) 자연물 미술치료가 아동양육시설 유아의 심리사회적 발달에 미치는 효과

실험집단과 통제집단을 대상으로 실시한 사전검사를 통해 두 집단이 동질한 집단인지 확인하고자 독립표본 *t*-test 분석을 실시하였다. 아래의 표와 같이 자기표현, 사회적 문제해결능력, 감성적 유능성 요인의 사전검사는 모두 유의한 차이가 없었다. 사전 동질성 검증 결과는 〈표 9-16〉과 같다. 또한 실험집단과 비교집단의 정규성 검정을 실시하여 두 집단이 정규분포를 이루는지 살펴보았다. 자기표현, 사회적 문제해결능력, 감성적 유능성에 대한 정규성 검정 결과 사전집단과 사후집단 모두 유의도가 유의수준인 0.05보다 컸다. 이에 따라 정규분포임을 확인하고 프로그램의 효과를 검증하였다.

표 9-16 사전 동질성 검증 결과

요인	실험집단(N=11)	통제집단(N=11)	t
	$M(SD)$	$M(SD)$	
자기표현	2.60(0.28)	2.60(0.44)	-.006
사회적 문제해결능력	2.55(0.23)	2.75(0.35)	-1.743
감성적 유능성	2.55(0.35)	2.64(0.29)	-.761

(1) 자연물 미술치료가 아동양육시설 유아의 자기표현에 미치는 효과

자연물 미술치료가 아동양육시설 유아의 자기표현에 미치는 효과를 알아보기 위해 대응표본 *t*-test 분석을 실시하였다. 사전검사와 사후검사를 분석한 결과 전체 자기표현 평균은 사전 2.60점에서 사후 4.10점으로 높아졌고 유의미하였다(t=-10.721, p<001). 통제집단의 전체 자기표현 평균은 사전 2.60점에서 사후 2.80점으로 유의미하지 않았다(t=-1.251, p>.05). 실험집단의 자기표현 하위요인 결과를 살펴보면 언어의 평균은 2.48점에서 3.94점으로 높아졌으며 유의미하였다(t=-7.397, p<001). 음성언어의 평균은 2.70점에서 4.25점으로 높아졌으며 유의미하였다(t=-7.089, p<001). 신체언어의 평균은 2.63점에서 4.18점으로 높아졌으며 유의미하였다(t=-7.423, p<001). 자연물 미술치료가 자기표현에 미치는

효과는 〈표 9-17〉과 같다.

표 9-17 자연물 미술치료가 자기표현에 미치는 효과

항목	실험집단 / 통제집단	사전검사 *M*	사전검사 *SD*	사후검사 *M*	사후검사 *SD*	*t*
언어	실험집단(*N*=11)	2.48	0.42	3.94	0.46	-7.397^{***}
	통제집단(*N*=11)	2.57	0.60	2.77	0.46	-.927
음성언어	실험집단(*N*=11)	2.70	0.33	4.25	0.57	-7.089^{***}
	통제집단(*N*=11)	2.50	0.62	2.75	0.48	-1.028
신체언어	실험집단(*N*=11)	2.63	0.43	4.18	0.50	-7.423^{***}
	통제집단(*N*=11)	2.75	0.50	2.87	0.27	-.679
전체 자기표현	실험집단(*N*=11)	2.60	0.28	4.10	0.40	-10.721^{***}
	통제집단(*N*=11)	2.60	0.44	2.80	0.34	-1.251

$^{***}p<.001$

자기표현능력의 변화를 살펴보면 다음과 같다. 유아는 자연물 미술치료를 통해 자신의 감정을 다양한 방법으로 표현하였다. 또한 서로의 생각을 주고받으며 다양한 상호작용이 일어났다. 자연물 미술치료 프로그램 첫 시간에 활동 후에 자신의 이름을 표현하고 자신의 이름을 이야기한 뒤 자기소개를 자유롭게 할 수 있도록 하였다. 아래는 회기에 발표를 마무리하지 못하고 회피했었던 유아의 변화된 모습이다.

연구자: 친구들과 선생님에게 자기소개를 해줄 수 있나요?
정서윤: …(말하지 않음)
연구자: 소개해주기 힘들면 이름이라도 말해볼까요?
정서윤: 정서윤…
연구자: 수아도 자기소개 해볼까요?
송수아: 송…수…아…
연구자: 서준이도 나와서 소개해 볼까요?
박지호: 서준이는 미끄럼틀에 갔어요….

(유아 관찰, 2020. 6. 27.)

연구자: 오늘 뭐 했는지 발표해 볼까요?
이지안: 상장받았어요. 저 잘해가지고 선생님한테 받았어요.
연구자: 상장받으니까 기분이 어땠어요?
이지안: 좋아요. 재미있어요.

(유아 관찰, 2020. 9. 1.)

위의 사례를 보면, 자기소개를 하는 것에 어려움을 느껴 프로그램실에서 나갔다가 자신의 차례가 끝나고 돌아오는 유아가 있었고 대부분이 자신을 소개하는 것을 힘들어하였다. 연구자가 이름만 말해도 된다고 하자 이름만 말하고 들어가는 모습을 보였으며 그 이상의 자기표현은 없었다. 이는 라포가 형성되고 있는 과정에서 나타나는 낯가림의 현상일 수도 있다. 그러나 본 프로그램의 참여자인 아동양육시설 유아의 심리사회적 발달특성에 맞추어 볼 때, 자아존중감과 자기표현능력이 낮아 자신을 드러내는 것을 힘들어하는 것을 의미한다고 볼 수 있다.

연구자가 유아들을 신뢰하고 사랑하는 마음을 가지고 있다고 생각할 수 있도록 긍정적인 지지를 보여주었고 친밀한 관계를 맺어 심리적 안정감을 얻고 라포를 형성할 수 있도록 하였다. [그림 9-13]은 3회기 난화 작품으로 본 활동 중에 유아 내면의 욕구에 대한 목소리를 들을 수 있었다.

그림 9-13 유아 난화작품

연구자: 오늘은 신나게 낙서하는 그림을 그릴 거예요.
최민준: 낙서하면 혼나는데
연구자: 선생님이랑 미술치료를 하는 동안에는 아무거나 그려도 돼요.
무엇이든지 하고 싶은 대로 표현하면 돼요. 어떤 색부터 사용해볼까요?
성지민: 그럼 나는 비트로 낙서할래요.

이지안: 그럼 나는 초록색, 시금치 색으로 할래요.
성지민: 낙서하고 또 그림 그려도 돼요?
연구자: 그럼요. 충분히 마음껏 그려보고 어떤 그림이 완성되었는지 알려줄래요?

(3회기 관찰, 2020. 7. 4.)

아동양육시설의 유아들은 어떠한 행동을 하기 전 연구자에게 자신의 행동을 미리 확인받거나 이해시키려는 모습이 보였다. 자기표현능력 향상을 위해 프로그램을 실행하는 중에는 자신의 내적 욕구에 따라 자유롭게 표현할 수 있도록 안내하였으며, 이를 통해 자신을 드러내는 방법을 긍정적으로 인식할 수 있도록 하였다.

(2) 자연물 미술치료가 아동양육시설 유아의 사회적 문제해결능력에 미치는 효과

자연물 미술치료가 아동양육시설 유아의 사회적 문제해결능력에 미치는 효과를 알아보기 위해 대응표본 t-test 분석을 실시하였다. 실험집단의 사전검사와 사후검사를 분석한 결과 전체 사회적 문제해결능력 평균은 사전 2.55점에서 사후 4.15점으로 높아졌으며 유의미하게 나타났다(t=-8.710, $p<001$). 통제집단의 전체 사회적 문제해결능력은 사전 2.64점에서 사후 2.80점으로 유의미하지 않았다(t=-1.139, $p>.05$). 실험집단의 사회적 문제해결능력 하위요인 결과를 살펴보면 제안의 평균은 2.50점에서 4.01점으로 높아졌으며 유의미하였다(t=-5.614, $p<01$). 공평의 평균은 2.63점에서 4.14점으로 높아졌으며 유의미하였다(t=-5.854, $p<001$). 공공의 가치인식의 평균은 2.50점에서 4.23점으로 높아졌으며 유의미하였다(t=-8.945, $p<001$). 갈등해결의 평균은 2.54점에서 4.23점으로 높아졌으며 유의미하였다(t=-10.855, $p<001$). 자연물 미술치료가 사회적 문제해결능력에 미치는 효과는 〈표 9-18〉과 같다.

표 9-18 자연물 미술치료가 사회적 문제해결능력에 미치는 효과

항목	실험집단 / 통제집단	사전검사 *M*	사전검사 *SD*	사후검사 *M*	사후검사 *SD*	*t*
제안	실험집단(*N*=11)	2.50	0.47	4.01	0.68	−5.614**
	통제집단(*N*=11)	2.85	0.52	2.76	0.52	.305
공평	실험집단(*N*=11)	2.63	0.34	4.14	0.58	−5.854***
	통제집단(*N*=11)	2.61	0.45	2.76	0.55	−.631
공공의 가치인식	실험집단(*N*=11)	2.50	0.45	4.23	0.34	−8.945***
	통제집단(*N*=11)	2.54	0.52	2.78	0.63	−1.080
갈등해결	실험집단(*N*=11)	2.54	0.33	4.23	0.40	−10.855***
	통제집단(*N*=11)	2.49	0.47	2.92	0.43	−1.630
전체 사회적 문제해결능력	실험집단(*N*=11)	2.55	0.35	4.15	0.44	−8.710***
	통제집단(*N*=11)	2.64	0.29	2.80	0.36	−1.139

**$p<.01$, ***$p<.001$

자연물 미술치료를 실행하는 가운데 크고 작은 문제들이 발견되었고 이를 해결하는 과정 속에서 사회적 문제해결능력이 향상되었다. 문제 상황을 맞닥뜨릴 때, 유아들은 새로운 아이디어를 내게 되고 문제상황을 해결하며 성장하였다. 유아는 서로의 생각과 경험을 주고받는 경험을 통해 서로 배우고 협력하게 되었다. 이때 스스로 문제를 해결해 나가려고 하는 주체자의 모습을 발견할 수 있었다.

> 이번에는 아이들이 선택한 대로 활동이 흘러갈 수 있게 하였다. 그랬더니 훨씬 적극적으로 참여하였다. "여기서는 이렇게 해볼까?"라는 말이 얼마나 아이들을 힘들게 했는지 알게 되었다. "하고 싶은 것을 자유롭게 표현해봐"라고 했는데 그 말 한마디에 유아의 표현이 훨씬 풍부해짐을 느꼈다. 유아들이 스스로 과정을 만들어보고 참여해보면서 과정을 즐기는 모습을 보였다.
>
> (연구자 저널, 2020. 7. 28.)

또한 활동 중에 많은 유아가 자신이 원하는 형태의 작품이 나오지 않을 때 실망하고 좌절하는 모습을 보였다. 그럴 때 연구자가 유아의 현재 감정을 인식하고 긍정적인 방법을 이용해 표현해 볼 수 있도록 하였다. [그림 9-14]의 나에게 주는 밥상 작품에서 사회적 문제해결능력이 향상되는 모습을 보였다.

그림 9-14 나에게 주는 밥상 작품

연구자: 우리 민준이는 왜 안 하고 있어요?

최민준: (밀가루 반죽을 던진다) 사탕을 만들었는데 자꾸 떨어져요.

연구자: 민준이가 사탕을 만들었는데 계속 떨어지니까 속상했구나.

최민준: 그래서 하기 싫어요.

연구자: 하기 싫은 마음이 들어서 안 하고 있었구나. 밀가루 반죽은 아직 많이 남았는데? 다시 해볼까?

최민준: … 제가 하면 계속 떨어져요.

연구자: 선생님이랑 같이 한번 만들어 볼까?

최민준: 선생님이 만들어 주세요.

연구자: 선생님이 방법을 알려줄게요. 함께 해 봐요.

최민준: 네.

연구자: 저기 나뭇가지를 이용해서 사탕을 만들어 보면 어떨까? 좀 더 튼튼하게 만들 수 있을 것 같은데?

최민준: 저 혼자 해볼 수 있을 거 같아요. (나뭇가지를 이용해 사탕을 만든 후) 저 사탕 다 만들었어요.

연구자: 너무 잘했어요. 아주 튼튼한 사탕을 만들었네요. 뿌듯하겠다.

최민준: 네 좋아요. 또 만들 거예요.

(5회기 관찰, 2020. 7. 11.)

이처럼 자신의 문제를 스스로 해결해볼 수 있도록 하였다. 또한 새로운 방법을 안내하여 자신의 현재 문제를 해결하는 즐거움을 경험할 수 있도록 하여 정서 발달과 문제해결능력 향상에 긍정적인 자극을 주어 사회적 문제해결력이 향상되는 모습을 확인할 수 있었다. 특별히 16회기 탑 만들기 활동에서 이와 같은 변화가 두드러졌다. 탑을 쌓는 문제를 먼저 해결한 유아는 다른 유아에게 찰흙을 사용해 볼 수 있도록 정보를 나누며 함께 공유하였다. 돌로 탑 쌓기 활동은 [그림 9-15]와 같다.

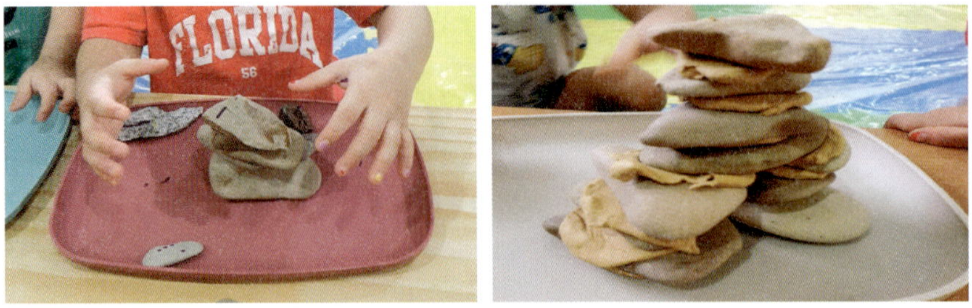

그림 9-15 돌로 탑 쌓기 활동

연구자: 돌로 탑을 쌓아 볼게요. 자신 있어요?
임나은: 네. 저 해볼래요.
연구자: 몇 개 쌓았어요?
이 준: 저 많이 하고 싶은데 계속 미끄러져요.
연구자: 어떻게 하면 떨어지거나 미끄러지지 않고 돌을 높게 쌓을 수 있을까요?

(중략)

임나은: (10개 이상의 돌을 쌓음) 돌 위에다 찰흙을 올려놨어요.
연구자: 와! 정말 돌과 돌 사이에 찰흙을 넣었더니 높게 쌓을 수 있네요.
이 준: 얘들아, 나 높게 쌓았어. 너네도 찰흙 써 봐.
연구자: 돌만 사용했을 때는 높게 쌓을 수 없었지만 찰흙을 함께 쓰니까 높게 쌓았네요. 우리도 혼자는 할 수 없는 일이 많지만 같이 하면 더 잘할 수 있어요. 우리 주변에 우리를 도와줄 사람들이 많아요. 힘든 일이 있을 때는 혼자 해결하는 것도 좋지만 주변 어른이나 친구들에게 도움을 요청하면서 함께 해결해 봐요.

(16회기 관찰. 2020. 8. 18.)

돌과 찰흙을 이용해 탑을 쌓는 활동을 처음에는 돌만 사용해 탑을 쌓아 볼 수 있도록 하였다. 3~4개는 잘 쌓아졌지만 5개 이상을 쌓는 것은 힘들어하였다. 어떻게 하면 탑을 잘 쌓을 수 있을지 의견을 나누었다. 다양한 의견이 나왔고 스스로 문제를 해결해 볼 수 있도록 하였다. 찰흙을 넣어 탑을 완성한 뒤 연구자가 돌만으로는 탑을 높게 쌓을 수 없었지만 찰흙이 있어서 탑이 높게 쌓아졌다고 이야기해주었다. 우리 주변에도 우리를 사랑해주고 지지해주는 존재인 인적자원이 항상 곁에 있음을 인식할 수 있도록 하였고 정서적 안정감과 심리적 만족감을 얻을 수 있도록 하였다.

(3) 자연물 미술치료가 아동양육시설 유아의 감성적 유능성에 미치는 효과

자연물 미술치료가 아동양육시설 유아의 감성적 유능성에 미치는 효과를 알아보기 위해 대응표본 *t*-test 분석을 실시하였다. 실험집단의 사전검사와 사후검사를 분석한 결과 전체 감성적 유능성 평균은 사전 2.58점에서 사후 4.19점으로 높아졌으며 유의미하게 나타났다(t=-10.825, p<001). 통제집단의 전체 감성적 유능성은 사전 2.76점에서 사후 2.82점으로 유의미하지 않았다(t=-.412, p>.05). 실험집단의 감성적 유능성 하위요인 결과를 살펴보면 자기인식능력의 평균은 2.69점에서 4.18점으로 높아졌으며 유의미하였다(t=-6.625, p<001). 자기조절능력의 평균은 2.42점에서 3.98점으로 높아졌으며 유의미하였다(t=-7.610, p<001). 타인인식능력의 평균은 2.50점에서 4.21점으로 높아졌으며 유의미하였다(t=-11.102, p<001). 낙관성의 평균은 2.72점에서 4.39점으로 높아졌으며 유의미하였다(t=-15.811, p<001). 자연물 미술치료가 감성적 유능성에 미치는 효과는 〈표 9-19〉와 같다.

표 9-19 자연물 미술치료가 감성적 유능성에 미치는 효과

항목	실험집단 / 통제집단	사전검사 *M*	사전검사 *SD*	사후검사 *M*	사후검사 *SD*	*t*
자기인식능력	실험집단(*N*=11)	2.69	0.60	4.18	0.45	−6.625***
	통제집단(*N*=11)	2.65	0.57	2.81	0.22	−.845
자기조절능력	실험집단(*N*=11)	2.42	0.58	3.98	0.43	−7.610***
	통제집단(*N*=11)	2.69	0.40	2.86	0.51	−.786
타인인식능력	실험집단(*N*=11)	2.50	0.32	4.21	0.49	−11.102***
	통제집단(*N*=11)	2.80	0.43	2.84	0.32	−.226
낙관성	실험집단(*N*=11)	2.72	0.25	4.39	0.35	−15.811***
	통제집단(*N*=11)	2.89	0.59	2.77	0.31	.529
전체 감성적 유능성	실험집단(*N*=11)	2.58	0.36	4.19	0.39	−10.825***
	통제집단(*N*=11)	2.76	0.40	2.82	0.21	−.412

***p<.001

자연물 미술치료를 통한 감성적 유능성의 발달 과정을 살펴보았다. 연구 초기에는 타인을 이해하는 공감 능력이 낮았으나 점차 상대방의 감정을 이해하고 배

려하며 존중하게 되는 모습을 보였다. 연구자는 유아들에게 매번 새로운 활동을 하면서 자극을 주었다. 자극을 통해 느껴지는 감정을 언어적으로 표현해 볼 수 있도록 하였고 공유하게 하였다. 상대방을 이해하고 소통하며 공감대를 형성할 수 있도록 하였다.

연구자: 새로운 자연물인 꽃을 가져왔는데 우리 탐색해 볼까요?
임나은: 저 냄새 맡아볼래요. 좋은 냄새 나면 좋겠다.
박시후: 저는 색깔 볼래요.
이지안: (향을 맡아본 후) 좋아요.
박시후: 수아는 어때?
송수아: (꽃을 만져본다)
이지안: 부드러운 느낌이다. 그치?
송수아: 응.
박시후: 꽃 만지면 좋아요.

(유아 관찰. 2020. 8. 22.)

유아들은 자연물을 수동적인 태도가 아닌 적극적인 상호작용 속에서 자신의 감정을 표현하는 도구로 사용하였는데, 이 가운데 감성적 유능성이 향상되어 감을 엿볼 수 있었다. 이들은 프로그램 초기에는 서로 소통하는 것을 어려워하였으나 밀가루 반죽놀이를 하면서 다양한 소통을 하는 것을 확인할 수 있었다. 반죽놀이를 하는 유아는 [그림 9-16]과 같다.

그림 9-16 밀가루 반죽놀이 하는 유아

연구자: 오늘은 여러 색의 밀가루 반죽을 가져왔어요. 반죽을 이용해 만들고 싶은 것을 자유롭게 만들어 볼게요. 이 반죽은 자연물 가루를 이용해 만들었어요. 빨간색은 비트, 주황색은 구기자, 진한 갈색은 차가버섯, 초록색은 모링가로 만들었어요. 자연물 사진과 함께 색 반죽을 놓았으니 자유롭게 만들어 보세요.

이지안: 나 나 나 빨간색이랑 주황색 할래요. 다른 색도 다 쓰고 싶은데….

연구자: 필요한 만큼 가져가고 또 가져가세요. 충분히 많이 있으니까 많이 사용하세요.

(중략)

연구자: 우리 지안이는 무엇을 만들고 있어요?

이지안: 저는 만두 만들었어요. 만두 속에는 초록색 들어있어요.

연구자: 아주 맛있어 보이네요. 만두가 많은데 이 만두 누가 다 먹지요?

이지안: 엄마랑 먹어요. 다른 색으로도 많이 만들 거예요.

연구자: 아주 다양한 색으로 잘 만들고 있어요.

이지안: 시후 오빠 나 엄마랑 이거 먹을 거야. 이거(도구) 써도 돼요?

연구자: 그럼요. 뭐든 사용해도 괜찮아요.

박시후: 나도 만두 만들어야지. 나도 만두 만들고 싶어.

이지안: 나 이거 다음에도 하고 싶어요.

박시후: 나도 또 할래요. 재미있어요.

(4회기 관찰. 2020. 7. 7.)

밀가루 반죽을 이용해 특별한 주제 없이 자신이 만들고 싶은 것을 만들었으며, 또래와 보조치료사에게 자신의 작품을 소개하며 성취감을 느끼는 모습을 보였다. 이는 유아가 자신의 작품을 다른 사람에게 설명해 주는 것에 흥미를 느끼는 자기표현능력이 발달되고 있음과 동시에 감정을 긍정적으로 표현하며 소통하는 감성적 유능성이 보다 향상되고 있음을 의미한다. 또한 이러한 변화는 서로에게 긍정적인 요소로 작용하여 사회적 관계 형성 및 전인적 발달에 도움이 된 것으로 보인다.

참고문헌

강용호(2006). 집단미술치료에서 치료사의 역할에 대한 연구. 미간행 석사학위 청구논문. 명지대학교 사회교육대학원.

고현, 유시덕, 이정남, 이연희, 배현옥, 이창호, 정선주(2015). **매체를 활용한 유 · 아동 미술교육과 미술치료**. 서울: 창지사.

김경애 (2011). 숲 체험 활동이 아동의 감성지능과 생명존중 인식에 미치는 영향. 동국대학교 교육대학원 석사학위논문.

김경희(1999). **정서란 무엇인가**. 서울: 민음사.

김동연 · 공마리아 · 최외선(2002). **HTP와 KHTP의 심리진단법**. 대구: 동아문화사.

김보연 (2017). 성인여성 집단미술치료의 자연물 매체와 일반 미술 매체 비교연구. 동국대학교 문화예술대학원 석사학위논문.

김수경 · 김은화 · 박경화 · 신재균 · 이미나 · 정선희(2019). **임상미술치료 이론과 실제**. 경기: 공동체.

김예슬 · 박성매 · 오소정 · 조연수(2017). **두드리면 열리는 미술치료**. 서울: 창지사.

김종두(2010). 초등학생 사회성 검사도구 개발 및 타당화 연구. **교원교육, 26**(6), 161-181.

김창대, 김형수, 신을진, 이상희, 최한나(2011). **상담 및 심리교육 프로그램 개발과 평가**. 서울: 학지사.

김현숙(2012). **컬러로 건강을 지키는 컬러 테라피**. 대원사.

김현정(2017). 자연물을 활용한 집단미술치료가 노인의 자아통합감에 미치는 효과. 대구대학교 재활과학대학원 석사학위논문.

김혜령(2012). 압화를 이용한 색채 테라피 체험이 여성 스트레스에 미치는 영향에 관한 연구. 조선대학교 대학원 박사학위논문.

노덕효(2010). 저소득층 아동의 자기조절력 및 스트레스 대처행동이 행동문제에 미치는 영향. 미간행 석사학위 청구논문. 전남대학교 대학원.

문용린(1996). **정서지능의 의미와 중요성**. 서울: 사단법인 한국어린이육성회.

박경애(2011). **상담심리학**. 경기: 공동체.

박보영(2010). 자연물 재료를 이용한 집단미술치료가 저소득층 아동의 자아존중감에 미치는 효과. 동국대학교 문화예술대학원 석사학위논문.

박태녀(2014). 자연물을 이용한 미술치료가 아동의 자아존중감 향상에 미치는 영향. 우석대학교 경영행정문화대학원 석사학위논문.

배숙경(2015). ADHD 성향 아동의 창의성 증가와 부주의성 및 과잉행동 충동성 감소를 위한 인지학 집단미술치료 프로그램 개발 및 효과. 미간행 박사학위 청구논문, 조선대학교.

송영, 김정희(2020). 아동양육시설 유아를 위한 자연물 미술치료 프로그램 개발. **학습자중심교과교육연구**, 20(5), 73-96.

송영, 김정희(2021). 아동양육시설 유아의 심리사회적 발달을 위한 자연물 미술치료 프로그램 개발 및 효과. **학습자중심교과교육연구**, 21(24), 447-473.

신하람(2019). 유아의 환경적 지속가능 능력과 자기조절 능력, 친사회적 행동, 사회적 문제해결 능력 그리고 공동체의식 간의 구조관계 분석. 광주대학교 대학원 박사학위논문.

신혜순(2019). **어린 왕자 그림해석**. 한국학술정보.

안길훈, 이병환(2010). 중학생의 하루 일과 분석을 통한 자기표현력 증진 교육프로그램 개발 및 적용. **교육과정평가연구**, 13(1), 87-112.

안상화(2020). 자연물 표상을 통한 유아미술교육 프로그램 개발 및 효과. 전남대학교 대학원 박사학위논문.

엄상진(2008). 자연물을 이용한 집단 미술치료가 지적장애 아동들의 사회성 향상에 미치는 영향. 원광대학교 동서보완의학대학원 석사학위논문.

영남대학교 미술치료연구회(2018). **미술치료학개론**. 서울: 학지사

우혜진(2012). 유아의 사회적 합의 능력 증진 프로그램의 구성 및 적용 효과. 중앙대학교 대학원 박사학위논문.

유지원 · 유아름 · 송다겸 · 강다영(2020). **특수아동을 위한 발달적 미술치료**. 서울: 학지사.

이근매(2013). **미술치료이론과 실제**. 경기: 양서원.

이근매 · 조용태(2018). **장애아동미술치료**. 서울: 학지사.

이근매 · 최인혁(2008). **매체경험을 통한 미술치료의 실제**. 서울: 시그마프레스.

이무석(2006). **정신분석에로의 초대**. 이유.

이부영(2009). **분석심리학** 15판. 서울: 일조각.

이부영(2014). **분석심리 이야기**. 서울: 집문당.

이우경 · 이원혜(2014). **심리평가의 최신 흐름**. 서울: 학지사.

이은경, 정진자(1980). 미술치료프로그램이 지적학생의 자기표현에 미치는 영향. **장애 아동 인권연구**, 2(1), 29-45.

이은진 · 장선철(2008). **미술치료**. 서울: 동문사.

임영미, 이근매, 송호준 (2015). 자연물을 이용한 미술치료가 ADHD 아동의 주의집중에

미치는 효과. **특수아동교육연구, 17**(2), 257-284.

임은실(2013). 미술치료가 아동의 정서 불안, 우울 및 문제행동에 미치는 효과: 단일사례 중심으로. 한일장신대학교 심리치료대학원 석사학위논문.

장순정(2015). R. 슈타이너의 미술교육에 기초한 치료적 소묘의 효과. **예술과 인간, 1**(2), 50-69.

전희정(2016). 한국화매체와 자연물을 이용한 집단미술치료가 학령기 아동의 자아존중감과 자기표현에 미치는 영향. 조선대학교 디자인대학원 석사학위논문.

정여주(2001). **만다라와 미술치료**. 서울: 학지사.

정여주(2023). **미술치료의 이해** 3판. 서울: 학지사

정유진(2019). **미술치료의 이해와 실제**. 경기: 공동체.

정현희(2018). **실제 적용중심의 미술치료** 2판. 서울: 학지사.

조미숙 (2003). 현실요법에 기초한 자기표현 집단상담 프로그램의 개발과 적응 효과. **초등상담연구, 2**(1), 99-126.

조은정 (2014). 자연물을 이용한 집단미술치료가 노인의 생활만족도에 미치는 영향. 명지대학교 사회교육대학원 석사학위논문.

주리애(2015). **미술심리진단 및 평가**. 서울: 학지사.

주리애(2023). **미술치료학**. 서울: 학지사.

주보경 (2008). 자연물을 이용한 미술치료가 경도 지적장애 아동의 소근육 운동능력 향상에 미치는 효과. 영남대학교 환경보건대학원 석사학위논문.

지현정(2012). 수채화매체 미술치료가 지역아동센터 청소년의 불안감소와 정서이완에 미치는 효과. 미간행 석사학위 청구논문. 한양대학교 이노베이션대학원.

진쿠퍼(1994). **그림으로 보는 세계문화상징사전** (이윤기 역). 까치.

최만식, 김성문 (2014). 청소년 운동선수의 정서지능 척도개발. **코칭능력개발지, 16**(4), 61-74.

최외선, 이근매, 김갑숙, 최선남, 이미옥 공저(2012). **마음을 나누는 미술치료**. 서울: 학지사.

최화영 (2016). 어린이집 보육교사의 교사효능감, 사회적 문제해결능력 향상을 위한 해결중심 집단미술치료 프로그램 개발 및 효과. 조선대학교 대학원 박사학위논문.

Adler, R. B.(1976). Interpersonal relationships and self-expression. NY: Oxford University Press. 김인자 역(1984). **인간관계와 자기표현**. 서울: 중앙적성출판사.

Aissen-Crewett, M.(1989). *Aestbetiscbe Erziebung fur Bebinderte Dortmund*. modernes lernen.

Alschuler, R. H. and Hattwick, L.B.W.(1947). *A Study of Painting and Personality in Young Children*. University of Chicago Press, Chicago, 111.

Alschuler, R. H. and Hattwick, L.B.W.(1969). *Painting and Personality*. Chicago: University of Chicago Press.

Bar-On, R.(1997). *Bar-On emotional quotient inventory: Technical manual*. Toronto: Multihealth Systems.

Becker, U.(1998). *Lexikon der Symbole*. Freiburg, Herder.

Berg, I. K. (1989). Of visitors, complainants, and customers: Is there really such a thing as resistance. *Family Therapy Networker, 13*(1), 21-25.

Bing, E.(1970). The Conjoint Family Drawing. *Family Process, 9*, 173-193.

Burns, R. C., & Kaufman, S. H.(1970). *Kinetic Family drawing: An introduction to understanding children through kinetic family drawing*. NY: Brunner/Mazel.

Burns, R. C., & Kaufman, S. H.(1972). *Actions, styles and symbols in kinetic family drawing*. NY:Brunner/Mazel.

Bush, J.(2008). **학교미술치료 핸드북** (노용 · 이경원 공역). 서울: 학지사.

Child, G.(1991). *Steiner education in theory and practice*. Edinburgh: Floris Books.

Cobb, E.(1977). *The ecology of imagination in childhood*. NY: Columbia University Press.

Corsini, R. J.(ed.) (1979). *Current psychotherapies*(2nd ed.). Itasca. Illinois: Peacock.

De Shazer, S.(1988). Clues: *Investigating solutions in brief therapy*. New York: W.W. Norton.

Domma, W.(1990). *Kunsttberapie und Bescbaftigungstbeapie*. Koln, Maternus.

D'Zurilla, T. J., & Nezu, A. M.(1990). Development and preliminary evaluation of the social problem-solving inventory. *Psychological Assessment: A Journal of Consulting and Clinical Psychology, 2*(2), 156-163.

Ellis. A.(1994). *Reason and emotion in psychotherapy revised*. New York: Kensington.

Goethe, J. W.(1997). *farbenlebre*. Stuttgart, Freies Geistesleben.

Goleman, D.(1995). *Emotional Intelligence*. NY: Bantam Books.

Hansman, H.(2000). **장애아동을 한 발도르프 치유교육** (홍미 역). 반디.

Hey, Q. N.(1999). Emotional capability, emotional intelligence and radical change. *Academy of Management Review, 24*(2), 325-345.

Ingrid Riedel(1999). **색의 신비** 5판. (정여주 역, 2014). 서울: 학지사.

Jenkins. P. D. (1980). *Art for the fun of it: A guide for teaching young children*. NY:

Fireside. 김수역 역(1995). 재미있는 미술공부–생각하는 어린이가 되고 싶어요. 서울: 교육과학사.

Kandinsky, W.(1952). *Über das Geistige in der Kunst*. Bern. Benteli.

Kendall, P. C. & Willcox, L. e.(1979). Self-control in children: Development of a rating scale. *Journal of Consulting & Clinical Psychology, 47*(6), 1020-1029.

Knoff, H., & Prout, H. T.(1988). *Kinetic drawing Fsystem for family and school: A Handbook*. California Western Psychological services.

Kramer, E.(1975). *Art as therapy with children*. NY: Schocken Books.

Landgarten, H. B.(1987). *Family art therapy. A Clinical Guide and Casebook*. N. Y.: Brunner/Mazel.

Landgarten, H. B.(1987). 가족미술심리치료 (김진숙 역, 2004). 서울: 학지사.

Liebmann, M.(1986). *Art therapy for groups*. Cambridge, MA: Brookline Books.

Lowenfeld, M.(1954). *The Lowenfeld Mosaic Test*. London, UK: Newman Neame.

Lowenfeld, V.(1947). *Greative and Mental growth*. New York: Millan.

Malchiodi, C. A. (1998). *Understanding children's drawings*. New York, NY, U.S.A. Guilford Publications.

Malchiodi, C. A.(2003). *Hand book of art therapy*. NY: The Guilford Press.

Malchiodi, C. A.(1993). Medical art therapy: Contributions to the field of arts medicine. *International Journal of arts Medicine, 2*(2), 28~31.

Mees-Christeller, E.(2004). *Kunsttherapie in Der Praxis*. 인지학 미술치료 (정정순 · 정여주 역). 서울: 학지사.

Muths, C.(1998). *Farbtberapia*. München, Wilheln Heyne.

Oaklander, V.(1978). *Windows to our children*. Lafayette, CA: Real People Press.

Petzold, H, Orth, I.(1991). *Die meuen kreativit tstberapien*. Bd. Ⅰ-Ⅱ.

Redel, I.(1999). *Farben in Religion*. Gesellschaft, Kunest und Psychotherapie, Stuttgart, Kreuz.

Riedel, I.(1985). *Formen*. Stuttgart, Kreuz.

Rokos, R. F., & Schroeder, H. E. (1980). *Self-directed assertiveness training*. NY: Bio Monitering Application.

Rubin, J. A. (2005). *Child art therapy*. NY: John Wiley & Sons.

Rubin, J. A.(1973). A diagnostic art interview. *Art Psychotherapy, 1*, 31-43.

Salovey, p. & Mayer, J. D. (1990). Emotional intelligence. Imagination. *Cognition and Personality, 9*, 185-211.

Steiner. R.(2001). *Heilpadagogischer Kurs*. 교육은 치료다 (김성숙 역). 물병자리.

Strickland, E.(2001). What children learn through outdoor play. *Early Childhood Today, 15*(7), 1-44.

Sussman, S.(2001). *Handbook of program development for health behavior research & practice*. Sage Publication, Inc.

Wadeson, H.(1971). Characteristics of Art Expression in Depression. *The Journal of Nervous and Mental Disease, Sep; 153* (3): 197-204.

Wadeson, H.(1980). *Art psychotherapy*. New York: John Wiley and Sons.

Zinker. J.(1978). *Creative Process in gestalt therapy*. New York: Random House(Vintage).

저자소개

■ 임은실

전주대학교 상담심리학전공 상담심리학 박사
한일장신대학교 심리치료대학원 미술치료학 석사
해피드리머스 심리상담연구원 원장
한일장신대학교 심리상담학과 겸임교수
비전대학교 아동복지상담과 겸임교수
전주대학교 상담심리대학원 강사
전북특별자치도교육청 교원전문 미술치료사
1388 전주시 청소년 상담복지센터 지원단장

■ 송 영

총신대학교 기독교유아교육전공 철학박사
현) 총신대학교 호크마교양교육원 겸임교수

미술치료 이론과 실제

초판 1쇄 발행 / 2024년 5월 30일
초판 2쇄 발행 / 2026년 1월 20일

공저자 / 임은실 · 송 영
발행인 / 이 중 수
발행처 / **동 문 사**

서울특별시 서대문구 홍제원 1길 12
(홍제동 137-8)
Tel : 02)736-3718(대), 736-3710, 3720
Fax : 02)736-3719
등록번호 : 1974.04.27. 제9-17호
가격 : 26,000원

ISBN : 979-11-6328-597-7 (93180)
E-mail : dong736@naver.com
www.dongmunsa.com